权威·前沿·原创

皮书系列为
“十二五”“十三五”国家重点图书出版规划项目

本书出版得到中山大学“一带一路”研究院资助

菲律宾蓝皮书
BLUE BOOK OF PHILIPPINES

菲律宾发展报告（2017~2018）

ANNUAL REPORT ON DEVELOPMENT OF PHILIPPINES (2017-2018)

21 世纪海上丝绸之路建设：中国与菲律宾的关系

Constructing the Maritime Silk Road in the 21st Century: China–Philippines Relations

中山大学国际关系学院
中山大学“一带一路”研究院
主　编／张宇权
副主编／王惟晋　陈麒安　冯　雷

社会科学文献出版社
SOCIAL SCIENCES ACADEMIC PRESS (CHINA)

图书在版编目（CIP）数据

菲律宾发展报告．2017－2018：21世纪海上丝绸之路建设：中国与菲律宾的关系／张宇权主编．－－北京：社会科学文献出版社，2019.11

（菲律宾蓝皮书）

ISBN 978－7－5201－5369－0

Ⅰ．①菲…　Ⅱ．①张…　Ⅲ．①社会发展－研究报告－菲律宾－2017－2018 ②中外关系－研究报告－菲律宾－2017－2018　Ⅳ．①D734.169 ②D822.334.1

中国版本图书馆CIP数据核字（2019）第171785号

菲律宾蓝皮书

菲律宾发展报告（2017～2018）

——21世纪海上丝绸之路建设：中国与菲律宾的关系

主　　编／张宇权

副 主 编／王惟晋　陈麒安　冯　雷

出 版 人／谢寿光

责任编辑／宋浩敏

文稿编辑／袁宏明

出　　版／社会科学文献出版社·联合出版中心（010）59367151

地址：北京市北三环中路甲29号院华龙大厦　邮编：100029

网址：www.ssap.com.cn

发　　行／市场营销中心（010）59367081　59367083

印　　装／三河市龙林印务有限公司

规　　格／开　本：787mm×1092mm　1/16

印　张：15.25　字　数：229千字

版　　次／2019年11月第1版　2019年11月第1次印刷

书　　号／ISBN 978－7－5201－5369－0

定　　价／158.00元

皮书序列号／PSN B－2019－854－1/1

菲律宾蓝皮书编委会

主要编撰者简介

张宇权 中山大学国际关系学院副教授，中山大学“一带一路”研究院研究员，博士生导师，中山大学东南亚研究所菲律宾研究中心主任，中山大学美国研究中心副主任，美国哈佛大学费正清中国研究中心访问学者，全国高校国际政治研究会理事，主要研究领域为菲律宾外交政策、中美关系、亚太区域合作等。

王惟晋 中国社会科学院国际政治学博士，广东外语外贸大学讲师，中山大学“一带一路”研究院副研究员，研究领域为菲律宾研究、欧洲研究、国际话语权。

陈麒安 台湾政治大学外交学系博士，曾任台湾大学政治学系博士后研究员、淡江大学国际事务与战略研究所博士后研究员。现为中山大学国际关系学院、中山大学“一带一路”研究院副研究员。主要研究领域为国际安全合作、美中关系、欧洲安全。在《问题与研究》《远景基金会季刊》《国际政治科学》等学术期刊发表论文多篇。

冯　雷 中山大学国际关系学院博士，中山大学“一带一路”研究院研究员，中山大学东南亚研究所菲律宾研究中心副主任，菲律宾国立大学亚洲研究中心访问学者，研究领域为东南亚政治与外交、南海问题。

摘 要

本报告主要总结并分析了菲律宾的政治、经济和社会发展态势，特别是中国与菲律宾的交流与合作发展。全书分为五个部分。第一部分是主题报告，在宏观层面总结了2017～2018年菲律宾与中国在政治、经贸与人文领域的关系发展动态，为全书奠定基调。第二部分从政局发展、毒品安全、国民经济发展回顾了菲律宾国内的年度动态，深入考察了菲律宾的国情。第三部分是菲律宾对外关系，主要分析了菲律宾在2017～2018年与东盟、美国、欧盟、日本之间的关系发展，详细描述了该年度菲律宾的外部环境动态、阐述菲律宾在此阶段获得的国际支持。第四部分就当前中菲关系发展中的具体问题，如渔业、岛屿主权、知识产权、媒体话语方面存在的问题做了讨论。最后一部分是菲律宾大事记，介绍菲律宾在2018年发生的重大事件。2016年菲律宾总统杜特尔特执政后，采取务实主义的外交政策，摒弃菲律宾前总统阿基诺三世联美抗中的外交政策，努力发展中菲友好关系，中菲关系出现较大的变化：战略互信稳步推进，经贸投资大幅上升，人文交流日益频繁。当前菲律宾国内社会总体趋于稳定，经济改革稳步推进，发展速度保持较快增长，杜特尔特总统执政取得相当的成效。但菲律宾受到的恐怖主义威胁并没有消除，政府与菲共和谈计划破裂，由修宪改制引发的国内矛盾被进一步激化。2019年菲律宾中期选举将近，杜特尔特推行的修宪转制能否成功，菲律宾国内对修宪的态度如何将会成为影响菲律宾政治局势的重要因素。

关键词： 中菲关系　杜特尔特　国家发展　对外关系

目 录

Ⅰ 主题报告

Ⅱ 国情报告

Ⅲ 菲律宾对外关系报告

Ⅳ 中菲专题报告

Ⅴ 附录

皮书数据库阅读使用指南

主题报告

B.1
2017～2018年中国与菲律宾的政治、经济与人文关系*

张宇权**

摘　要： 中菲两国人民友好往来源远流长，两国关系的发展有着坚实的基础，2016 年菲律宾总统杜特尔特执政后，采取务实主义的外交政策，努力发展中菲友好关系，中菲关系出现较大的变化：战略互信稳步推进，经贸投资大幅上升，人文交流日益频繁。中国的和平崛起与全面发展，将使包括菲律宾在内的东南亚所有国家受益。

关键词： 中国　菲律宾　政治外交　经济贸易　人文交流

---

* 本文系 2018 年度国家社科基金重大项目（项目编号：18VHQ009）的阶段性成果。

** 张宇权，中山大学国际关系学院副教授，中山大学“一带一路”研究院研究员，博士生导师，中山大学东南亚研究所菲律宾研究中心主任。

菲律宾与中国是隔海相望的近邻，两国人民友好往来源远流长。两国官方和民间往来频繁，这为两国建交以及继续发展深入友好关系提供了持久动力。在民族解放斗争过程中，中菲两国人民互相鼓励与支持，为两国建立友好关系奠定了坚实的基础。1975 年 6 月 9 日中国与菲律宾正式建立外交关系以来，双边关系在政治、经贸、文教等领域取得很大的发展。特别是 2016 年 6 月 30 日菲律宾总统杜特尔特（Rodrigo Duterte）执政以来，推行新的对华政策，双方领导人互访会见频繁，各领域的合作不断深化，双边关系取得了长足的进步，在尊重共同利益和利益互补的前提下，双方在政治层面积极推进两国友好关系的发展，经济往来日益增多，相互依赖加强，多层次、多形式交流日见发展。

一 中菲政治关系：战略互信稳步推进

由于中菲两国关系的发展历经了漫长的阶段，双方在国际环境、国家性质、意识形态等各个方面存在差异，两国关系多有曲折，但总体上保持不断发展的势头，双方领导人越来越认识到发展双边友好关系的重要性。2017 年 5 月 15 日，菲律宾总统杜特尔特应邀参加“一带一路”国际合作高峰论坛，其间接受媒体采访时表示：“一带一路”倡议是真心实意的远大抱负；中国是亚洲最大的国家，在历史上与邻国长期开展合作并帮助邻国，“一带一路”实际上也正是在帮助中国的邻居们。[①] 虽然双方在南海岛礁上存在主权争端，但由于双方本着“和平发展、共同磋商”的原则，政治友好往来不断加深，经贸关系不断深化，教育文化交流不断增多。

---

① 《菲律宾总统杜特尔特谈自己对“一带一路”的看法和期待》，中国新闻网，http://www.chinanews.com/gj/2017/05-11/8221596.shtml，最后访问日期：2019 年 1 月 9 日。

（一）中菲政治关系发展的基本特点

1. 双方致力于建立和平与发展的战略合作关系是中菲政治关系发展的传统

自从1986年阿基诺（Corazon“Cory”Cojuangco Aquino）总统执政以来，中菲关系进入渐缓阶段，菲律宾致力于发展同中国之间的友好合作关系。1996年，江泽民主席访问菲律宾，同菲律宾总统菲德尔·拉莫斯（Fidel Valdez Ramos）共同确立了中菲面向21世纪的“睦邻互信合作关系”，并就南海争端达成共识和谅解——“搁置争议、共同开发”；2000年菲律宾总统约瑟夫·埃斯特拉达（Joseph Ejercito Estrada）对中国进行国事访问并签署了《中华人民共和国政府和菲律宾共和国政府关于二十一世纪双边合作框架的联合声明》，确立了长期稳定的双边合作关系，为中菲扩大合作、深化交往提供了具体的规划，也为两国在21世纪的友好关系奠定了基础。菲律宾总统阿罗约（Gloria Macapagal Arroyo）使两国关系快速发展，在其担任菲律宾总统期间，不仅频频访问中国，致力于增强两国政治互信，而且将中菲建交日（6月9日）定为“菲华友谊日”，这一举措极大地促进了中菲友好合作关系的发展，为双方致力于建立和平与发展的战略合作关系增添了浓重的一笔。中国也积极促进中菲关系的发展，中国国家主席胡锦涛于2005年对菲进行国事访问，访问期间，双方发表《中华人民共和国与菲律宾共和国联合声明》，两国领导人确认建立致力于和平与发展的战略性合作关系，联合声明的发布是中菲两国关系发展的又一个里程碑，中菲两国友好合作关系上升为战略合作关系。2007年1月温家宝总理对菲律宾进行正式访问，双方发表《中华人民共和国与菲律宾共和国联合声明》，双方表示要共同致力于和平与发展的战略性合作关系，这个联合声明的发布丰富了两国战略合作关系的发展，充实两国务实合作的内涵，使得两国战略合作关系的发展更进一步。习近平主席于2018年11月首次访问菲律宾，两国元首一致决定在相互尊重、坦诚相待、平等互利、合作共赢基础上建立中菲全面战略合作关系，标志着中菲关系的全面升级。

2. 两国高层互访不断、政治互信不断增强

早在2005年，中菲两国就决定建立致力于和平与发展的战略性合作关系，但2011～2016年上半年，中菲双方围绕南海问题摩擦不断。杜特尔特于2016年就任新一届菲律宾总统后，开始调整对华政策，其政策基调转向和缓与友好，主要内容是在政治外交上以对话方式和平解决南海争端；在经济上提升与中国的合作关系；在军事上提高国防的独立性。[①] 2016年9月7日举行中国－东盟领导人会议时，李克强与杜特尔特进行了短暂交谈。随后，在10月18～21日，杜特尔特对中国进行了国事访问。中国是杜特尔特就任总统后第一个访问的非东盟国家，中菲两国元首就双边关系以及共同关心的国际和地区问题展开了深入的交流，并发表了《2016年中华人民共和国与菲律宾共和国联合声明》。双方一致认可中菲伙伴关系对两国人民的重要意义，同意共同推动中菲战略性合作关系健康稳定发展，并在经济、文化、教育、防务安全、科技等方面扩大交往。两国就南海问题交换了看法，双方重申"南海问题并不是中菲交往的全部"，应建立一个双边磋商机制，就涉及南海的各自关切进行定期磋商，双方还承诺在南海问题上保持克制，避免争议扩大化和复杂化。[②] 这次首脑外交为中菲未来外交关系的走向定调，中菲关系在跌入冰点后终于迎来了回暖。

2017～2018年中菲外交关系在2016年回暖的基础上又更进一步，有了一些新的进展，中菲关系在两国元首的推动下实现了从"转圜"到"巩固"，进而"提升"的飞跃，[③] 双方战略互信稳步推进。2017年1月18日，中菲在马尼拉举行了第20次外交磋商，这是自2013年两国关系紧张以来首次恢复外交磋商，中国外交部副部长刘振民同菲律宾外交部副部长马纳罗共同主持了此次磋商，双方再次就两国关系及共同关心的地区和国际问题交换

---

① 张宇权、洪晓文：《杜特尔特政府对华政策调整及其影响》，《现代国际关系》2016年第12期，第47页。

② 《中华人民共和国与菲律宾共和国联合声明》，2016年10月21日，中国外交部，https：//wwwfmprc. gov. cn/web/ziliao_ 674904/1179_ 674909/t1407676. shtml，最后访问日期：2019年1月21日。

③ 徐惠喜：《中菲关系驶入发展快车道》，《经济日报》2018年11月22日，第2版。

了意见。[①] 2017 年 5 月 19 日，中国－菲律宾南海问题双边磋商机制第一次会议在中国贵州省贵阳市举行，中菲南海双边磋商机制（BCM）正式建立。[②] 目前中菲南海问题双边磋商机制共举行了三次会议，最近一次是在 2018 年 10 月 18 日。BCM 的建立和顺利开展为两国探讨共同关心的问题提供了平台，增进了两国的沟通交流，成为两国增强战略互信的基础。

2017～2018 年，两国高层互访交流不断，仅两国元首之间就会见了四次，高层的频繁互访是两国关系深入发展的直观表现，两国战略互信不断加强。（1）2017 年 5 月习近平主席同参加“一带一路”国际合作高峰论坛的杜特尔特总统达成巩固和深化两国关系的重要共识，为中菲关系进一步发展指明了前进方向。（2）2017 年 11 月中菲领导人在越南岘港 APEC 会议会见时，双方决心继续从战略高度和长远角度把握两国关系，增强政治互信、巩固深化合作，以更多成果造福两国人民。[③]（3）2018 年 4 月在博鳌亚洲论坛年会期间，习近平主席与杜特尔特总统会见时表示，中方愿同菲方一道，坚持睦邻友好的大方向，确立共同发展的大目标，发扬妥处分歧的大智慧，确保中菲关系始终沿着正确方向健康稳定发展。[④]（4）2017 年 11 月 15～16 日，应杜特尔特总统邀请，国务院总理李克强对菲律宾进行正式访问，达成了《2017 年中华人民共和国与菲律宾共和国联合声明》，同 2016 年两国联合声明相比，2017 年有几点新发展：第一，声明中对两国关系的期望较 2016 年更进一步，两国关系已经“实现了转圜并继续稳步发展”；第二，2017 年的联合声明更多地落实到两国开展合作的具体层面，合作领域进一

---

① 《中菲举行第 20 次外交磋商》，2017 年 1 月 19 日，中华人民共和国驻菲律宾共和国大使馆网站，https://www.fmprc.gov.cn/ce/ceph/chn/zfgx/zzgx/t1431845.htm，最后访问日期：2019 年 1 月 19 日。

② 王吉全、崔东：《中国—菲律宾南海问题双边磋商机制第一次会议联合新闻稿》，《人民日报》2017 年 5 月 20 日，第 3 版。

③ 杨阳：《习近平会见菲律宾总统杜特尔特》，环球网，2017 年 11 月 12 日，http://world.huanqiu.com/article/2017-11/11374151.html，最后访问日期：2018 年 11 月 7 日。

④ 赵中文：《双边关系步入发展快车道中菲友好合作增强民众获得感》，《光明日报》2018 年 5 月 20 日，第 8 版。

步扩展；第三，菲律宾在2017年声明中对中国在达沃市设立总领馆表示欢迎。[①] 2018年10月28日中国驻达沃总领馆开馆，表明中菲关系实现全面改善，并为中菲两国人民的交往提供了更多便利。（5）2018年11月20日，习近平主席对菲律宾进行国事访问。双方共同签署了《2018年中华人民共和国与菲律宾共和国联合声明》。2018年联合声明的新发展是：第一，两国关系现状由“实现转圜”向“不断提升”阶段迈进；第二，中菲伙伴关系升级，双方一致决定在相互尊重、坦诚相待、平等互利、合作共赢基础上建立中菲全面战略合作关系；第三，双方签订《中华人民共和国政府与菲律宾共和国政府关于共同推进“一带一路”建设的谅解备忘录》，推进“一带一路”框架内的互利合作，并将“一带一路”与“菲律宾雄心2040”战略对接；[②] 第四，双方就教育、文化、科技方面的交流与合作制订了具体的计划。

（二）中菲政治关系发展存在的问题

1. 域外国家的干扰

纵观中菲关系发展史可以看出，中菲关系一直受到域外国家的影响。中菲关系最初是隐藏在中美关系、美苏关系的大幕之下的。中华人民共和国成立初期，菲律宾紧紧追随美国选择不承认新中国，孤立和遏制新中国的发展，中菲建交也是随着中美关系的转变而来的变化。在最初可以说菲律宾对中国并没有自己的外交战略，而是紧紧依附美国外交战略。随着中国的发展，东南亚、东亚的地区局势发生了重大变化，美国也逐步撤出在菲律宾的海军基地，所有的这些事实冲击着菲律宾的地区安全观念，促使菲律宾从自身国情出发探索、发展适合自己的中菲关系。中菲友好关系不

① 《中华人民共和国与菲律宾共和国联合声明》，2017年11月16日，中国外交部，https://www.fmprc.gov.cn/web/ziliao_674904/1179_674909/t1511205.shtml，最后访问日期：2018年12月9日。

② 《中华人民共和国与菲律宾共和国联合声明》2018年11月21日，中国外交部，https://www.fmprc.gov.cn/web/ziliao_674904/1179_674909/t1615198.shtml，最后访问日期：2018年12月9日。

断发展，但这并不意味着美国在中菲关系的发展中不再起作用或者是不再重要。美菲之间是军事同盟，双边关系密切，菲律宾在很多方面依然依靠美国，中菲关系至今依然受到美国的影响。虽然近年来中菲两国在军事领域的合作不断取得突破，但是菲律宾与美国紧密的军事合作给中菲两国军事领域的交流与合作带来了较大的负面影响。美国对南海地区经历了从不在意到现在积极争夺控制权的态度转变，对中菲南海争端经历了从不介入到高调干涉的态度转变。进入21世纪以来，美国干涉和介入中菲南海争端的意图更加明显。特别是在奥巴马政府时期，菲美同盟在美国“亚太再平衡”战略的背景下得到进一步巩固和强化，菲律宾在南海问题上的态度也越来越强硬。美国对南海问题的介入以及对地区盟友的支持，助长了菲律宾在南海问题上的“挑衅性行动”。① 特朗普执政之后，美国国家安全战略有了重大转变，整体理念变为“美国优先”和强调“大国战略竞争”，地区战略尤其注重“印太地区”战略，对华定位转为“战略竞争对手”。② 美海军仅在特朗普就任总统后便先后8次派出军舰前往南海，具体情况如表1所示。

不仅仅是美国，日本、澳大利亚、印度等地区性大国也纷纷介入南海问题，在中菲南海问题争端的过程中为菲律宾提供帮助，这使得南海问题更加复杂，中菲关系也受到影响。

表1　特朗普执政以来派出军舰前往中国南海进行挑衅情况

日期	军舰	事件
2017年5月24日	“杜威”号导弹驱逐舰	擅自进入中国美济岛领海
2017年7月2日	“斯坦塞姆”号导弹驱逐舰	擅自进入中国中建岛领海
2017年8月10日	“麦凯恩”号导弹驱逐舰	擅自进入中国美济岛领海

① 李途：《美菲同盟对中菲南海争端的影响论析》，《东南亚研究》2018年第5期，第54页。

② 朱启超、龙坤：《试论后九一一时代美国国家安全战略的调整——基于对特朗普政府〈美国国家安全战略〉报告的分析》，《美国研究》2018年第3期，第78页。

续表

时间	军舰	事件
2018 年 1 月 17 日	“霍珀”号导弹驱逐舰	擅自进入中国黄岩岛领海
2018 年 3 月 23 日	“马斯廷”号导弹驱逐舰	擅自进入中国南沙有关岛礁领海
2018 年 5 月 27 日	“希金斯”号导弹驱逐舰和“安提坦”号导弹巡洋舰	擅自进入中国西沙群岛领海
2018 年 9 月 30 日	“迪凯特”号驱逐舰	擅自进入中国南薰岛和赤瓜岛领海
2019 年 1 月 7 日	“麦坎贝尔”号驱逐舰	擅自进入赵述岛、东岛、永兴岛领海

资料来源：根据中华人民共和国外交部发言人整理。

2. 中菲南海争端

当前中菲关系总体上还是处于稳定向前发展的阶段，友好合作与互利共赢是双边关系的主旋律。但是中菲关系发展也存在一系列问题，其中包括中菲南海争端问题。1953 年菲律宾颁布的宪法并未将南沙群岛纳入版图，但自 20 世纪 50 年代末起，菲律宾以民间窃岛先行，再由政府接管，进而挑起美济礁、黄岩岛等事端而逐渐成为南海争端国。① 1978 年，菲律宾总统马科斯（Ferdinand Marcos）签署第 1596 号总统法令，将南沙群岛的 33 个岛、礁、沙、洲，面积达 64976 平方海里的海域划归为“菲律宾领土的一部分，并对之实施行政管理”。② 此后，中菲海军、渔船不时在海上发生冲突。20 世纪末的最后十年间，中菲就南海问题爆发过三次较为激烈的冲突，分别是 1995 年和 1998 年美济礁冲突、1997 年黄岩岛冲突，两国关系恶化，双边紧张局势升级。在阿基诺三世（Benigno Aquino Ⅲ）政府执政时期，中菲关系因南海争端一度跌至冰点。2013 年 1 月 22 日，阿基诺

① 陈庆鸿：《菲律宾南海政策的调整及其原因》，《国际资料信息》2011 年第 10 期，第 15 页。

② 李金明：《南海波涛：东南亚国家与南海问题》，江西高校出版社，2005，第 51 页。

三世政府就中菲在南海的有关争议单方面提起诉讼，声称中国的“九段线”主张违反了《联合国海洋法公约》[①]，中方对此秉持“不参与、不接受、不承认”的态度。阿基诺三世政府的这一行为最大化了南海问题对中菲关系的影响，双方在经济贸易、文化交流等方面的关系都受到了严重影响。

中菲关系因种种历史原因具有特殊性和复杂性，菲国内一些对华不友好的政治势力时常作为反对派抨击政府。尽管当前中菲关系取得长足进步，但由于菲律宾的国内政治斗争对政府对外决策影响较大，菲律宾政府对华态度和政策易发生反复甚至倒退。尽管杜特尔特治下的菲律宾对华态度较为友好，但也应当注意到，杜特尔特的执政理念和执政方式在国内引起一些反对势力的反弹。2018 年 9 月，杜特尔特表示，自己成功粉碎了一起未遂的政变，而菲律宾武装部队发言人却予以否认。[②] 这一方面体现出杜特尔特在军队地位还有待巩固，另一方面也反映出菲律宾政府与军方之间的矛盾。况且，菲律宾是美国在亚太地区保持军事存在的支点，这对中菲关系的稳定发展具有负面影响。

二　中菲经贸关系：经贸投资大幅上升

随着中菲两国关系的不断发展，两国的经贸关系的发展也步入了快速发展阶段，贸易规模不断扩大，合作领域不断拓宽，合作方式不断丰富。中菲日益密切的经贸关系不仅对菲律宾经济发展提供了强大动力，而且对两国关系的发展起到了推进作用。同时，菲律宾作为东盟的重要成员国，也从中国和东盟经济深化合作中获益匪浅，而两国政府积极促进双方经贸关系的深化，也助推了中国与东盟关系的发展。

---

① 张明亮：《淡化“南海仲裁案”与缓解中菲关系》，《东南亚研究》2016 年第 5 期，第 40～43。

② 《杜特尔特：我刚刚粉碎了一场政变》，央视新闻网，2018 年 9 月 12 日。

（一）中菲经贸关系发展的基本特点

1. 两国的经贸合作的发展势头良好

中菲双边经贸合作一直是两国关系的重要组成部分，进入21世纪以来更实现了迅速发展。2000年双边贸易额仅31.4亿美元，2007年双边贸易额达306.2亿美元，增长了将近9倍，提前实现了两国提出的中菲贸易额在2010年达到300亿美元的目标①；中国在加入世界贸易组织前后，积极履行相关承诺，大幅度降低商品的关税和开放国内市场，为菲律宾对华出口创造了良机。2002年中国首次成为菲律宾的第十大贸易伙伴，2006年中国已经成为菲律宾的第三大贸易伙伴。2017年中菲双边贸易总额再创历史新高，达到512.8亿美元，同比增长8.5%，其中中国出口额320.4亿美元，增长7.4%，进口额192.3亿美元，增长10.5%。② 中国超越日本成为菲律宾最大贸易伙伴国，中国占菲律宾对外贸易比重达到15.5%。③

2. 中国对菲律宾的投资成倍增长

据《菲律宾商报》2018年12月26日报道，菲律宾工商部在一份报告中表示，来自中国的投资从2017年的5.758亿元人民币增长到2018年的487亿元人民币。④ 其中国有企业对菲律宾投资数额大，构成中国对菲律宾投资的主体。如2009年中国国家电网公司在获得菲律宾国家输电网25年特许经营权项目上的预期投资就达39.5亿美元。⑤ 相对国有企业而言，中国

① 《通讯："中国同我们在一起"》，新华网，2005年4月28日，http://news.xinhuanet.com/world/2005-04/28/content_2888857.htm。

② 《中国同菲律宾的关系》，https://www.fmprc.gov.cn/web/gjhdq_676201/gj_676203/yz_676205/1206_676452/sbgx_676456/，最后访问日期：2019年2月1日。

③ 根据联合国商品贸易统计数据库（UN Comtrade Database）数据统计整理得到，https://comtrade.un.org/data，最后访问日期：2019年1月3日。

④ 环球网，http://world.huanqiu.com/exclusive/2018-12/13899421.html，最后访问日期：2019年2月10日。

⑤ 《中菲经济合作调查：菲律宾更依赖我国投资》，新浪网，http://finance.sina.com.cn/roll/20120518/024812092277.shtml，最后访问日期：2019年1月20日。

民营企业虽然投资较小，但表现活跃，投资领域更加广泛。当前中国民营企业对菲律宾投资主要分布在矿产资源、进出口贸易、农渔业和纺织等领域。2017 年 3 月 18 日，中国银行与中国国际贸易促进委员会、菲律宾贸易和工业部、菲律宾工商总会、国际商会菲律宾分会联合举办的“中菲经贸合作论坛暨中小企业投资与贸易洽谈会”在菲律宾首都马尼拉开幕。这是根据 2016 年 10 月菲律宾总统杜特尔特访华期间与习近平主席会谈成果而采取的具体举措，中菲 300 多家企业近千人参加了此次洽谈会，汪洋副总理在开幕式上发表主旨演讲，迎接中菲友好合作的春天。①

3. 中国对菲律宾援助卓有成效

2017 年 10 月 24 日，中国驻菲律宾大使赵鉴华代表中国政府向菲律宾政府移交了总价 2000 万元人民币的 47 辆工程机械，这是马拉维反恐战争胜利后菲方收到的首批重建工程机械，这些重型机械将用于马拉维的战后重建。② 自马拉维冲突爆发以来，中国一直对菲政府反恐斗争予以坚定支持。2018 年 2 月 12 日，中国援建菲律宾戒毒中心南阿古桑项目开工仪式在菲棉兰老岛南阿古桑省举行。中国援建菲律宾两个戒毒中心是 2016 年 10 月杜特尔特总统访华时与习近平主席达成的重要共识。2017 年 11 月李克强总理访菲期间同杜特尔特总统共同出席了该项目启动仪式。③ 2018 年 1 月和 2 月，中国向菲律宾无偿援助的两个戒毒中心已先后在萨兰加尼省和南阿古桑省破土动工，表明中菲领导人达成的共识正在快速落地，中菲关系正给两国人民带来实实在在的利益。2018 年 6 月 8 日，由中国政府贷款支持的菲律宾赤

① 《汪洋出席中菲经贸合作论坛暨中小企业投资与贸易洽谈会并发表主旨演讲》，新华网，www. xinhuanet. com/world/2017 -03/19/c_ 1120652356. htm。

② 中华人民共和国驻菲律宾共和国大使馆：《中国向菲律宾捐赠马拉维重建工程机械》，2017 年 10 月 27 日，https：//www. fmprc. gov. cn/ce/ceph/chn/sgdt/t1505177. htm，最后访问日期：2019 年 1 月 8 日。

③ 中华人民共和国驻菲律宾共和国大使馆：《中国援建菲律宾戒毒中心南阿古桑项目举办开工仪式》，2018 年 2 月 14 日，https：//www. fmprc. gov. cn/ce/ceph/chn/zfgx/jmgx/t1535184. htm，最后访问日期：2018 年 9 月 10 日。

口河泵站灌溉项目在菲卡林加省举行开工仪式。该项目位于菲律宾东北部卡林加省与卡加延省之间，主要包括在赤口河右岸新建提升泵站、变电站、配套输电线路、隧洞及渠道等，项目工期3年，建成后将为当地8700公顷农田用地提供全年灌溉用水，惠及当地约4350家农户，并为当地百姓创造近千个就业机会。[①] 赤口河泵站灌溉项目正是中菲务实合作的重要成果之一，该项目将大幅提高菲当地农作物产量，提升当地粮食自给率和改善当地人民生活，也契合了杜特尔特总统“大建特建”发展规划，具有广泛的经济和社会效益。中国对菲律宾的援助是不附带任何条件的真诚帮助，造福当地老百姓，再次彰显相互尊重、平等相待、重信守诺、互利共赢的中国对外援助基本原则。展望未来，中菲友好合作的大船必将乘着“21世纪海上丝绸之路”的东风扬帆起航，行稳致远。

4. 菲律宾对华贸易依赖程度较高

与菲律宾对外贸易相比，由于菲律宾的经济体量较小，双边贸易在中国外贸中占比较低，2017年所占比重仅为1.2%。[②] 从菲律宾与其他东盟国家的横向比较来看，菲律宾对中国贸易地位总体处于低位。2005～2007年，菲律宾是中国在东盟国家中的第四大贸易伙伴。2008年菲律宾被印度尼西亚超过，2009年菲律宾更是退后为中国在东盟的第六大贸易伙伴。近年来，尽管中菲贸易额增长迅速，但菲律宾的贸易地位没有得到提升。2017年，菲律宾在中国对东盟国家贸易中占比为9.5%，而2018年1～11月占比保持在9.5%，但与第五大贸易伙伴印度尼西亚差距不断扩大（见表2）。从中菲两国在对方对外贸易中的地位和所占比重可以看出，菲律宾对中国经济依赖程度较高。

① 中华人民共和国驻菲律宾共和国大使馆：《菲律宾赤口河泵站灌溉项目举行开工仪式》，2018年6月8日，https://www.fmprc.gov.cn/ce/ceph/chn/zfgx/jmgx/t1567162.htm，最后访问日期：2019年1月6日。

② 国家统计局：《中国统计年鉴（2018）》，http://www.stats.gov.cn/tjsj/ndsj/2018/indexch.htm。

表2　2016～2018年11月中国在东盟前六大贸易伙伴排名

单位：%

	1	2	3	4	5	6
2016年	越南	马来西亚	泰国	新加坡	印度尼西亚	菲律宾
占比	21.7	19.2	16.8	15.6	11.8	10.4
2017年	越南	马来西亚	泰国	新加坡	印度尼西亚	菲律宾
占比	23.6	18.7	15.6	15.4	12.3	9.5
2018年1～11月	越南	马来西亚	泰国	新加坡	印度尼西亚	菲律宾
占比	25.0	18.5	15.0	14.1	13.2	9.5

资料来源：根据中华人民共和国海关总署数据统计整理。

5. 中菲政府注重推动双边经贸关系发展

中菲关系的大幅改善为中菲贸易发展注入了新机遇。2016年，菲律宾杜特尔特总统访华，中菲两国就扩大经贸合作达成共识。2016年12月菲律宾国会批准《亚洲基础设施投资银行协定》，菲律宾政府以创始成员国身份加入亚投行，承诺菲律宾将在5年内分期出资约1.96亿美元。2017年上半年亚投行为菲政府提供了2.076亿美元的融资，用于支持首都马尼拉的防洪项目建设。[①] 2017年3月6～9日，中国商务部部长钟山率政府经贸代表团访问菲律宾，重启了中断6年的中菲经贸联委会机制，在马尼拉举行了第28次会议。[②] 经贸联委会是中菲经贸合作的重要渠道和平台，重启后将继续作为落实双方领导人共识的推动力发挥作用。此次访问进一步落实了两国元首达成的经贸方面的共识，就贸易、投资、园区建设、重大基础设施建设、区域合作等方面的具体合作安排达成一致。2017年3月16～19日，汪洋副总理正式访问菲律宾，并同菲律宾贸易工业部长拉蒙·洛佩斯签署了《中菲经贸合作六年发展规划（2017～2022）》，以落实杜特尔特总统2016年访

① 中华人民共和国商务部：《菲律宾商务历史》，http://history.mofcom.gov.cn/?bandr=flbyydylcydgx，最后访问日期：2018年12月18日。

② 刘旭颖：《协商重启经贸联委会——中菲合作渐回温》，《国际商报》2017年2月20日，第2版。

华时达成的价值240亿美元的贷款和投资保证。[①] 这份发展规划还将为中菲两国在交通、公路、铁路、通信、灌溉等基础设施建设领域的合作项目提供规范指引，保证两国合作项目尽快落实到位，为增强两国互联互通，为深化两国双边贸易关系奠定了基础。2017年5月，在“一带一路”国际合作高峰论坛举办期间，两国提出了加强发展战略对接，扩大双边贸易规模、优化结构的目标，积极推进两国在产能、基础设施建设、金融、农渔业等领域的互利合作。中国坚定支持菲律宾的“大建特建”计划和“雄心壮志2040”。而菲律宾也积极响应“一带一路”倡议，在担任东盟轮值主席国期间在推动东盟的互联互通战略与“一带一路”倡议对接中发挥了积极作用。在2018年首届中国国际进口博览会上，菲律宾参展企业实现了1.24亿美元销售额，远超5000万美元的预定目标。[②]

6. 两国经济合作领域不断拓宽，形式趋向多样化

目前，中国在菲律宾投资主要涉及农业、贸易、冶金、纺织和矿产等领域，菲在华投资主要集中在机械化工、服装等领域。由于所处自然环境不同，及中菲双方经济发展程度不同，两国经济存在着较强的互补性。两国在基础设施、农渔业及旅游等领域开展了较深入的合作，在基础设施领域主要是中国进行资金支持和技术帮助，在农渔业方面是中国提供先进的农业科技。在基础设施方面，中国具有一定的技术优势，在现代化建设和发展中积累了许多基础设施建设方面的技术和经验，菲方在基础设施建设方面希望引进外资，与中方进行合作。中菲两国加强基础设施方面的合作有利于快速提升菲律宾的基础设施建设水平。在农业方面，中国的农业科技发展走在世界前列，而菲律宾虽然有优越的自然条件，但却由于农业技术落后、方法不科学等各种原因未能从中受益。菲律宾与中国加强农业技术方面的合作，从中国引进了优质杂交水稻和玉米，提高了粮食产量和粮食自给能力。在渔

① 陈小茹：《〈中菲经贸合作六年发展规划〉将签署》，《中国青年报》2017年3月10日，第3版。

② 《菲律宾企业获1.24亿美元销售额》，菲信网，2018年11月13日，http://www.feixinph.com/local/9956.html，最后访问日期：2019年1月2日。

业方面，菲律宾作为群岛国家，海岸线广阔，渔业资源丰富，但其渔业技术、设备落后，渔业资源的开发和利用并不合理，菲律宾也一直鼓励同中国进行渔业方面的合作。在旅游方面，2017 年中国就已经跃升为菲律宾第二大游客来源地。公开数据显示，2017 年中国赴菲律宾旅游人数为 96.8 万人，同比增长了 43.33%，超越美国升至第二。① 菲律宾热带滨海风光天然多姿，旅游开发潜力巨大，中菲旅游市场合作充满商机。另外，中国正处于现代化建设进程中，对于矿产资源有较大的需求，菲律宾具有丰富的矿产资源，铝、铜、镍、金等矿产具有良好的开发前景，双方在矿产资源方面有较多的共同利益，能进行有益的互补，合作前景广阔。

7. 中菲贸易互补性较强

2015～2017 年，制造业产品仍是中菲双边贸易的主导产品，但所占比重正逐渐下降，而初级产品在中菲双边贸易中所占比重有所上升（见表 3）。中国对菲律宾出口的商品以劳动密集型商品（SITC6、SITC8）为主，所占比重超过 50%，而菲律宾对中国出口的商品则以资本和技术密集型商品（SITC5、SITC7）为主，其比重高达 70%。②

表 3　2015～2017 年中菲双边贸易商品层次

单位：%

项目		2015 年	2016 年	2017 年
中菲双边贸易	初级产品	13.8	17.6	19.8
	制造业产品	86.2	82.4	80.2
中国对菲律宾出口	初级产品	8.8	11.3	13.8
	制造业产品	91.2	88.7	86.2
菲律宾对中国出口	初级产品	20.3	20.7	21.3
	制造业产品	79.7	79.3	78.7

资料来源：根据联合国商品贸易统计数据库（UN Comtrade Database）数据整理。

① 驻菲律宾经商参处：《2018 年菲期待 150 万中国游客》，中国商务部网站，http://ph.mofcom.gov.cn/article/jmxw/201802/20180202714484.shtml，最后访问日期：2019 年 2 月 10 日。

② 根据联合国商品贸易统计数据库（UN Comtrade Database）数据整理，https://comtrade.un.org/data，最后访问日期：2019 年 1 月 3 日。

2015～2017 年中国对菲律宾出口贸易的前三大类商品为按原料分类的制成品、机械及运输设备和杂项制品。其中，2017 年中国对菲第一大类出口商品为电机、电气设备及其零件（HS85），贸易额为 47.7 亿美元，同比增长 11.8%；第二大类出口商品为机器、机械器具及其零件（HS84），贸易额为 29.3 亿美元，同比增长 7.5%；第三大类出口商品为矿物燃料、矿物油及其蒸馏产品（HS27），贸易额从 2016 年的 14.3 亿美元增至 23.7 亿美元，出口金额大幅提高，增长率高达 39.9%。①

同期，菲律宾对中国出口贸易以非食用原料（燃料除外）和机械及运输设备两大类商品为主，其中机械及运输设备类商品贡献率超过 60%，反映出菲律宾对中国出口产品的集中和贸易结构的相对单一。2017 年菲律宾对中国第一大类出口商品为电机、电气设备及其零件（HS85），出口总额为 30.5 亿美元，同比大幅度增长 37.6%；第二大类出口商品为机器、机械器具及其零件（HS84），出口总额为 20.4 亿美元，同比下降 2.9%；第三大类出口商品为矿砂、矿渣及矿灰（HS26），出口总额 7.2 亿美元，同比增长 19.9%（见表 4）。②

从上述比较可以发现，中国与菲律宾双边贸易出口商品中位于第一、二位的商品均为电机、电气设备及其零件（HS85）和机器、机械器具及其零件（HS84），表明两国在机电产品制造业上存在较强的竞争性，并且竞争趋势有所加强。但除此之外，从中菲双边贸易商品种类来看，两国出口商品前十种重合度并不太高，说明两国货物贸易互补性还是比较明显的。中国与菲律宾的所处经济发展阶段不同，资源禀赋也有差异，这也使得两国“在工业产业分工上存在垂直分工的潜力，在初级产品方面存在横向分工的潜力”。③

① 根据联合国商品贸易统计数据库（UN Comtrade Database）数据整理，https://comtrade.un.org/data，最后访问日期：2019 年 1 月 3 日。

② 根据联合国商品贸易统计数据库（UN Comtrade Database）数据整理，https://comtrade.un.org/data，最后访问日期：2019 年 1 月 3 日。

③ 王磊、伍业君：《菲律宾与中国的产业互补性》，《中国产业竞争力报告（2015）》，社会科学文献出版社，2015，第 144 页。

表4　2017年中菲双边贸易商品结构

单位：%

中国对菲律宾出口商品前十种			菲律宾对中国出口商品前十种		
商品类别		占比	商品类别		占比
HS85	电机、电气设备及其零件	14.9	HS85	电机、电气设备及其零件	38.1
HS84	机器、机械器具及其零件	9.1	HS84	机器、机械器具及其零件	25.4
HS27	矿物燃料、矿物油及其蒸馏产品	7.4	HS26	矿砂、矿渣及矿灰	9.0
HS72	钢铁	6.1	HS08	食用水果及坚果	4.3
HS52	棉花	5.8	HS27	矿物燃料、矿物油及其蒸馏产品	4.3
HS87	车辆及其部件，铁道车辆或电车除外	4.6	HS90	光学、照相、医疗或手术器械等	3.8
HS61	针织或钩编的服装及衣着附件	3.9	HS74	铜及其制品	3.2
HS39	塑料及其制品	3.8	HS29	有机化合物	2.3
HS73	钢铁制品	3.7	HS39	塑料及其制品	1.3
HS64	鞋靴、护腿和类似品及其零件	2.7	HS87	车辆及其部件，铁道车辆或电车除外	1.1

资料来源：根据联合国商品贸易统计数据库（UN Comtrade Database）数据整理。

（二）中菲经贸发展关系存在的问题

1. 双边贸易潜能未充分挖掘

早在2011年《中华人民共和国与菲律宾共和国联合声明》中，中菲双方就提出到2016年将双边贸易额提高到600亿美元的目标。① 尽管近年来中菲贸易额增长迅速，但与600亿美元目标仍有一定差距。同时，菲律宾也是

① 中国外交部：《中华人民共和国与菲律宾共和国联合声明》，2011年9月1日，https://www.fmprc.gov.cn/web/ziliao_674904/1179_674909/t854349.shtml，最后访问日期：2019年1月20日。

中国在东盟国家前六大贸易伙伴中双边贸易额唯一没有突破600亿美元的国家。[①] 可见，中菲贸易潜能仍有待深入挖掘。

2. 贸易不平衡

2013年以前，中国对菲贸易处于逆差地位。2013年，中国对菲出口总额超过对菲进口总额。近年来，随着两国贸易额持续增长，菲律宾对中贸易逆差额也在逐渐加大，贸易不平衡问题日益突出。目前，中国是菲律宾最大贸易逆差国，也是菲律宾前三大贸易伙伴中唯一一直存在贸易逆差的国家。根据中国海关总署数据，2017年中国对菲顺差额达到128.2亿美元，而2018年顺差额为144.5亿美元（见表5）。2016～2018年，中国对菲律宾的逆差占菲律宾贸易赤字总额比重的30%以上。[②] 贸易失衡有可能加深菲律宾方面的担忧，影响中菲两国进一步深化贸易合作。

3. 贸易结构有待优化

由于中菲两国经济在一些领域和产业的发展处在比较相同的水平，如劳动密集型的制造业和农业等，因而竞争性使两国在经贸合作领域也是存在不少问题。中国的经济总量虽然有了很大的提高，但是总体上讲中国仍然是发展中国家，和菲律宾一样同样处于亟须发展的阶段。中国正处于产业结构转型期，但在产业结构转型尚未完成之前，中国仍然是制造业大国，制造业同时也是菲律宾创汇的主要产业。中菲双方在一些制造业领域的科技水平相差不大，因此在参与国际竞争的过程中，难免会产生问题。因此，从双方的产业结构、发展水平等方面看，双方在经济、贸易等方面存在一定的竞争性。因此，虽然中菲两国产品、贸易有较强的互补性，但也存在不少同质产品。同时，中菲双边贸易产品集中于低端的初级产品，附加值比较低，贸易结构有待进一步优化。另外，与东盟一些主要成员国相比，中菲经贸关系的发展过程较为曲折，规模也相对较小。

---

① 《2017年12月进出口商品主要国别（地区）总值表（美元值）》，中华人民共和国海关总署，2018年1月12日，http：//www.customs.gov.cn/customs/302249/302274/302275/1416426/index.html。

② 根据中国商务部、菲律宾国家统计局、联合国商品贸易统计数据库统计数据整理。

表5　2012～2018年中菲贸易统计

单位：亿美元

年份	中国向菲律宾出口	中国从菲律宾进口	贸易差额
2012	167.3	196.4	-29.1
2013	198.4	182.3	+16.1
2014	234.7	209.8	+24.9
2015	266.9	189.8	+77.1
2016	297.9	173.7	+124.2
2017	320.5	192.3	+128.2
2018	350.6	206.1	+144.5

资料来源：根据中国海关总署数据统计整理。

三　中菲人文关系：人文交流日益频繁

自1978年7月8日中菲签订第一个文化协议以来，中菲之间文化、科教往来不断增多。进入21世纪以来，中菲之间签订了一系列合作文件，有力地推动了两者之间的文化与科教之间的交流与合作。2016年10月习近平主席与杜特尔特总统进行了具有里程碑意义的会晤，翻开了中菲关系的新篇章，推动了两国务实合作的深入发展。两国的各领域合作都进入了一个全新的发展阶段，中菲在人文领域也开始了新一轮更为深入、密切、频繁的交流与合作。中菲之间文化友好往来使中菲两国人民有了更好的了解，中国人民对于菲律宾有了更多的认识，越来越多的中国人选择去菲律宾留学、旅行和度假，菲律宾也更好地了解了中国，有越来越多的菲律宾人了解汉文化和学习汉语。近年来中菲之间教育往来密切，中国政府向菲律宾提供留学名额和留学奖学金，在中国大学的校园里能看到越来越多菲律宾留学生的身影。华语教学不仅遍及菲律宾各华语学校，而且已经进入部分主流学校。

（一）中菲人文关系发展的基本特点

1. 合作形式多样化，内容丰富

2018 年习近平主席访问菲律宾之前在《菲律宾星报》《马尼拉公报》《每日论坛报》发表题为《共同开辟中菲关系新未来》的署名文章，文章中称“人民友好交往是两国关系的源头活水”。[①] 中菲两国高层的互访和交流是增进两国人民福祉的必然选择，2017～2018 年中菲两国关系在确立了政治、经济交往的大框架和具体方案的同时，人文交流也同步跟进，并同政治、经济联系相互配合，呈现出日益多样化、广泛化的特征。首先，中菲双方对南海问题搁置争议、开展制度化交流和商讨的做法一定程度上缓和了两国人民的民族情绪，双方高层表现出对彼此的尊重、理解和包容给两国人民留下了良好的印象。其次，两国经贸往来促进了两国人民的相互来往和了解。中国对菲律宾的投资项目有很多都涉及民生方面[②]，比如戒毒中心、帕西格河桥梁、赤口河灌溉、卡利瓦大坝、南北铁路南线等。中国还积极支持菲律宾南部棉兰老地区经济与社会发展，积极参与马拉维战后重建，利用中国援款建设道路、桥梁、农村饮水泵站和中小学校舍等项目，用实际行动帮助菲律宾政府提振民生，实现可持续发展。[③] 最后，中菲双方为促进两国人文交流做出了许多努力。教育方面中国设立了 50 个菲律宾来华留学生奖学金名额，欢迎菲律宾留学生来华学习与交流。科技方面的合作涉及农业、可再生能源、通信等具体的领域，科技方面的合作也促进了人文交流，中国科技部邀请菲青年科学家来华参加“国际杰青计划”，帮助菲方加强能

① 《习近平在菲律宾媒体发表署名文章：共同开辟中菲关系新未来》，《人民日报》2018 年 11 月 20 日，第 1 版。

② 赵中文：《双边关系步入发展快车道——中菲友好合作增强民众获得感》，《光明日报》2018 年 5 月 20 日，第 8 版。

③ 赵鉴华：《中国驻菲大使：做强“三大支柱”共创“黄金时代”》，《人民日报》2018 年 11 月 20 日，http：//nanhai. haiwainet. cn/n/2018/1120/c3542185－31441338. html，最后访问日期：2019 年 1 月 20 日。

力建设。[①] 文化方面两国签署了《文化合作协定2019年至2023年执行计划》，并且在菲律宾设立中国文化中心，缔结更多友好省市互联互通。中菲两国目前有28对友好城市，2018年11月14日新增达沃和晋江这一对友好城市。[②] 这都为双方民众的来往和联系提供了平台和渠道，极大地促进了两国人文交流。2018年前三季度，中国赴菲游客数量已达97.2万人次，同比增长34.9%，全年赴菲游客总数有望突破150万人次。[③] 随着中菲两国人文交流越来越多，比索直接兑人民币也为外来游客提供便利，从而有利于菲律宾旅游行业的进一步推广。“中菲两国地缘相近、人缘相亲、文缘相通”[④]，人文交流作为改善两国外交关系的源头活水，需要经年累月地仔细经营，方能见证涓涓细流、润物无声。2017～2018年中菲两国关系“历经风雨，终见彩虹”，实现从“转圜”到“巩固”再到“提升”的飞跃式进步，形成“战略互信、经贸投资、人文交流”三大支柱鼎立的外交关系格局，中菲两国正处于历史以来最好的时期。

2. 华人华侨团体发挥了重要作用

在中菲外交关系发展的过程中，华人华侨在政治、社会等领域发挥了重要作用。华人华侨团体是中菲关系不可忽视的一个因素，在政治领域，在两国尚处于待发展阶段时，华人华侨团体充当了两国政府沟通和联系的桥梁，为增进两国友好合作关系献言献策；在社会领域，菲律宾华人华侨积极组建菲律宾对华友好社团，开展公共外交，施加社会影响力。同时，还通过当地媒体和华人报纸宣扬中菲传统友好关系，创造良好的社会氛围，以促进中菲友好关系的发展。华人华侨团体与中国有着

① 《中华人民共和国与菲律宾共和国联合声明》，中国外交部官网，2018年11月21日，https：//www.fmprc.gov.cn/web/ziliao_ 674904/1179_ 674909/t1615198.shtml，最后访问日期：2019年1月6日。

② 孙虹、林锦鑫：《菲律宾达沃市长参访福建晋江　两地缔结友城》，中国新闻网，2018年11月14日，http：//www.chinanews.com/hr/2018/11－14/8676553.shtml，最后访问日期：2019年1月24日。

③ 徐惠喜：《中菲关系驶入发展快车道》，《经济日报》2018年11月22日，第2版。

④ 《习近平在菲律宾媒体发表署名文章：共同开辟中菲关系新未来》，《人民日报》2018年11月20日，第1版。

特殊的联系和深厚的感情，他们在菲律宾当地生活，努力融入当地社会，促进了当地的经济发展，同时，华人华侨团体通过发起宗亲会、同乡会等多种华人社团赴中国侨乡考察，通过这种有温度的形式促进中菲两国民间社会交往。菲律宾华人华侨在促进中菲两国外交关系的全面发展方面作出了突出的贡献。

（二）中菲文化、教育关系发展存在的问题

中菲两国文化、教育关系不断深入发展，但是在发展的过程中也存在着一定的问题。两国的文化交流主要集中在艺术领域，无论是民间艺术团体之间的交流还是官方文化部门的互访所涉及的内容都是以艺术为主，艺术领域交流广泛，内容丰富，但同时应该开拓更多领域的交流。中国已经将一部分经典的、有代表意义的书籍、电视剧、电影等都用英文的方式加以注解。菲律宾方面可以引进这些方面的成果，让菲律宾民众通过更多的方式了解中国。中国也应该通过更为普遍、更为民众接受的方式让中国民众了解菲律宾。在教育领域，令人感到振奋的是华文教育的推广。中菲两国政府通过孔子学院、校际交流等多种形式加强了两国教育领域的交流。但是由于菲律宾教育事业的发展有待提高，中国学生更多的是选择去欧美、日本等西方发达国家去留学。这样在教育交流的过程中，出现了一定程度的不平衡。菲律宾越来越多地了解中国，而中国对菲律宾的了解仍有待提高。此外，在中国对菲律宾了解较多的主要是相关工作人员，如政府有关部门、高校研究人员等。菲方并未像中方这样提供各种渠道、资金等支持让中国高校学生到菲方进行参观、学习。更多的中国人去菲律宾只是为了旅游，虽然旅游业的发展对双方文化交流方面有一定的帮助，但是这种交流的影响力有限。

中菲两国在文化与教育方面的交流增进了双方了解，丰富了两国发展内容，对两国政治互信、经济合作起到了促进作用，取得了显著成果。两国文化与教育交流在不断向前发展的过程中，也要不断拓展交流领域，丰富交流内容，增进交流形式。双方秉承合作、互信的态度，认真对待双方在文化与

教育领域交流中的不足之处，尽可能地去弥补不足。在交流的过程中，要积极发挥政府的作用，促进民间团体的交流，重视华人华侨团体的积极作用，充分利用中国自身的文化、科技优势，将“走出去”与“引进来”相结合，促进两国文化繁荣和教育发展。

四 结语

中国和菲律宾隔海相望，人民友好交往历史悠久。自中菲建交以来，两国关系稳定向前发展，政治互信明显增强，经贸合作成果显著，文化与教育交流明显增多。尤其是近年来，在双方领导人的共同推动下，两国友好合作关系迅速发展。在中菲双边关系发展的过程中，菲律宾基于地理位置、自身地缘战略地位以及自身国家利益的目标考虑，追求与中国发展健康、深远、全面的友好关系；而为适应时代发展，真正成长为一个负责任的大国，中国政府也积极推动“睦邻友好”的周边外交政策。中菲两国都是发展中国家，在经济全球化和地区合作进程加快的形势下，在国际事务中有着广泛的共同利益，都面临着来自政治、经济等领域的挑战和机遇，都认为发展友好合作关系不仅符合两国人民的根本利益与愿望，也有利于亚太地区的政治稳定、经济健康发展。当前中菲两国领导人和政府十分重视中菲关系并积极推动中菲关系向前发展，两国高层互访不断，两国高层接触和各层次的对话与交流频繁，两国政府的磋商与合作机制不断加强，这是中菲关系得以健康和顺利发展的保证。

随着中国经济的发展，中菲经贸往来日益频繁，中国经济快速的发展不仅为了促进自身的经济繁荣，人民生活水平提高，而且为菲律宾等周边国家提供了一个增长最快的出口市场，带动了周边国家经济的发展。特别是我国政府积极履行入世承诺，大幅度降低进口关税，进一步开放市场，为菲律宾等国的商品提供了更大的市场。菲律宾的热带水果、椰子油、木制品、微电子组件及自动数据处理设备等，将受益于中国关税的降低，今后几年内对中国的出口会显著增加。虽然中菲经济发展水平存在一定的相似性，但双方经济之间的互补性还是相当大的，主要表现在基础设施建设和农业等领域的合作。两国农渔业科技推广合作也前景可期，菲律宾种植的水稻和玉米平均产量较低，水产养殖技术不高，而中国在发展农渔业方面积累了成功经验，中国可以为菲律宾在农渔业方面提供成熟的经验和技术。

中菲两国在政治互信、经济友好背景下，积极推动着两国文化与教育的发展，在这些领域签订了一系列合作计划，举办了各种各样的交流活动。在两国政府的推动下，两国文化交流活动频繁，表演艺术、视觉艺术、影视作品等多个方面都有涉及，华文教育的推广可以很好地解决两国交流中的语言问题，推广华文的过程也促进了双方文化的传播。两国之间科技的交往将随着两国的友好合作关系不断深入，涉及更多领域。

综上所述，中国和菲律宾友好关系将进一步深入发展。中菲之间政治友好程度不断加深，经济合作深化，文化与教育交流不断增多，这些都为中菲两国友好关系的深化提供了良好的土壤。

国情报告

B.2
2017 ~2018年菲律宾政治发展与政局评析

陈世伦　杨　婧*

摘　要： 在经历了2017年5~10月的马拉维危机后，菲律宾国内社会总体趋于稳定，危机后重建工作逐渐展开，社会各方面的发展得以继续推进。到2018年底，杜特尔特总统内政基本成形并取得相当的成效。但埋藏在菲律宾政治和社会中的不稳定因素仍然存在。恐怖主义威胁并没有消除；国内对于杜特尔特的禁毒政策评价分化现象依旧存在，杜特尔特铁腕政策可能引发更多的报复性行为；政府与菲共和谈计划破裂，菲共就棉兰老岛戒严问题在菲律宾国内发动武装袭击；随着修宪改制逐渐被提上日程，

* 陈世伦，博士，中山大学国际关系学院、中山大学“一带一路”研究院副研究员，主要研究领域：东南亚研究；杨婧，中山大学国际关系学院研究助理，主要研究领域：东南亚研究。

国内矛盾被进一步激化。2019年菲律宾中期选举将近，杜特尔特推行的修宪转制能否成功，菲律宾国内对修宪的态度如何将会成为影响菲律宾政治局势的重要因素。

关键词： 菲律宾 杜特尔特 国内政策

一 2017~2018年菲律宾内政概述

杜特尔特上台后，依靠强硬的政策争取选民支持，维护社会安全稳定，践行“反罪恶、反毒品、反腐败”的承诺，推动与菲共的和平谈判进程寻求双方和解，积极促进菲律宾修宪改制，重建菲律宾的法律和秩序。同时，杜特尔特致力于打造“以人为中心的”政府，为人民提供更好的服务，解决民生问题，增强菲律宾人民对政府的信任和支持，杜特尔特的国内政策在取得一定成果的同时也遇到了一些问题。

（一）“反罪恶、反毒品、反腐败”新动向

1. 打击恐怖主义和极端主义

2017年菲律宾政府解决马拉维危机，解救了人质1777名，拆除2000多处简易爆炸装置以及未爆炸装置，缴获1000多支枪械和其他武器。击毙包括策划马拉维危机的头目哈皮隆（Isnilon Hapilon）和阿卜杜拉·穆特（Abdullah Maute）在内的五名高危目标人物以及其他33名外国恐怖分子。同时摧毁了穆特组织和哈皮隆以及其他恐怖分子想要在棉兰老岛建立ISIS在菲南的一个据点的企图，战争也导致了165名战士牺牲。[1] 杜特尔特在2017年6月28日决定成立马拉维特别工作组（Task Force Bangon Marawi），

---

① 《副总统拟存马拉维废墟 纪念亡士》，2017年11月2日，http://www.flw.ph/thread-280056-1-353.html。

负责协调和促进马拉维城市重建工作，维持地区和平和秩序。

在此之后，对恐怖主义与极端势力的打击活动继续推进。杜特尔特2017年宣布对马拉维实行戒严，考虑到棉兰老地区长期处于恐怖主义威胁之下，恐怖势力难以保证完全肃清，报复性恐怖活动随时可能发生。杜特尔特三次延长戒严令期限，2018年12月12日国会以压倒性票数批准延长棉兰老军管至2019年12月31日。[①] 菲律宾军方指出菲国境内存在四大安全威胁，分别是新人民军（CNT）[②]、恐怖组织阿布沙耶夫（Abu Sayyaf）、邦萨摩洛伊斯兰自由战士（BIFF）以及穆特组织（Maute Group）。穆特组织在2017年马拉维战役中已被消灭，政府军计划继续铲除或削弱剩下的组织，继续维持对恐怖分子和极端势力的清缴力度。2018年10月25日，菲律宾武装部队（AFP）和菲律宾国家警察（PNP）在棉兰老岛东部签订了共同打击恐怖主义、犯罪和叛乱方面的协议，结合两者的力量共同消除菲律宾安全隐患。[③] 其他地区也纷纷效仿，形成全国性的军警联合反恐力量。

在武力围剿的同时，菲律宾积极"招降"恐怖分子和极端主义者，并承诺保障他们的安全。在军事压力和劝降政策下，有许多恐怖分子和极端主义者向菲律宾政府投降。据总统2018年6月发布的政府报告显示，杜特尔特执政以来共有263名阿布沙耶夫组织成员投降，18名邦萨摩洛伊斯兰自由战士投降，3031名新人民军成员投降。2018年4月3日杜特尔特宣布实施第十条行政命令[④]，建立专门的行动小组负责监管各地区对投降者的生活援助，帮助他们重新融入社会，对此，菲律宾内政部和地方政府创建"综合性地区一体化"项目（Comprehensive Local Integration Program）以及"强化版综合性地区一体化"项目（E－CLIP），和平进程咨询办公室创办"和

① http：//cnnphilippines. com/news/2018/12/12/Congress－Mindanao－martial－law－extension－Duterte. html.

② 2017年12月6日杜特尔特总统宣布菲共及其武装派别新人民军为恐怖组织，http：//www. flw. ph/thread－295358－1－322. html。

③ 《政府新闻报》（菲律宾）2018年10月25日，http：//www. pna. gov. ph/articles/1052164。

④ https：//www. officialgazette. gov. ph/2018/04/03/administrative－order－no－10－s－2018/。

平与进步社区”项目，穆斯林棉兰老自治区设立打击暴力和极端主义项目（Program Against Violent Extremism）。[①] 这些项目为主动投降者提供安全保障、生活帮助、心理咨询、医疗救助等服务，并关注他们的发展需求，而联合技术教育和技能发展管理局（Technical Education and Skills Development Authority）等政府部门为他们提供职业技术培训、创业贷款、社会福利援助等，帮助他们重新融入主流社会，给他们提供重返社会的机会，建立对政府和国家的信心，使他们成为有生产力的社会成员。

除了上述直接针对恐怖分子和分离主义者的打击和劝降政策之外，杜特尔特也从“反激进化”层面出发，阻断恐怖主义和极端分离主义的传播。在思想上，政府增强民众对恐怖主义和极端分离主义思想的抵抗力，加强菲律宾人的价值观、菲律宾文化的敏感性，在社区进行反恐教育、宣传等。[②] 经济方面，杜特尔特于 2018 年 11 月 19 日签署了第 68 号行政命令，通过了“国家反洗钱和打击恐怖主义融资战略”（AMLCFT），坚决禁止任何组织或个人向恐怖组织提供资金支持[③]，切断其招兵买马的资金来源。在安全防护方面，菲律宾国家警察不断扩充警员，并给他们提供更好的装备和更优厚的待遇，增强防备力量。另外，为提高打击罪犯的效率，各地区警察对公共场所的商业机构进行检查，查看其安全规程、安装闭路电视等。

2. 打击毒品

打黑缉毒活动是杜特尔特竞选时立下的誓言，上台后即制定了长期务实的缉毒战略。面对国内十分复杂的毒品贸易网络以及国内外对铁腕缉毒政策的质疑和不满，杜特尔特一方面没有放弃将缉毒行动进行到底的决心，另一方面也做出了一些策略上的调整，以缓解舆论压力。

总体而言，2017 ~ 2018 年以来杜特尔特从毒品制作、分销、成瘾、戒瘾整个流程的各个节点出发制订了全面深入的禁毒计划。就切断毒品供

① 《政府新闻报》（菲律宾）2018 年 4 月 3 日，http：//www. pna. gov. ph/articles/1053514。

② 《政府新闻报》（菲律宾）2018 年 11 月 14 日，http：//www. pna. gov. ph/articles/1053898。

③ https：//www. officialgazette. gov. ph/2018/11/12/executive - order - no - 68 - s - 2018/。

应而言，菲律宾政府力图阻断外部毒品流入，摧毁境内毒品制造点。2018年4月，经查证，菲律宾巴坦加斯市（Batangas）和马拉邦市（Malabon）暗藏来自金三角的毒品制造窝点。因此，为防止非法药物过境，菲律宾缉毒署（Philippine Drug Enforcement Agency）设立了港口禁令，同时联合菲律宾海关总署加强船只、港口的排查力度。此外，菲律宾海事局已授权缉毒署检查国内外船只及公共与私人港口。菲律宾国家警察发言人贝尼奥·杜拉纳（Benigno Durana）表示，从2016年6月到2018年10月，当局共拆除了菲国271个毒品窝点和实验室，缴获了价值250.6亿比索的各类非法毒品。在阻断毒品分销渠道方面，菲律宾政府深入挖掘涉毒网，从吸毒者开始顺藤摸瓜抓捕贩毒者和包庇者。截至2018年6月，共查证335名行政官员涉毒，其中包括7名国会议员、2名副省长、63名市长。[①] 此外，缉毒活动被扩展为一项全民参与的事业。杜特尔特设立了举报奖励制度，为举报社区内涉毒行为的线人提供现金奖励。截至2018年10月，政府共计悬赏4923万比索，奖励56名线人。[②] 对已成瘾的吸毒者，杜特尔特鼓励他们主动自首投降，拒不投降且嗜毒成性者将被拘捕并进行强制戒毒。对此国际人权组织、国际刑事法院以及国内某些民众控告菲律宾政府进行了法外处决、误杀无辜等，由此杜特尔特在2017年10月10日签署了《综合毒品法备忘录》，命令处于舆论焦点的菲国警退出缉毒行动，并指派菲律宾缉毒署接管反毒禁毒行动。12月杜特尔特又重新允许菲国警参与反毒战，但表示缉毒活动的主导权仍在缉毒署手中。并加强对菲国警的行动和纪律管束，菲国警在缉毒活动中被要求佩戴随身摄像机，承诺谨慎对待嫌犯，尽量活捉，减少流血事件发生。[③] 最后，对主动自首和已抓捕的吸毒者们，政府通过“改造吸毒者计划”从身体和心理两方面为他们提供帮助，使他们逐渐戒毒，回归正常生活。在该计划下，杜特尔特在全

---

① *The President's Report to the People 2016－2018*, pp. 19－20.

② 《政府新闻报》（菲律宾）2018年11月27日，http：//www. pna. gov. ph/articles/1055061。

③ 《菲国警重返反毒之战后将更谨慎》，2017年12月6日，http：//www. flw. ph/thread－295684－1－322. html。

国范围内建立了毒瘾治疗和康复中心，正在建立及已建成的中心有 18 所，分布在各个地区，目前已有 3 所投入使用。从 2017 年 1 月至 2018 年 4 月，共计已有 1575 例门诊治疗、1930 名住院治疗、925 例痊愈患者。[①] 此外，2018 年 1 月 24 日，菲律宾缉毒署创建“重生项目”（Balay Silangan Reformation Program），联合技术教育和技能发展管理局（TESDA）及其他政府和民间机构为吸毒者提供诸如继续教育、就业咨询、就业机会和道德恢复、健康意识培养、价值观培育等干预措施，使他们成为有自给自足的能力和守法意识的社会成员。[②]

再者，菲政府也开展了一项“启动希望”（Simula ng Pag - Asa）这是一项以信仰为基础的倡议，主要面向涉毒者及其家人，具体包括涉毒者社区关系调查、医疗服务和毒品测试以及宗教牧师的演讲、反思和心理咨询等活动。[③] 另外，菲律宾政府还有一系列针对未成年涉毒者的保护和帮助项目，对于未成年涉毒者在经过法庭审理后，将在被警方拘留后 8 小时内被移交至巴伊帕格萨中心，然后转移到社会福利发展署[④]，对他们进行特殊化教育和帮助。在预防毒品犯罪方面，杜特尔特积极推行禁毒教育。例如菲政府 2018 年 7 月实行“抵制滥用毒品项目”（Drug Abuse Resistance Education），旨在提高青少年儿童反毒意识。[⑤]

从 2016 年 6 月到 2018 年 6 月，菲律宾联合执法机构共进行了约 105658 宗禁毒行动，同比增长 2.95%。抓捕涉毒人员 152123 名，同比增长 2.92%。然而在缉毒行动中，共有 4410 名毒品犯罪嫌疑人死亡，菲律宾 42044 个村庄中至少尚有 33829 个村庄未完全清除非法毒品犯罪问题。[⑥] 由此观之，杜特尔特政权的反毒战依旧任重道远。

---

① *The President's Report to the People 2016 - 2018*, pp. 21 - 22.

② 《政府新闻报》（菲律宾）2018 年 1 月 24 日，http：//www. pna. gov. ph/articles/1046018。

③ 《政府新闻报》（菲律宾）2018 年 11 月 27 日，http：//www. pna. gov. ph/articles/1055075。

④ 《政府新闻报》（菲律宾）2018 年 11 月 27 日，http：//www. pna. gov. ph/articles/1055061。

⑤ 《政府新闻报》（菲律宾）2018 年 11 月 14 日，http：//www. pna. gov. ph/articles/1053826。

⑥ 菲律宾缉毒署，http：//pdea. gov. ph/images/REALNUMBERSPH/REALNUMBERSPH _ UPDATE_ AS_ JULY2018. pdf。

3. 反腐败

据《菲律宾星报》2016年发起的一项调查显示，菲律宾清廉度在东盟十国中排名居中，但在评价指标中，菲律宾仅获得35分（0为非常腐败，100为非常清廉），新加坡获得84分居于首位。[①] 据国际透明组织（Transparency International）公布的2017年国家清廉指数（Corruption Perceptions Index 2017）显示，菲律宾在所调查的180个国家中排名111位。[②] 基于此菲律宾国家贪腐情况依旧不容乐观，反腐是杜特尔特内政的又一大重心，在反腐过程中，总统沿用一贯的作风，他在2017年国情咨文中表示要严厉追查贪官。只要政府官员有一点贪腐气息，政府都会将其革职查办，对贪污腐败的零容忍态度。具体而言，杜特尔特政府的反贪腐政策包括肃清政府内部官员、改善制度建设以及立法保障三方面内容。

在清查政府官员方面，杜特尔特承诺做到不包庇、不放过。2017年12月4日，杜特尔特颁布了第43号行政令，宣布建立总统反腐委员会（Presidential Anti－Corruption Commission）专门进行腐败调查，尤其针对菲律宾武装部队（AFP）和菲律宾国家警察（PNP）高级别官员进行反腐调查、听证、问询等。[③] 自成立以来至2018年5月，总统反腐委员会共审查了327宗贪腐案件。

此外，杜特尔特还致力于调整官僚机构。首先，加强了政府预算透明度以及建立问责制。为防止官员滥用职权，将公共资金纳入囊中，杜特尔特要求公开政府预算以及公款使用情况，以方便民众进行监督。其次，政府对公有制企业的职位分类和薪资标准进行审查。废除冗余岗位、精简行政机构，并严查过度、奢侈和不合理的工资、津贴、福利和奖金，严禁公款旅行，公

① 《菲律宾在东盟的各类排名》，2017年11月12日，http：//www.flw.ph/thread－284542－1－343.html。

② 《政府新闻报》（菲律宾），https：//pcoo.gov.ph/news_releases/presidential－spokesperson－transparency－international－corruption－perceptions－2017/。

③ https：//www.officialgazette.gov.ph/2017/10/04/executive－order－no－43－s－2017/.

职人员如果要进行出国旅行前必须提前递交一份旅行目的说明和行程计划大纲。[①] 再次，政府加强对税收部门的管理和监督，严禁偷税漏税情况。例如设立“税收完整性保护项目”（Revenue Integrity Protection Service）以及“追捕逃税者项目”（Run After Tax Evaders）等。最后，菲政府也设立市民投诉热线接受公众的举报，接受全民监督。

杜特尔特认为，贪腐问题根深蒂固，要想彻底消灭是非常困难的，需要法律的手段来支持。杜特尔特总统呼吁最高法院认真考虑国家利益和发展目标，对重大政府项目和涉及政府资产的案件发布临时限制令（Temporary Restraining order）和禁令。另外，他敦促国会彻底审查现有的采购法律，削减一切不必要的开支项目，及时补充所需的物品，并制定立法，确保及时提供高质量的商品和服务，特别是药品和医疗设备。[②]

杜特尔特说，“反腐是一场孤独的战争”。[③] 很多人在这场战争中已经并有可能继续失去很多曾并肩作战的朋友、同僚甚至亲人，但杜特尔特表示其反腐的决心不会动摇，并呼吁菲国民众在反腐战中与总统统一阵线，理解和支持政府的反腐行动。

（二）与菲共和谈情况

2017 年 11 月，杜特尔特宣布终止与菲共的和平对话，双方转而开展激烈对抗。杜特尔特就任后其中一个广受关注的议程是与菲共的和平谈判。由于杜特尔特与菲共流亡领袖西顺曾是师生，因此菲国民众对双方的和解抱有很大的期待。上台伊始，杜特尔特积极推动与菲共领导人的谈话，任期一年多共举行四次和谈，表现出强烈的和解意向，双方在 2017 年 4 月签订了临时停火协议。但 5 月发生马拉维危机事件后，杜特尔特宣

① 《总统新闻报》（菲律宾），https：//pcoo. gov. ph/news_ releases/president – duterte – travel – ban – part – anti – corruption – campaign/。

② 《总统新闻报》（菲律宾），https：//pcoo. gov. ph/news_ releases/president – duterte – vows – continue – fight – vs – drugs – crime – corruption – 2nd – sona/。

③ *The President' s Report to the People 2016 – 2018*，p. 67.

布对棉兰老岛实行60天戒严。菲共表现出强烈的反对和不满，随即命令新人民军（New People's Army）发起一系列武装袭击，双方关系恶化。2017年12月，根据共和国宪法第10168号法令，杜特尔特正式宣布菲共及新人民军为恐怖组织①，开始向对菲国人民安全造成伤害或威胁的菲共组织展开全面攻势，并极力号召菲共和新人民军成员投降归顺，承诺将给他们重新生活的权利，为他们融入主流社会提供必要的帮助。这一做法效果显著，2017年11月政府与菲共终止谈判后，菲共成员投降人数激增。据统计，自2016年7月至2018年6月，共有3031人投降（如图1所示）。

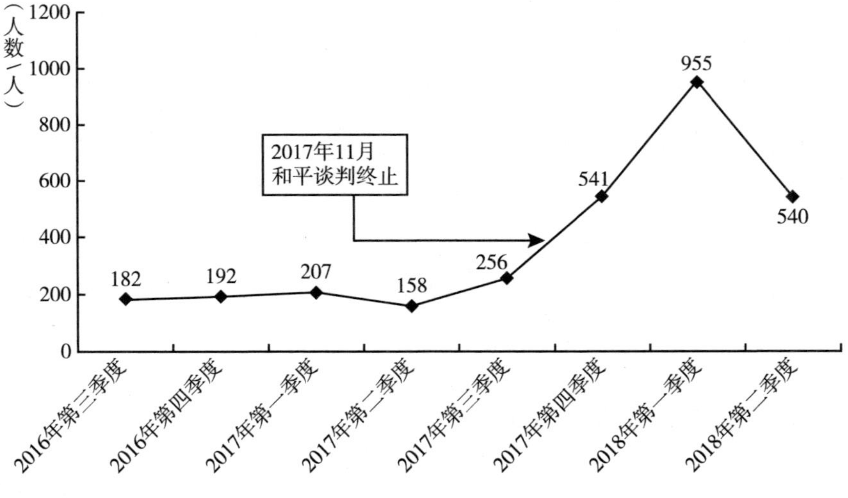

图1　杜特尔特执政时期菲共投降者人数变化情况

资料来源：菲律宾武装部队和平和发展办公室（AFP－Peace and Development Office）。

2018年5月初，杜特尔特总统和平进程顾问办事处在欧洲与菲共展开非正式谈判，希望恢复和平对话，但仍旧没有取得进展。2018年12月4日，杜特尔特签署了第70号行政令，宣布成立国家特动队（National Task Force），旨在对抗地区性武装冲突以及制定国家和平框架。特动队的第一项

① https：//www. officialgazette. gov. ph/section/laws/republic－acts/page/8/.

任务是在六个月内制定和实施国家和平框架（National Peace Framework），在地方建立接触、对话及干预机制以促进和平，该框架包含原则、政策、计划和方案，以实现包容性和可持续的和平，解决叛乱和稳定紧张局势以及确定地区的其他武装冲突和威胁的根源。国家特动队由总统担任主席，由国家安全顾问担任副主席，还包括其他 18 名政府高级官员①。2018 年 12 月 12 日，杜特尔特表示，成立特动队标志着政府将改变一直以来以军事为中心的解决方式，转向“文官领导”的方法，由政府提供社会基本服务和发展计划，确保社会所有部门都积极参与到国家和平建设中来，促进社会包容。②

总体来看，虽然杜特尔特终止了与菲共的和平谈判，但对谈判及和平解决争端仍抱有开放态度，但前提是新人民军能放下武器、停止进攻并同意在菲境内与政府举行和谈。可见，虽然成立特动队丰富了解决与菲共矛盾的方式，但政府仍然会以军事对抗为最主要的手段，在保证双方武装冲突缓和的情况下特动队才能真正发挥其效用。而在官方软硬兼施、双管齐下的情况下，企图在杜特尔特任期内解决问题的同时，菲共也有自己的盘算与规划，双方的和谈能否如杜特尔特本人的规划而顺利进行，还需要更多的观察与追踪。

（三）修宪改制步入正轨

杜特尔特认为修宪改制是解决国内各区域内部及区域之间矛盾和冲突的根本方法，他在竞选期间就承诺要将菲律宾的政治体制由总统制改为联邦制。杜特尔特指出，改制措施旨在解决三个问题：“区域资源配置问题、家族政治问题以及南部穆斯林问题”。③ 这些问题是造成菲律宾国内社会动荡、阻滞发展的根本原因，而如果继续坚持当前的宪法，即使做再多的维护社会

---

① https：//www. officialgazette. gov. ph/2018/12/04/executive – order – no – 70 – s – 2018/.

② 《政府新闻报》（菲律宾），2018 年 12 月 10 日，http：//www. pna. gov. ph/articles/1056273。

③ 许瀚艺：《菲律宾修宪改制：通往独裁抑或迈向发展?》，《世界知识》2018 年 9 月 16 日，第 29 页。

稳定或促进社会进步的努力都将是治标不治本。

菲律宾现行宪法于1987年生效，并一直沿用至今。1987年宪法在推翻马科斯独裁政权后由公民投票批准通过，为防止类似的独裁统治复辟，宪法约束总统的权力，规定菲律宾总统由民众直选产生，任期六年且不得连任，规定立法、司法、行政权分立。“当前菲律宾的政体为单一制，其行政区划包括四个层级，由低到高依次为巴朗盖（村）、市、省以及（大）区”，①而这个“区”已初步具有联邦制的形态，成为中央政府部门执行职能的主要对象。菲律宾国内“修宪派”认为1987年宪法已不适合当前菲律宾的社会发展状况，宪法具有经济民族主义特点，阻碍了自由贸易和投资，不利于菲律宾对外开放和经济发展，应该对不符合发展现状的法条进行修改。而“反修宪派”的关注点在于总统推动修宪的目的是修改任期制，从而实现连任，甚至谋求独裁统治。由于杜特尔特“强人政治”的风格和马科斯极为相似，而且杜特尔特就任后就曾表示：“我们可以谈论民主，但是在我们开始民主之前，我认为我们应该有纪律。……我想这就是菲律宾人需要的。这在达沃市是有效的”。② 在反修宪派看来，如果任由杜特尔特修宪成功，菲律宾将重新陷入独裁统治的泥沼。

杜特尔特在马拉维危机发生后就指出，解决菲律宾南部分离主义叛乱、提振经济的根本措施是要进行宪法改革。由此开始着手修宪事宜，然而进程十分缓慢，直到2018年才被正式提上日程。2018年1月，众议院提议召开修宪会议，1月17日，参、众两院恢复修宪听证会，商讨对1987年宪法进行修订，将菲律宾改为联邦制。③ 但在这期间，参、众两院就修宪表决方式产生分歧。由于参议院人数远少于众议院，参议院认为应该分开投票，而众议院则始终坚持联合投票。最终，相互妥协后的结果是

① 许瀚艺：《菲律宾修宪改制：通往独裁抑或迈向发展?》，《世界知识》2018年9月16日，第28～29页。

② M. Peel, "Drugs and Death in Davao: The Making of Rodrigo Duterte," February 2, 2017, https://www.ft.com/content/9d6225dc-e805-11e6-967b-c88452263daf.

③ 《参众两院欲组成制宪会议以提议修宪》，2018年1月17日，http://www.flw.ph/thread-326025-1-287.html。

双方领袖在1月24日会晤商讨修宪事宜，一致同意搁置投票方面的争议，先修宪。1月26日，杜特尔特委任修宪委员会成员，修宪咨询委员会成立，杜特尔特提出希望在一年内完成宪法审议的要求。7月10日，修宪咨询委员会向杜特尔特提交了联邦宪法草案并获得批准，随后，总统向国会推荐了该草案。12月12日，众议院以224票赞成、22票反对、3票弃权，通过了由众议长阿罗约（Gloria Macapagal Aroyyo）起草并与其他35名议员共同制定的第15号决议。[①] 决议规定恢复两党制，在联邦体制下的首次全国选举中，前两个获得最多票数的政党将“占主导地位”，成为正式政党；取消国会议员任期限制；总统和副总统必须来自一个政党，并应被选举为正副总统团队，每届任期4年，并有资格连任一次。阿罗约指出，杜特尔特将被禁止参与2022年选举。该决议已转交给参议院进行审议，但通过的可能性不大。

总而言之，由于菲律宾国内政治的复杂状况以及民众对政府的不信任，修宪改制在菲律宾国内一直以来都是一个争议很大的问题，虽然杜特尔特已经开始有所行动，但在各方不同利益关系、派系结构与制度僵化的阻碍下，杜特尔特的修宪大计能否完全按照其强人意志进一步落实将是其连任的关键，也为将来的政争埋下关键伏笔。

（四）构建“以人为中心的政府”

菲律宾公职人员的贪腐、包庇犯罪行为给整个政府造成了巨大的负面影响，民众普遍对政府印象差、信任度低下，极不利于社会稳定和团结。杜特尔特在打击犯罪的同时也在重塑政府在民众心中的形象，努力打造“以人为中心”的政府。

1. 构建服务型政府

（1）设立群众监督和投诉机构，赋予人民更多的权力。杜特尔特设立

---

① 《众院通过联邦宪法议案》，2018年12月12日，http：//www. shangbao. com. ph/fgyw/2018/12－12/78146. shtml。

“公民服务委员会”（Civil Service Commission）集中接受和处理群众的投诉和举报，群众可以随时拨打8888热线电话或群众联系中心（Contact Center ng Bayan）电话16565进行投诉或举报不作为、服务态度差、违法乱纪的政府官员。从2017年11月至2018年7月，公民服务委员会共计处理26124件投诉案件；

（2）精简政府办事程序，提供便民服务。2018年2月13日，杜特尔特签署了第44号备忘录（Memorandum Circular no. 44），规定从即日起，全国政府机构包括国有企业必须在15天内处理和解决民众的需求，例如办理许可证、执照、奖励、特许经营权等。[①]

（3）要求政府工作人员为民众提供舒适、友善的服务。

2. 关注民生问题

在医疗方面：2018年10月11日参议院通过了全民医疗保障法案（Universal Health Care）[②]，菲律宾政府为所有菲律宾公民提供医疗服务，提高医疗保险的覆盖率和普及率。截止到2018年3月，菲律宾医保覆盖了9824万菲律宾人，占全国人口的92%；其次，菲律宾政府减少菲律宾病人的自付开支。为贫困人口提供医疗援助计划。开展“免费药供应”项目（Libreng Gamot para sa Masa Program），向某些患有重大疾病的病人免费发放部分药物；最后，菲律宾政府还提高医疗条件和水平。

在教育方面，菲律宾政府为国民提供更好的教育环境和受教育机会。从2016年7月开始在全国范围内进行基础教育设施建设，截止到2018年6月，已建成22133间教室，1309间实验室，新雇用114019名教师。此外，菲律宾政府扩大基础教育受惠范围，确立从幼儿园到高中“12年制”（the K to 12 Basic Education Program）的教育制度，新增2年高中，作为菲律宾学生挑选大学专业的基础学习时期。菲律宾目前的大学专业分为三大类，经济

---

① 《菲律宾政府公报》，https：//www. officialgazette. gov. ph/2018/02/13/memorandum – circular – no –40 – s –2018/。

② 《参议院通过“全面医疗保健法案”》，2018年10月11日，http：//www. flw. ph/thread –501680 –1 –46. html。

类、科学类和艺术类。再者，菲律宾政府致力于消除不平等教育。教育部实行“选择性教育系统”项目（Alternative Learning System），向641584名失学青少年提供非正式教育，并与技术教育和技能发展管理局联合，向这些青少年提供职业和技术培训。此外，通过财政补贴，为学生提供更多的接受高等教育的机会。

在扶贫方面，为了满足人民的基本生活需求，为人民提供基本的社会保障，政府实施了菲律宾贫困家庭补助项目（Sustaining the Pantawid Pamilyang Pilipino Program），为符合条件的贫困家庭提供大米补贴、现金补贴等。2017年，符合条件的贫困家庭每月可获得200比索现金补助，2018年每月增加100比索。

在基础设施建设方面，菲政府大力进行基础设施建设，2017年菲律宾基础设施建设共计投入约8581亿比索，占2017年GDP的5.4%。2018年，政府加大投入力度，预计投入10684亿比索，将达到GDP的6.1%。兴建机场、公路、铁路、桥梁、港口及水利工程等，以改善菲律宾交通拥堵、出行不便的情况，与此同时，政府加强菲律宾岛屿之间的联系，例如，2017年4月30日新开通了一条连接达沃市（Davao）和桑托斯将军城（General Santos City）的航线开通，大大缩短了市民出行距离。此外，菲政府在2018年推出了连接巴拉旺和沙巴的路线项目；改进马尼拉轨道交通系统，缓解交通拥堵情况，还提高菲律宾国家铁路（Philippine National Railways）运营效率等。2016年，菲律宾铁路每天运营28条线路，可载客约30000人次，到2017年，每天运营50条线路，可载客约50000人次。①

杜特尔特构建的“以人为中心”的政府从提供民众满意的政府服务环境到切实关注民众的生活所需，全方位展现了杜特尔特对民生问题的关注。惠民政策也赢得了菲国人民的好评。据社会气象站（SWS）2017年12月8日~16日进行的一项民调显示，民众对杜特尔特政府的净满意度为“+70%”（79%的受访者表示满意，9%不满意，12%无法决定），打破了前总统阿基诺于2013年6月获得的净满意度“+66%”的结果，创历史新高。

① *The President's Report to the People 2016 - 2018*, pp. 131, 133 - 137.

根据具体的数据显示，在所获得的五项评价结果为“很好”的项目中，有三项与民生问题有关，分别是：扶贫、基础设施建设、提供就业机会。但从政策制定、实施到问题的解决是一个长期的过程，最终落实情况还需交由时间来检验。

二　2017～2018年菲律宾内政评析

总体来看，2017～2018 年杜特尔特的国内政策以兑现上述四项竞选目标为核心，各项内容都已步入正轨，除了修宪改制在 2018 年初才开始有所进展外，其他三项都在不断改善和推进，并且已取得了一定的成效。首先，构建“以人为中心”的政府的一些相关政策从无到有并加紧落实；其次，菲律宾政府与菲共的和谈进程最终还是陷入停顿，由于与菲共的矛盾由来已久且根深蒂固，这一时期内杜特尔特政府在这一问题上取得的突破是有限的；最后，“三反运动”经历了较多波折，尤其是反毒品运动，在遭受了质疑与反对后，杜特尔特的一系列争取民众信任和支持的措施发挥了一定的效果。而修宪改制问题与禁毒运动一样，成为 2017～2018 年对菲国社会稳定和政治发展产生巨大影响的政策。

首先是以“反罪恶、反毒品、反腐败”为支柱的铁腕治国作风在国际、国内都引起了很大的争议，尤其是针对禁毒活动，2017 年反对的呼声尤盛。2017 年 1 月，一名韩国商人被菲律宾警察借“扫毒”之名绑架并杀害的消息曝光后，引起了国际社会的广泛关注。2017 年 8 月 16 日英国广播公司网站发表题为《菲律宾禁毒战出现最血腥之夜》的报道，报道中指出菲律宾警方 15 日在缉毒行动中击毙 32 人，这被认为是菲国开展禁毒战以来单日击毙人数最多的一天。此外，路透社凭借报道菲律宾“禁毒战”斩获 2018 年度普利策大奖，报道从多个视角“还原”这场反毒战争的真相。①

① 《路透社斩获普利策国际奖　监控画面还原杜特尔特“禁毒战”》，2018 年 4 月 17 日，https：//www. jiemian. com/article/2062755. html。

文章中称，据一名菲律宾现役高级警察和一名退休情报官员透露，菲律宾国家警察处决毒贩可以获得现金红包，由此许多警察存在滥杀无辜，甚至在现场给毒品嫌疑犯栽赃“犯罪证据”的现象。一时间国际舆论哗然，国际特赦组织在2017年7月23日指出，杜特尔特总统任期是“人权灾难”。国际人权组织、国际刑事法院以及联合国等国际组织都对菲律宾的反毒活动展开了调查，指控杜特尔特镇压手段残忍、无视人权。美国人权监督机构声称菲律宾政府在雇用“键盘军”支持扫毒行动。①

与此同时，菲律宾国内也存在反对的声音。2018年4月，菲律宾人权倡导组织（Karapatan Alliance for the Advancement of People's Rights）向联合国提交了第一批有关杜特尔特当局安全部队所犯下的47起法外处决罪行的指控。8月该组织又递交了第二批，呼吁联合国对这些案件进行调查。② 据菲律宾社会调查机构社会气象站（Social Weather Stations）2017年10月发布的调查结果显示，“受访菲律宾民众对杜特尔特的‘禁毒战’意见趋于两极化，最满意的和最不满意的政府政策都是禁毒战争”。③ 2018年8月28日，菲律宾8名毒贩的亲属和多名菲律宾政府禁毒运动的反对者一同向国际刑事法院（ICC）起诉杜特尔特“违反人道罪”。④ 类似的诉讼不断发生，国际人权委员会迄今为止至少收到了4份控告杜特尔特反毒战争的文件。

面对舆论压力，杜特尔特在坚持禁毒行动的同时也关注到了行动中的一些违法现象。杜特尔特在随后的禁毒活动中对缉毒警察的行为进行了约束和规范。例如，要求尽量活捉，除非危及生命否则不允许开枪射击涉毒人员，

---

① 《菲律宾警方誓言继续禁毒战，国际组织指杜特尔特造成灾难》，腾讯网，https：//new. qq. com/omn/20180725/20180725A078T6. html。

② 《人权倡导组织向联合国提交第二批法外处决指控》，2017年12月3日 http：//www. flw. ph/thread-293994-1-325. html。

③ 沈红芳：《菲律宾杜特尔特政府的政治经济改革研究》，《南洋问题研究》2018年第3期，第77页。

④ 《菲律宾毒贩家属状告杜特尔特 菲发言人：不会成功》，《人民日报》（海外网），2018年8月28日。

在行动中佩戴随身摄像机记录行动过程等等。[①] 对于一些指控，杜特尔特也进行了澄清和解释。相关部门发布了官方对禁毒战的伤亡人数的统计，辟谣一些指控禁毒战造成几万人死亡的言论[②]，并澄清相关伤亡者都是拒捕、逃跑并对其他人民或警察的人身安全造成威胁的顽抗分子。同时，杜特尔特还强调要加强菲国警内部管理，不定期对警察进行毒品检测，以更严格的标准来要求警察和政府官员，在民众心中树立正直、坚定、勇敢、奉献的良好形象。杜特尔特并没有因此而停止禁毒行动，而是更坚定地表达了对抗毒品犯罪的决心和意志，声称"要想停止杀戮就放弃毒品"。这一系列行动一定程度上缓解了国际、国内的舆论压力。事实上，菲国内绝大多数民众对禁毒政策并不反对，只是一些人对杜特尔特的禁毒手段不太认同。加之杜特尔特自2017年开始就注意到了禁毒行动中的一些问题，并着手解决，这些努力正逐渐改变着民众的认知，增进民众对禁毒行动的了解并给予禁毒人员一定程度的谅解。据2018年9月菲律宾民意调查机构社会气象站进行的民调显示，杜特尔特打击非法毒品行动得到78%受访者的认可和支持，96%的民众希望贩毒者被活捉。[③] 还应注意的是，反对者中不排除有被国际、国内一些反政府势力煽动和利用的可能。国际的反对情况也有所缓解，2018年10月12日，联合国选举产生18个人权理事会新成员，菲律宾入选。菲总统发言人表示，联合国的决定是对菲律宾尊重人权的一种认可。杜特尔特的禁毒行动取得越来越多民众的支持。然而禁毒战中伤亡是难以避免的，随着杜特尔特禁毒政策越来越完善，禁毒网也将更加广泛和深入，未来势必会有更多人卷入这场战争中。禁毒战仍有可能成为反对派和分离势力用来质疑政府合法性的工具，杜特尔特是否能继续维持民众对禁毒行动的支持、赢得民众的信任将是影响禁毒行动能否继续以及成效如何的重要因素，也关乎菲律宾国内政

---

① 《菲国警重返反毒之战后将更谨慎》，2017年12月6日，http://www.flw.ph/thread-295684-1-322.html。

② 《扫毒行动：枪下亡魂逾两万人》，2018年12月9日，http://www.flw.ph/thread-581274-1-4.html。

③ 《9月民调显示菲人对总统满意度有所提高》，2018年9月30日，http://www.flw.ph/forum.php?modviewthread&tid=485850。

权稳定和发展。

另一个对菲律宾内政产生影响的因素是2018年以来逐渐推动进行的修改1987年宪法以及推动菲律宾转为联邦制的政策。自1987年宪法生效后，“修宪”在菲律宾国内一直都是一个十分敏感的话题。此后许多总统也都有过修宪的意图，拉莫斯、埃斯特拉达、阿罗约都曾尝试进行修宪，但最终都因被怀疑企图连任和实行独裁而被否决。[①] 菲律宾国内“修宪派”和“反修宪派”的辩论从未停止过，当菲律宾国内政治、经济、社会发展陷入停滞或倒退时，修宪派就会呼吁政府修改宪法以促进发展。而每当修宪议程开始进行，马科斯独裁统治的阴影又会再次袭来，并最终导致修宪搁置。

造成这种现象的原因之一在于菲律宾国民对修宪的敏感性，而修宪敏感性的根源在于对总统和政府的不信任。因为没有足够的信任，民众和一些政府官员并不相信总统所承诺的“修宪并不意味着修改任期”，虽然杜特尔特在各种场合都曾发誓或承诺绝对不会连任，但似乎并没有消除民众和一些政府官员的疑虑。由于没有足够的信任，民众和一些政府官员不希望菲律宾被“一些人”长期统治。1987年宪法规定菲律宾总统任期六年，不得连任。虽然任期短不利于政策的连续性，导致一些需要长时间跨度来解决的问题难以得到很好的解决，但菲律宾民众更担心会受到独裁统治者的压迫和剥削，失去自主权。杜特尔特要做的就是建立民众对政府的信任和支持，这一目标体现在杜特尔特政府内政外交的方方面面，并取得了一定的效果，杜特尔特政府正在改变着菲国民众对政府的认知和态度，这一点在当前的修宪进程中有所体现。

原因之二是菲律宾民主政体的固有缺陷。回顾菲律宾独立以来的政权更迭历史可以发现，菲律宾领导集团具有两大特征：裙带政治和强人政治。[②] 裙带政治是指以家族血缘和庇护关系为核心形成的一种政治形态，

① 许瀚艺：《菲律宾修宪改制：通往独裁抑或迈向发展?》，《世界知识》2018年9月16日，第28页。

② 吴杰伟：《超越裙带政治之路：“民粹主义”与杜特尔特的“强人政治”》，《东南亚研究》2018年第5期，第3~6页。

表现为具有家族、行业及某些教育背景的成员持续处于国家政治权力的中心，担任政府要职。罗哈斯、基里诺、加西亚、玛卡伽帕尔、阿基诺夫人、阿罗约夫人和阿基诺三世均具备这一特点。强人政治则以统治者的个人魅力作为权力的合法性来源，是一种高度集权的政治形态。具体包括麦格赛赛、马科斯、拉莫斯和杜特尔特。菲律宾的裙带政治长期以来腐蚀着社会，是造成菲律宾贪腐严重的根本原因之一，也是导致社会贫富分化严重、社会不公平的重要原因之一，而强人政治一定程度上反映了底层民众对裙带政治的反抗以及对社会发展的要求。菲律宾的民主体制表现为这两种政治形态的交替出现，反映出“菲律宾只是僵化的沿用美国式民主政体，并没有在促进菲律宾政治公平和社会发展之中找到平衡”。① 而菲国内对修宪的争议实际上是这种固有缺陷的外化。

在这两种因素的作用下，要想获得突破是十分困难的。然而杜特尔特推动的新宪法草案已经在众议院三读通过，目前在菲国内并没有引起过激的反应，这是一种好的现象，反映出国内民众对杜特尔特的信任在逐渐加强。但下一步是否能说服参议院通过审议还有待观察。

三 预测与展望

杜特尔特任期已过两年，他在竞选时所做的承诺也都开始实行并取得了一定成效，菲律宾国内社会基本保持稳定并开始着手经济和政治等各个领域的进一步发展。杜特尔特实行了一系列解决民生问题的措施，得到了民众的支持和信任。但有计划并不够，重要的是计划能否落实到位，而计划的落实需要一个良好的国内环境。因此，无论是从稳定国家安全的角度还是真正实现“以人民为中心”的政府的角度，都需要以杜特尔特的“三反”行动、妥善解决菲共问题以及修宪改制等标本兼治的措施为基础。

① 吴杰伟：《超越裙带政治之路：“民粹主义”与杜特尔特的“强人政治”》，《东南亚研究》2018 年第 5 期，第 5 页。

2019年，杜特尔特仍将继续大力推动“反犯罪、反毒品、反腐败”的行动。对于与菲共根深蒂固的矛盾，杜特尔特谋求转变方式，建立以文职人员领导的国家特动队来解决与菲共的地区冲突，这样的方式是否能发挥作用仍有待观察。但由于双方就棉兰老岛的戒严令问题产生的激烈冲突并没有完全消除，加之2019年进行中期选举，菲共可能会有所行动，干扰中期选举。此外，西顺是否同意回国与杜特尔特进行谈判仍难以判断。就目前来看，短期内双方难以取得和谈的实质性进展。未来在没有其他特殊情况发生的状况下，修宪改制问题将是影响菲律宾国内政治的最大的不稳定因素。修宪究竟能进行到哪一步以及成功与否对菲律宾来说都将会产生一定的冲击。如果最终能成功，将成为菲律宾政治发展史上的一个重要的转折点，意味着菲律宾政治改革迈向了新阶段。而如果最终失败，杜特尔特在接下来的任期内是否会另寻他法来解决菲律宾社会问题？菲律宾未来的政治发展会走向何方？这些问题都值得关注。修宪改制还关系到杜特尔特的任期长短、是否连任的问题。

对于2019年5月将举行的中期选举，菲律宾选举委员会2018年12月16日表示将在下周公布2019年各选区最终候选人名单。① 随着中期选举将近，各党派也开始蠢蠢欲动。前总统阿基诺在2018年8月就开始呼吁在野政治势力的支持者为参与参议院选举的自由党成员拉票，以促成对执政党的制衡。杜特尔特也对民力党候选人表达了支持和认可。在中期选举之前的几个月时间内，党派竞争以及可能发生的政治谋杀行为将成为影响菲律宾国内社会和平稳定的一大隐患，菲政府要加强治安管理力度，以防造成社会动乱和恐慌。

① 《选举委员会将于下周公布明年大选最终名单》，2018年12月17日，http://www.flw.ph/thread-610823-1-1.html。

B.3
菲律宾经济形势回顾与展望（2017～2018）

蔡 琦*

摘 要： 杜特尔特总统执政以来，菲律宾取得的经济成绩无论是纵向比较，还是横向比较，均有不俗的表现。新政府经济规划全面展现，经济改革稳步推进，发展速度保持较快增长，在反贫困和促进就业等方面取得较好的进展。在国际经济合作中坚持独立自主的方式，进一步融入全球价值链，为国内发展争取了较好的外部资源和环境。

关键词： 菲律宾经济 杜特尔特政府 基础设施建设

一 2017～2018年菲律宾经济政策回顾

2017～2018 年菲律宾的经济政策既有延续性的一面，又不乏革新，有所发展。延续主要体现在货币政策上，以控制通货膨胀为主要目标。革新则来自“建设！建设！再建设！”计划、税收改革法案及经济外交政策。可以说，“杜特尔特经济学”开启了菲律宾经济发展的新时代。

（一）“建设！建设！再建设！”计划

长期以来，基础设施都是菲律宾经济发展的短板，投资不足导致设施落

* 蔡琦，广西经济管理干部学院教师。

后，造成运输成本增加，贸易受限，居民收入不高。阿基诺时期也曾希望大力建设，但当时基础设施建设投资占 GDP 的开支不到 3%，许多项目延期，部分项目甚至尚未开工。杜特尔特竞选总统之时，政纲中提出将基础设施建设的投资提升到 GDP 的 5%。当选总统后，其经济团队不断丰富经济改革的内容，而基础设施建设一直是其中核心的内容。2017 年 4 月，杜特尔特的经济团队举办了“杜特尔特经济学”论坛，会上公布了“建设！建设！再建设！”的经济计划（“build！build！build！”，也称作“大建特建”），该计划是“杜特尔特经济学”的核心内容。2017～2022 年，菲律宾政府计划投入 8.4 万亿比索（约合 1800 亿美元），基础设施开支将从 2017 年占 GDP 的 5.4% 提升至 2022 年的 7.4%，用于铁路、机场、道路、轻轨等基础设施建设，同时将创造约 638 万个就业机会（见图 1），提高菲律宾的收入水平。为促进基础设施建设计划的实施，杜特尔特政府在多方面进行完善。一是构建有效的资金支撑，建设资金主要来源于财政收入、PPP 融资方式和国际援助（见图 2），政府对内进行税收改革，对外积极吸引资金，同时优化 PPP 融资方式，采取混合型 PPP 融资。二是改善商业环境，提高政府办事效率，简化企业经营活动的各项手续，提升商业运营的流畅性，鼓励更多企业参与建设。

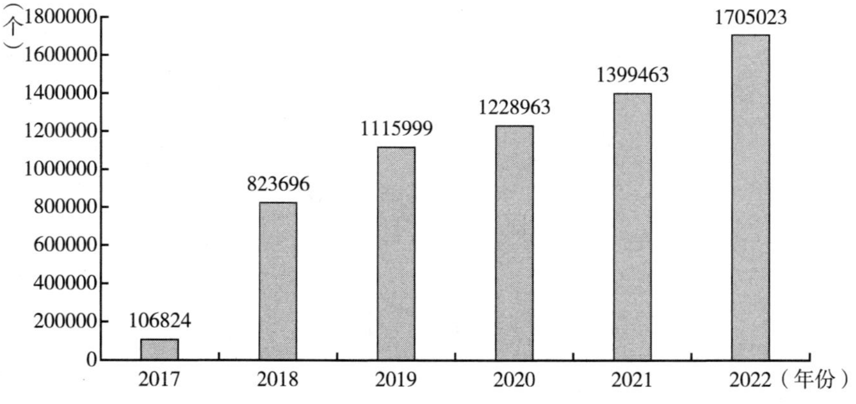

图 1　2017～2022 年“建设！建设！再建设！”计划预计创造就业数量

资料来源：菲律宾经济发展署（NEDA）。

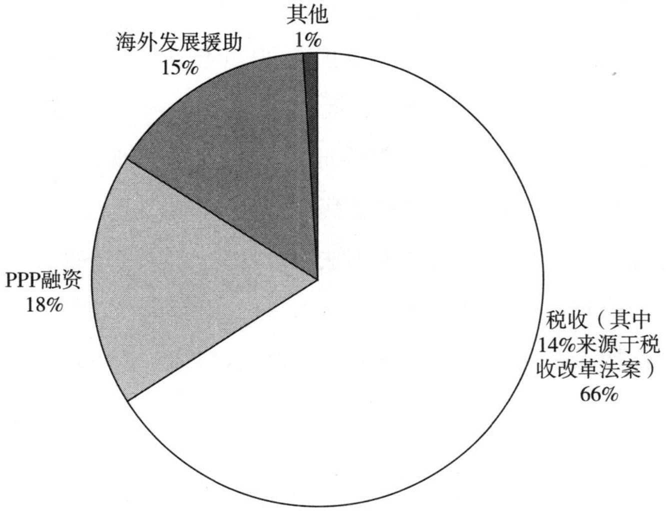

图 2　“建设！建设！再建设！”计划的资金来源

资料来源：菲律宾经济发展署（PSA）。

（二）积极的财政政策

2017 ~ 2018 年菲律宾的财政政策较为积极，主要体现在两方面：一是通过扩大政府财政支出，支持“建设！建设！再建设！”计划的实施，通过投资乘数效应，刺激经济的发展。2017 年政府将财政赤字占 GDP 的比例由 2% 提升至 3%。菲政府的报告显示，2017 年政府债务为 6.65 万亿比索，较 2016 年增加了 6000 亿比索，占 GDP 规模的 42.1%。[①] 菲政府计划 2019 年从国内和国外市场借款 1.19 万亿比索，同比 2018 年的 9960 亿比索增加 19%，将政府 2019 年的财政赤字上限从 GDP 的 3.0% 上调至 3.2%。[②] 菲预算协调委员会（DBCC）把 2019 年税收收入目标从 2.97 万亿比索上调

① Mayvelin U. Caraballo, “NG Debt Balloons to P6.65T in 2017,” http://www.manilatimes.net/ng-debt-balloons-p6-65t-2017/377241/，最后访问日期：2019 年 2 月 20 日。

② 驻菲律宾经商参处：《菲律宾政府计划 2019 年借款 1.19 万亿比索》，http://ph.mofcom.gov.cn/article/jmxw/201807/20180702764531.shtml，最后访问日期：2019 年 2 月 20 日。

1.2%至3.01亿比索。同时，上调了2019年的政府赤字支出上限，全力支持“大建特建”基础设施建设计划。预计2019年菲律宾政府计划支出将达3.83万亿比索，占GDP的19.8%，同比增长16%。[①] 二是进行税收改革。杜特尔特政府的基建开支的1/4需要通过税收改革实现，因此调整税收结构，建立更公平、更有效率的税制是其经济改革的关键。2017年12月，菲律宾国会批准了加速与包容税收改革法案，法案的重点是减少个人所得税，提高增值税的征收范围，提高汽车税和燃料税，对部分含糖饮料征税，通过扩大税基，增加高收入群体的纳税金额，提高财政收入，同时保障低收入居民的生活。

表1　加速与包容税收改革法案的主要内容

个人所得税	年收入25万比索以下或月收入22000比索以下免征个人所得税;90000比索以下的第13个月工资和其他奖金免征个人所得税
燃料税	柴油:改革前不征税,2018年每升征收2.5比索,2019年每升征收4.5比索,2020年每升征收6比索
	液化石油气:2018年每升征收1比索,2019年每升征收2比索,2020年每升征收3比索
	汽油:现行每升征收4.35比索,2018年每升征收7比索,2019年每升征收9比索,2020年每升征收10比索
煤	改革前每吨征收10比索,2018年每吨征收50比索,2019年每吨征收100比索,2020年每吨征收150比索
汽车税	60万比索以下:4%,60万~100万比索:10%,100万~400万比索:20%,400万比索:50%。混合动力汽车减半征收
含糖饮料	一般含糖饮料:每升征收6比索,含高果糖玉米糖浆甜味饮料:每升征收12比索。

资料来源：Sofia Tomacruz, “Explalner: What's inside the Bicam - Approved Tax Reform Bill,” Rappler, https: //www.rappler.com/newsbreak/iq/191278 - explainer - train - bill - philippines。

① 驻菲律宾经商参处：《菲律宾2019年将筹集3万亿比索税收支持基础设施建设》，http: //ph.mofcom.gov.cn/article/jmxw/201807/20180702762984.shtml，最后访问日期：2019年2月20日。

（三）稳健的货币政策

2017～2018 年菲律宾的货币政策较为稳健，主要体现在以下几个方面：一是实行稳定的利率政策。2017 年菲律宾央行未受到美联储加息的影响，全年隔夜逆回购利率（Overnight Reverse Repurchase Rate）为 3%，隔夜贷款利率为 3.5%（Overnight Lending Facility Rate），隔夜存款利率（Overnight Deposit Facility Rate）为 2.5%。[①] 2018 年 9 月 27 日菲律宾央行把央行基准利率（隔夜逆回购贷款利率）从 4% 上调至 4.50%，升 0.5 个百分点。隔夜逆回购存款年利率为 3.5%。[②] 法定存款准备金率维持在 20% 的水平。银行流动性可以支撑经济发展。二是设定通胀目标，防止物价快速上涨。菲律宾政府设定 2017～2018 年的通货膨胀目标为 2%～4%。三是维持比索汇率的稳定。在美联储加息的背景下，比索对美元汇率未出现大幅度贬值，虽有波动，但稳定在 1 美元兑 50 比索上下。四是推动金融改革。主要包括两方面：其一是推进建立完善的资本市场，尤其是扩大债务市场规模，为“建设！建设！再建设！”计划提供充足的资金；其二是推进金融数字化建设。菲律宾零售交易主要通过现金和支票完成，只有 1% 通过数字交易。菲律宾央行希望通过建立全国零售支付系统（NRPS）和支票图像清算系统（CICS）使数字化交易的规模达到 20%。[③]

（四）独立自主的经济外交政策

杜特尔特执政以来，奉行独立自主的经济外交政策，更为看重经济合作是否能够促进菲律宾经济的实际发展，广交朋友，吸引各国向菲律宾投资，但不接受影响和干预其主权的经济援助。在“扫毒”行动中，欧

① 中国国际贸易促进委员会：《菲央行保持利率稳定》，http：//www.ccpit.org/Contents/Channel_4114/2017/0922/882947/content_882947.htm，最后访问日期：2019 年 2 月 22 日。

② 全球经济数据，http：//www.qqjjsj.com/show97a36495，最后访问日期：2019 年 3 月 1 日。

③ 中国国际贸易促进委员会：《菲律宾央行通过 PayMaya 和 GCash 推进无现金交易》，http：//www.ccpit.org/Contents/Channel_4114/2018/0528/1008414/content_1008414.htm，最后访问日期：2019 年 2 月 22 日。

盟曾经批评菲律宾的人权问题和法制状况，警告如果没有改进，菲律宾将失去欧盟的援助。2017 年 5 月，菲律宾政府以干涉内政为由拒绝了欧盟附有改善法制状况条件的 2.5 亿欧元经济援助。2017 年 10 月，在一个欧洲代表团批评扫毒行动后，杜特尔特总统拒绝了英国 1800 万 ~ 2000 万美元的经济援助。由此看出，菲律宾政府希望寻求的是无依附条件的帮助。

此外，菲律宾有大量人口在海外务工，在创造大量外汇收入的同时，海外劳工的保护也成为重要的议题。由于外交机构的数量与经费远远不能服务庞大的海外劳工群体，海外工作菲人受到虐待、剥削与性骚扰事件时有发生。政府多次强调保护海外劳工的权益。杜特尔特访问中东期间，改善菲律宾工人的工作条件是访问的经济内容之一。2017 年 11 月，总统签署命令组建针对海外菲人的政策性银行，为海外菲人提供更加优质高效的汇款服务。菲律宾劳工就业部简化了出国务工的文件与费用，并致力于减少非法务工的现象。

二 2017 ~2018年菲律宾国内经济形势评估

经过一系列政策的刺激，2017 ~ 2018 年菲律宾经济发展抢眼，尤其是在全球经济不确定、贸易保护主义有所抬头的情况下，2017 年经济增长速度在亚洲仅次于中国（6.9%）和越南（6.8%），经济增长率为 6.7%①，2018 年经济增长率为 6.2%②，连续七年经济增长 6% 以上，成为发展最快的国家之一。不过，菲律宾经济长期积累下来的脆弱性与不稳定性仍在，经济改革仍需要一定的时间，才能全面提振经济。

---

① 搜狐财经，https：//www.sohu.com/a/227984102_402008，最后访问日期：2019 年 2 月 26 日。

② 菲律宾统计局，https：//psa.gov.ph/nap - press - releasel，最后访问日期：2019 年 3 月 1 日。

（一）经济保持快速增长但结构有待改进

根据菲律宾统计局的数据，2017 年菲律宾 GDP 产值为 15.80 万亿比索，经济增长 6.7%，4 个季度的 GDP 增长率分别是 6.4%、6.5%、7%、6.6%①，与前几年一样保持了较快的增长速度（见图 3），完成了政府在年初制定的 6.5%～7.5% 的增长目标，在东盟中表现不俗。

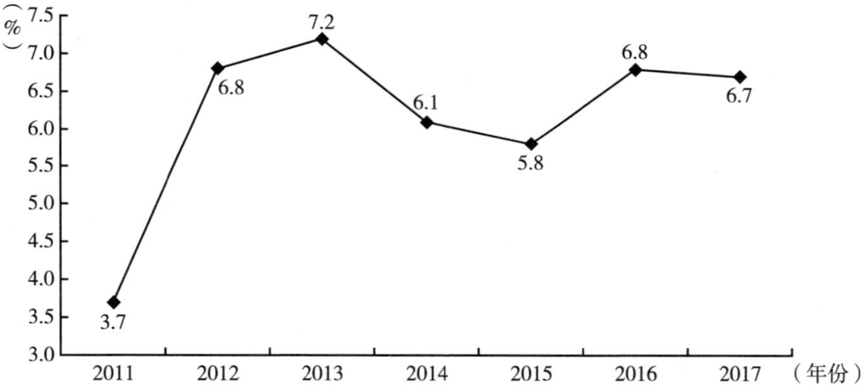

图 3　2011～2017 年菲律宾 GDP 增长率情况

资料来源：菲律宾统计局（PSA）。

从产业结构来看，依照现价计算，2017 年农业的产值为 15241.84 亿比索，较 2016 年增长 9.1%，占总 GDP 的比例较低，仅为 9.6%。工业产值 48300.69 亿比索，较 2016 年增长 8.2%，占 GDP 的 30.6%，主要来自食品加工方面。服务业产值为 94432.5 亿比索，较 2016 年增长 9.6%，约占 GDP 的 59.8%，主要产出来自贸易、金融业、房地产业、商务流程外包（BPO）。从推动 GDP 增长的角度来看，在 6.7% 的经济增长中，农业贡献了 0.3%，制造业贡献了 2.5%，服务业贡献了 3.9%。由此可见，服务业是菲律宾经济的支柱行业。相反，农业和工业较为薄弱，导致菲律宾许多轻工业产品和部分食品需要进口。

---

① http：//psa. gov. ph/content/q3 - 2017 - gdp - revised - upward - 70 - percent.

表2　2017年菲律宾各产业发展情况

单位：百万比索，%

产业		2017年产值	同比增长	GDP占比	国民收入占比
农业	农业和林业	1327710	9.5	8.4	7.0
	渔业	196474	6.3	1.2	1.0
工业	采矿业	133846	17.1	0.8	0.7
	制造业	3075169	8.1	19.5	16.2
	建筑业	1134816	8.1	7.2	6.0
	电力、天然气、水资源供应	486238	6.7	3.1	2.6
服务业	运输、仓储和通信	967494	6	6.1	5.1
	汽车、摩托车、个人和家用物品的贸易和修理	2899345	9.7	18.4	15.3
	金融中介	1293805	11.1	8.2	6.8
	房地产、租赁及商务活动	2084436	9.8	13.2	11.0
	公共管理和国防；社会基本保障	648099	12.6	4.1	3.4
	其他服务业	1550071	8.9	9.8	8.2

资料来源：菲律宾统计局（PSA）。

从消费、投资、进出口三驾马车对GDP的拉动情况来看，6.7%的GDP增长中，消费占比最高，共计4.8%（家庭消费占4%，政府开支占0.8%），投资占比为2.5%，进出口占-0.6%。[①] 私人消费中有很大一部分来源于海外劳工的汇款。菲律宾是世界上最大的劳工输出国之一，超过1000万（占其人口10%）菲人在海外工作。2018年菲律宾海外劳工个人汇款达322亿美元，同比增长3%，创下历史新高。全年工作合同一年以上的外劳汇款增长2.8%，一年以内短期合同外劳汇款增长4.6%。[②] 大部分现金

① 菲律宾统计局，http：//psa. gov. ph/nap - press - release/data - charts。

② 驻菲律宾经商参处：《2018年菲律宾海外劳工汇款创下新高》，http：//ph. mofcom. gov. cn/article/jmxw/201902/20190202835676. shtml，最后访问日期：2019年2月20日。

汇款来自美国、阿联酋、沙特阿拉伯、新加坡、日本、英国、卡塔尔、科威特、德国和中国香港，菲律宾央行表示外劳汇款是菲国内消费的主要驱动因素，2018 年占菲国内生产总值（GDP）的 9.7%，占国民总收入的 8.1%。[①] 这些汇款成为海外劳工在菲家庭的主要生活来源，拉动其他消费部门 GDP 的增长。与此同时，投资和进出口对 GDP 增长的贡献率不足，无法为其国内创造充足的就业岗位，设施建设落后。

表 3　按支出划分 2017 年 GDP 来源情况

单位：百万比索，%

部门	产值	GDP 占比	国民收入占比
家庭消费	11580083	73.3	61.0
政府支出	1786875	11.3	9.4
投资	3954304	25.0	20.8
出口	4828907	30.6	25.4
进口	6339202	40.1	33.4
统计误差	-13465	-0.1	—
GDP	15797503	100.0	83.2
来自世界其他地区的收入	3189164	—	—
国民收入	18986667	—	100
GDP = 家庭消费 + 政府支出 + 投资 + (出口 - 进口) = 15797503(百万比索)			

数据来源：菲律宾统计局（PSA）。

（二）反贫困取得进展但需继续深入

在杜特尔特总统的政纲中，反贫困，扩大对贫困人口的帮助是重要的组成部分。菲政府税收改革中对于低收入群体免征个人所得税。而生殖健康法案的落实使贫困人口可以选择是否生育。2017 年 7 月，菲律宾国家反贫困委员会发布了减少贫困的核心议程，将粮食和土地改革、水资源、工业改

① 驻菲律宾经商参处：《2018 年菲律宾海外劳工汇款创下新高》，http：//ph. mofcom. gov. cn/article/jmxw/201902/20190202835676. shtml，最后访问日期：2019 年 2 月 20 日。

革、住房、教育、卫生、就业、社会保护、健康环境、和平与人民参与纳入菲律宾人十项基本需求，涉及上述内容的各政府部门都有责任完成自己的任务。根据菲律宾民调机构社会气象站2017年12月的调查，31%的菲人家庭认为其在2017年开始脱贫，其中17%贫困时间5年以上，另有14%在过去1~4年内贫困。[①] 但在另一方面，菲律宾仍是东南亚贫困人口最多的国家之一，4/5的贫困地区在发展落后、较为动荡的棉兰老岛，贫困与毒品、治安等社会问题相互交叉，治理并非易事。2015年菲律宾统计局公布的贫困率为21.6%，约有2200万菲律宾人仍然生活在国家贫困线以下，这一数字为菲律宾总人口的1/5。世界银行发布的《为贫困人口实现增长：菲律宾贫困评估报告》指出，菲律宾的贫困率在2006~2015年下降了5个百分点至21.6%，但提供更多的经济机遇仍然是政府减贫工作面临的挑战。[②] 菲政府希望在杜特尔特总统任期结束时将贫困率降至14%，达到此水平还需要进一步努力。

（三）经济改革带动就业但形势不容乐观

根据菲律宾统计局（Philippine Statistics Authority）发布的2018年10月份全国劳动力调查报告显示，2018年10月就业不足率降至13.3%，而2017年10月为15.9%。这也是最近十多年以来，所有10月份就业不足率最低的一次。菲律宾国家经济和发展局认为，这表明全国的工作岗位质量有所改善。菲社会经济规划部长埃内斯托·佩尼亚（Ernesto M. Pernia）分析指出：即使在首都地区以外，工作岗位质量也在提高。可以归纳为就业机会扩大，劳动生产率提高，地区工资水平增长。但菲全部青年人口中，仍有19.9%的人在2018年既没有就业也没有接受教育。与2017年相比，2018年10月的失业率微幅上升至5.1%，相当于220万人口失业。

① Catherine S. Valente, "More Families Escaped Poverty in 2017-SWS," http://www.manilatimes.net/families-escaped-poverty-2017-sws-2/375501/，最后访问日期：2019年2月19日。

② 《世行认为菲律宾有能力加速推进减贫工作》，新华丝路，http://silkroad.news.cn/2018/0604/98430.shtml，最后访问日期：2019年2月20日。

就性别而言，2018 年只有 46.6% 的女性进入劳动力市场，低于 49.7% 的目标；青年失业率仍然高达 13.3%。主要是因为更多的年轻人选择全日制学习，而女性则因为家务而选择失业。劳动力调查报告显示，菲律宾在 2018 年录得约 82.6 万个就业岗位，低于政府每年实现 90 万至 110 万个岗位就业的目标。①

（四）物价总体稳定但通货膨胀率有所上升

2017 年菲律宾平均通胀率为 3.2%，虽然低于 2014 年的峰值，也处于政府设定的2% ~4% 通胀目标内，但较2015 年和2016 年有较大幅度的提高（见图4）。受比索疲软、国际原材料市场价格上涨、国内实施税改措施以及中美贸易紧张局势升级等因素影响，2018 年菲律宾通货膨胀率创新高。2018 年 8 月，菲律宾通货膨胀率达到 6.4%，大幅高于 2017 年同期的 2.6%，是2009 年 3 月以来的最高水平，连续六个月超出菲央行预测的 5.8% 至 5.9%。其中，食品通货膨胀率高达 8.5%，高于 7 月的 7.1% 和 2017 年同期的 2.9%；非食品通货膨胀率为 4.1%，也高于 2017 年同期的 2.3%。菲律宾政府公布了抑制通货膨胀的政策建议，包括：一、签发必要证书，以允许进口商品在马尼拉以及全国市场分销；二、立即从国家粮食署仓库向全国市场发放 460 万袋大米；三、进口 1000 万袋大米；四、农业部和贸工部将组织家禽生产商建立公共市场，使生产商可直接销售给消费者；五、开放进口食糖，降低消费者成本等。随着菲国内货币紧缩政策以及抑制通货膨胀的多项政策有望在 2018 年第四季度逐渐生效，菲通货膨胀压力也将逐渐减弱，2018 年全年通货膨胀率达到 5.2%，2019 年有望降低至 4.1%。②

① 《菲律宾就业率不足下降至十多年来最低点》，中国新闻网，https：//baijiahao.baidu.com/s？id = 1619064988564182235&wfr = spider&for = pc，最后访问日期：2019 年 2 月 16 日。

② 《菲律宾近期经济形势分析》，搜狐财经，https：//www.sohu.com/a/258683826_ 99904231，最后访问日期：2019 年 2 月 28 日。

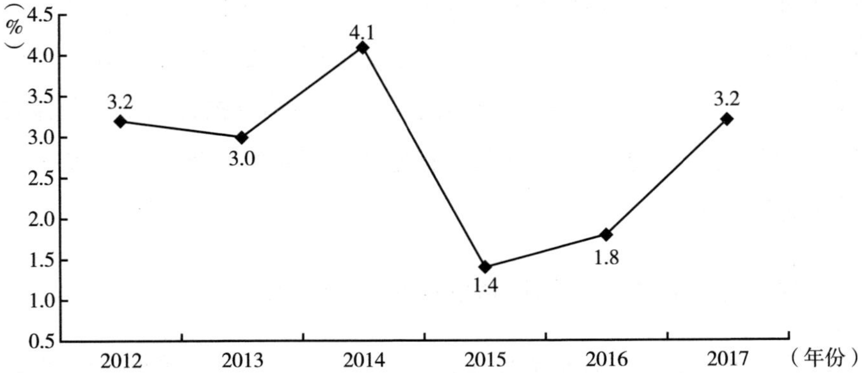

图4　2012～2017年菲律宾通货膨胀情况

数据来源：菲律宾统计局（PSA）。

（五）金融市场表现抢眼但仍有巨大的发展空间

受到增长和政府经济改革的刺激，2017年菲律宾股市大幅上涨。2017年年初，菲律宾证券交易指数PSEi（Philippine Stock Exchange index）重回8000点后，经过几次调整，在菲律宾股市的最后一个交易日12月29日收盘8558点，盘中最高达到8640点。日均交易量80.6亿比索，同比增长3.2%，金融板块全年涨幅最高，达到34.7%。[①] 股市被看作经济的“晴雨表”，尤其是美联储加息有可能引发资金外流的情况下，股市飘红意味着菲律宾市场是投资者信心坚定和市场乐观的预期。对于上市融资的企业而言，将可以以更低廉的价格筹集资金。不过，菲律宾国内的金融市场仍不完善，主要的融资方式依靠银行贷款，且大部分企业无法直接向公众发行债券。加之杜特尔特政府的建设计划更倾向于依靠本国资本市场而不是向外国借款，所以金融市场的改革依然紧迫。特别是受到中美贸易战和全球经济形势的影响，2018年菲律宾股票市场大幅下降，2019年才开始稳定。

① Chrisee Dela Paz, “Philippine Stocks Hit Fresh All-time High on 2017's Last Trading Day,” https://www.rappler.com/business/192527-philippine-stock-exchange-2017-trading，最后访问日期：2019年2月28日。

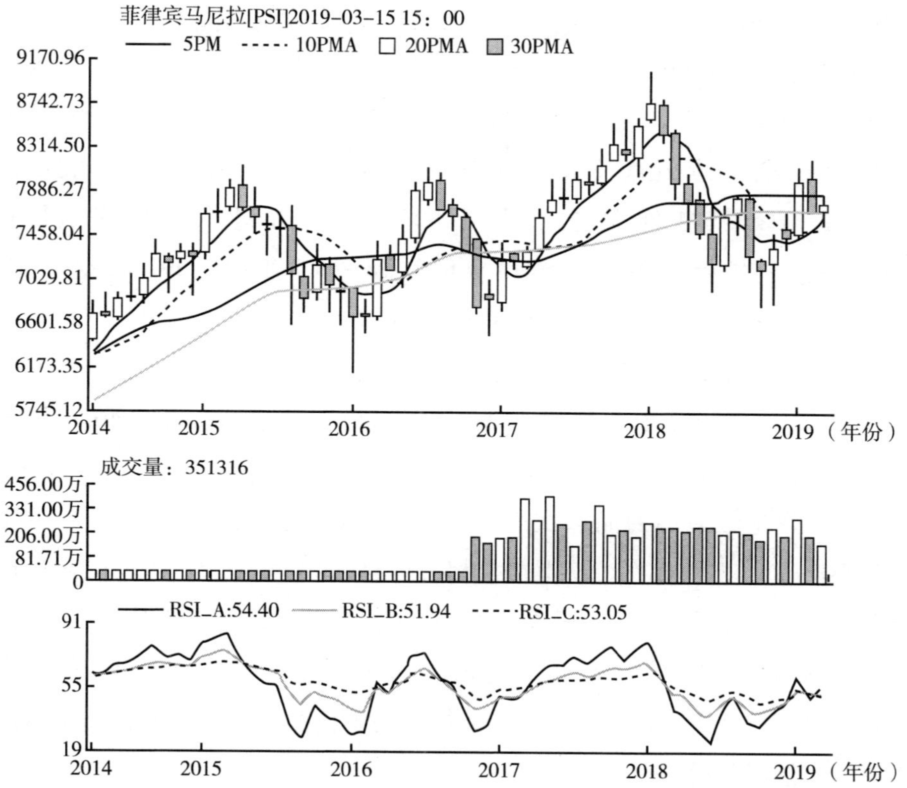

图5　菲律宾证券交易指数走势

资料来源：东方财富网，http：//quote. eastmoney. com/gb/zsPSI. html。

三　2017～2018年菲律宾对外经济合作形势回顾

2017～2018年菲律宾的对外贸易增长较快，旅游业也有大幅增长。菲律宾在国际经贸合作上也取得积极的进展。此外，由于马拉维危机等因素的影响，经批准的外国投资规模降幅较大。

（一）贸易超目标增长

根据菲律宾统计局数据，2017年菲律宾贸易总额为1555.3亿美元，较

2016 年增长 9.9%，其中出口 628.7 亿美元，较 2016 年增长 9.5%，进口 926.6 亿美元，较 2016 年增长 10.2%，均超过菲律宾经济发展署年初设定的出口增长 8%、进口增长 9% 的目标。2018 年菲律宾货物进出口贸易总额 1764.16 亿美元，同比增长 7.0%。其中进口额 1089.28 亿美元，同比增长 13.4%；出口额 674.88 亿美元，同比下降 1.8%。不过，菲律宾的贸易赤字规模依然在扩大，2018 年是 414.4 亿美元，2017 年达到 297.86 亿美元，2015 年和 2016 年分别是 122.4 亿美元和 267.02 亿美元。

从商品种类上看，2017 年菲律宾出口数量最多的商品依次是电子产品（327 亿美元，其中半导体为 237 亿美元）、其他制造品（40.9 亿美元）、机械和交通运输设备（40 亿美元）、点火配线装置（20 亿美元）等，进口数量最多的商品依次是电子产品（233 亿美元，其中半导体为 160 亿美元）、矿物燃料、润滑剂及相关材料（105.9 亿美元）、交通运输设备（100 亿美元）、工业机械设备（59 亿美元）、钢铁产品（40 亿美元）、其他食品和生鲜（30.7 亿美元）、杂项制品（27.8 亿美元）。从中可以看出，依靠人力资源的优势，菲律宾的委托加工业较为发达，但国内的制造业依旧落后。

从主要贸易伙伴上看，菲律宾的贸易交往主要集中在东亚，其次是欧盟，第三是美国。具体国家上，中国、日本、美国是菲律宾的前三大贸易伙伴。2017 年中国首次超过日本成为菲律宾第一大贸易伙伴，2018 年中国是菲律宾第一大贸易伙伴、第一大进口来源地、第四大出口目的地。菲中双边贸易额 300.93 亿美元，占比 17.1%，同比增长 18.1%；菲自中国进口 213.94 亿美元，同比增长 22.5%；菲向中国出口 86.99 亿美元，同比增长 8.5%。2017 年以前，日本是菲律宾最大的贸易伙伴，2017 年菲律宾出口日本 101.9 亿美元，同比下降 12.7%，从日本进口 105.6 亿美元，同比增长 6.8%。2018 年日本是菲律宾第二大贸易伙伴、第三大进口来源地和第三大出口目的地。菲日双边贸易额 200.23 亿美元，同比下降 8.0%。美国是菲律宾的第三大贸易伙伴，2017 年菲律宾出口美国约 91.6 亿美元，较 2016 年增长 3.5%，从美国进口约 70 亿美元，较 2016 年下降 7.1%。

从主要贸易伙伴所在的区域上看，出口方面，2017 年东亚[①]占 48.6%，东盟占 15.4%，欧盟占 14.7%，美国占 14.6%，其余区域仅占 6.7%；进口方面，东亚占 46.4%，东盟占 26.6%，美国占 7.6%，欧盟占 7.2%，其余区域仅占 12.2%。由此可见，菲律宾主要的贸易区位还是在亚洲。

表 4　2017 年菲律宾对外贸易情况

单位：百万美元

国家/地区	出口	占比(%)	国家/地区	进口	占比(%)	贸易总额	贸易差额
美国	9156.72	14.6	美国	7038.55	7.6	16195.27	2118.17
日本	10186.89	16.2	日本	10555.15	11.4	20742.04	-368.26
中国香港	8639.49	13.7	中国香港	2633.15	2.8	11272.64	6006.34
中国内地	6909.86	11	中国内地	16831.89	18.2	23741.75	-9922.03
新加坡	3847.09	6.1	新加坡	5472.82	5.9	9319.91	-1625.73
中国台湾	2272.56	3.6	中国台北	4914.23	5.3	7186.79	-2641.67
泰国	2626.59	4.2	泰国	6603.4	7.1	9229.99	-3976.81
德国	2614.78	4.2	韩国	8073.3	8.7	—	—
荷兰	2449.01	3.9	印度尼西亚	6305.49	6.8	—	—
葡萄牙	501.8	0.8	马来西亚	3621.33	3.9	—	—

资料来源：菲律宾统计局（PSA）。

（二）投资降幅较大

根据菲律宾统计局的统计，2017 年，经批准流入菲律宾的外国投资规模为1056.387 亿比索，较2016 年下降51.8%。从外部投资的来源地看，日本投资 319.9 亿比索，占比 30.3%，在所有国家中最高；其次是中国台湾，投资约 108 亿比索，占比 10.3%。排在第三和第四的是新加坡和荷兰，占比为 9.6% 和 9.1%。从增长速度来看，丹麦、中国台湾、中国内地、日本、中国香港、英国对菲投资增长，而主要西方国家对菲的投资出现大幅下滑。

① 包括中国内地、中国香港、中国澳门、中国台湾、朝鲜、韩国、日本、蒙古国。

造成这一现象的原因：一是杜特尔特政府虽然在2017年的经济外交中取得了很多成果，但其中很大一部分属于投资承诺，难以在短期内落地形成真正的投资；二是菲律宾与美国和其他一些欧洲国家的关系较为紧张，尤其是杜特尔特的扫毒政策引发西方国家对于菲国内人权问题的担忧，加之2017年度菲律宾和这些国家的高层交流不多，导致投资难以增加；三是马拉维危机的爆发从5月持续到10月，客观上引发外国投资者对于菲律宾安全形势的担忧。

据菲律宾财政部表示，2018年菲律宾外国直接投资净流入总额仅为98.02亿美元，比2017年102.56亿美元下降4.4%，大幅低于104亿美元的原定年度目标。菲律宾央行表示由于受世界经济总量下降、美国国债利率上升、中美贸易摩擦及英国脱欧等不利因素影响，全球外国直接投资额同比下降，导致菲律宾2018年外国直接投资减少。2018年菲外国直接投资（FDI）净流入下降4.4%只是暂时性的。目前菲律宾经济基本面良好，菲律宾外国投资将随着全球经济复苏而恢复。同时，菲律宾政府准备实施一系列改善投资环境的措施，包括简化政府流程、放宽外资限制等。菲律宾央行预设2019年外国直接投资净流入目标为102亿美元。①

表5 菲律宾经批准的外部投资情况

单位：百万比索

国家/地区	2016年	2017年	占比(%)	增长(%)
澳大利亚	32439.8	3928.2	3.7	-87.9
英属维尔京群岛	4520.6	2074.8	2.0	-54.1
加拿大	1395.6	843.3	0.8	-39.6
开曼群岛	3656.4	728.6	0.7	-80.1
中国内地	1519.4	2333.9	2.2	53.6

① 驻菲律宾经商参处：《菲财政部认为2018年外国直接投资的下滑是暂时性的》，http://ph.mofcom.gov.cn/article/jmxw/201903/20190302843360.shtml，最后访问日期：2019年2月20日。

续表

国家/地区	2016 年	2017 年	占比(%)	增长(%)
丹麦	6.4	394.2	0.4	6093.8
法国	444.3	99.3	0.1	-77.7
德国	4904.6	1386.2	1.3	-71.7
中国香港	1401.2	1630.5	1.5	16.4
印度	1595.6	410.9	0.4	-74.2
日本	27058.7	31989.8	30.3	18.2
韩国	16134.5	1815.7	1.7	-88.7
马来西亚	1084.5	473.2	0.4	-56.4
荷兰	49445.9	9636.9	9.1	-80.5
新加坡	24056.0	10155.8	9.6	-57.8
瑞士	412.0	20.3	0.0	-95.1
中国台湾	1608.4	10833.5	10.3	573.6
泰国	2567.2	363.6	0.3	-85.8
英国	4733.9	4983.6	4.7	5.3
美国	31427.8	8741.0	8.3	-72.2
其他	8625.9	12795.4	12.1	48.3
共计	219038.6	105638.7	100.0	-51.8

资料来源：菲律宾统计局（PSA）。

（三）旅游业成果突出

新一届政府接任后，旅游业快速发展，成为菲律宾经济的亮点，杜特尔特政府上任的前 11 个月（2016 年 7 月至 2017 年 5 月），旅游收入达到 2223 亿比索，较阿基诺政府上任前 11 个月增长 109%。[①] 其中吸引外国游客取得的成绩更是亮眼。菲律宾政府先后和中国、俄罗斯、柬埔寨、泰国和土耳其签署旅游合作协议。菲律宾旅游部与交通部展开合作，进一步完善机场等设施，提升游客的旅游体验。西部航空、捷星航空、泰国微笑航空、海南航空

① Department of Tourism Accomplishment Report for June 30, 2016 to June 30, 2017, http://tourism.gov.ph/Pages/20170724DepartmentofTourismAccomplishmentReport20162017.aspx.

等国际航空公司新增前往菲律宾的航线。原有航线的座位数量也不断增加，2017 年 1 ~5 月，东方航空、四川航空、厦门航空、幸运航空和亚洲航空等外国航空公司增加了 192660 个座位，本土航空公司菲律宾航空公司和菲律宾亚洲航空公司共新增 230880 个座位。交通的便利化使前往菲律宾旅游的外国游客大幅增加，2017 年共有 662 万外国游客前往菲律宾旅游，较 2016 年的 596.7 万增长了 11%。[①]

尽管菲律宾最受欢迎的岛屿之一长滩岛由于旅游大众化而关闭了六个月，但根据菲律宾旅游局公布的数据，菲律宾 2018 年的国际游客数量达到了 712 万人次，也是菲律宾有史以来的最高纪录，比 2017 年增加了 7.6%。世界旅游组织的数据则表明菲律宾旅游业增长高于东南亚国家的平均水平（6%）。旅游业是菲律宾最关键的支柱产业之一，2017 年，旅游业占菲律宾经济的 12.2%，比前一年的 8.6% 有所增长。中国是菲律宾旅游市场增长最快的国家，2015 年中国游客仅 49 万人，2016 年为 67.5 万名中国游客，2017 年的人数大幅增加到 96.8 万人次，2018 年达到创纪录的 125.5 万人次，增长率高达 29.62%，使中国成为菲律宾第二大国际游客来源国。而韩国则是 2018 年菲律宾的最大来源市场，将近 159 万人次，美国仍然排名第三，有 103 万人次。[②]

（四）国际经济合作收获良多

2017 年菲律宾取得的主要经贸合作集中在东亚地区。2017 年 1 月日本首相安倍访问菲律宾，承诺未来 5 年日本将会为菲律宾提供 1 万亿日元的援助；10 月底杜特尔特访问日本期间，日本为菲律宾提供 6000 万日元的贷款，主要用于马尼拉地铁设施建设。4 月，杜特尔特访问沙特阿拉伯、巴林

① “DOT：Tourism Arrivals Reach All-time High at 6.6M—Wednesday,” January 31，2018，菲律宾旅游部，https：//www.manilatimes.net/tourist - arrivals - reach - time - high - 6 - 6m/377675/，最后访问日期：2018 年 12 月 6 日。

②《不受长滩岛关闭影响，2018 年菲律宾国际游客达 712 万创新高》，https：//www.sohu.com/a/292850201_ 594364，最后访问日期：2019 年 2 月 27 日。

和卡塔尔，获得9.25亿美元的投资承诺，同时落实了卡塔尔主权基金10亿美元的投资承诺。5月，杜特尔特访问俄罗斯，菲俄在投资促进和工业合作两方面签署了两份谅解备忘录，两国签署了8.75亿美元的商业协议。杜特尔特出席“一带一路高峰论坛”期间，中菲签署了经贸合作、融资授信额度战略合作框架，融资、债券承销合作等一系列协议。11月，李克强总理访问菲律宾，中菲签署了14项合作协议，涉及工业园区建设、桥梁建设、铁路建设、产能投资、灌溉大坝、债券承销等领域，据菲律宾官方的披露，中国承诺为菲律宾基建提供73.4亿美元的贷款和援助。此外，2017年菲律宾担任东盟轮值主席国，杜特尔特总统积极推进区域全面战略伙伴关系（RCEP）的谈判，2017年11月举行了RCEP首次领导人峰会。目前RCEP谈判框架确定通过，经济技术合作和中小企业的谈判已经完成，亚太地区最大的自由贸易协定的成立将进一步提振菲律宾经济。

四　2019年菲律宾经济形势展望

鉴于菲律宾2017~2018年经济形势看好，随着“建设！建设！再建设！”计划的进一步推进，公共投资的不断增加，亚洲开发银行和瑞士银行等金融机构均预测2019年菲律宾经济形势乐观，增长可达到6.8%。菲律宾银行（BPI）的看法更为积极，认为如果基础设施建设顺利，经济增长将达到7%。评级机构方面，2017年12月惠誉调高菲律宾的主权信用评级至BBB级，2018年维持菲律宾为BBB级，前景稳定，这有助于降低菲律宾在国际市场融资市场的成本。

在产业方面，公共设施、业务流程外包、房地产业受政策影响发展利好，2019年将展现强劲势头。受需求影响，水泥、钢铁、石化等上游工业增长将进一步提高。中小企业的发展也迎来新的机遇，政府的资金帮扶和降低贷款风险权重都会起到刺激作用。不过2019年的经济发展也会存在一些不确定因素，主要是全球贸易形势是否乐观，菲律宾能否获得足够的外部支持，抵制贸易保护主义，找到彼此的共同利益。就业安排上，菲政府希望能够创造新的就业岗位，国内新就业机会将主要来自基础设施建设计划，同时政府将打击非法雇用，保障工人权益。海外劳工方面，由于在科威特发生多起菲律宾劳工受虐和自杀事件，2018 年初杜特尔特总统下令禁止向科威特输送菲劳，大批在科威特务工的菲劳返回菲律宾。菲政府同时研究是否停止向其他菲劳受虐事件多发的中东国家输送人力，同时杜特尔特政府已经就开放菲律宾劳工市场与中国展开对话，如若顺利，将增加 30 万的就业机会。

在财政政策方面，2019 年菲律宾政府将继续推行积极的财政政策，使基础设施建设成为经济增长的动力。在吸取 2017 ~ 2018 年经验的基础上，税收改革也将加快推进，《加速与包容性税收法案》正式实施，调整税制结构，增加税收收入，保障“建设！建设！再建设！”计划的开支。新的税改方案也在推进，从公布的情况看，菲财政部已经就将企业所得税税率从 30% 降低至 25% 展开研究，并提出简化纳税程序，以激励企业增加投资，创造就业机会，促进经济发展。除了基础设施领域，财政也将重点支持医疗、教育、反贫困等领域。

但是，财政支出的扩大将加剧菲律宾国内的通货膨胀形势，鉴于 2017 年下半年通胀率已经逼近 3.5%，2018 年更是达到三年以来的最高水平 5.2%，约有 1/3 菲律宾人在非正规经济部门就业，属于脆弱的就业形式，如果基本的生活必需品和服务价格上涨过快，这部分人口将容易陷入贫困。如此也将与杜特尔特政府反贫困的目标相违背，此时菲央行势必会进行干预。在美联储加息预期增加的情况下，菲央行为防止资本流出，保障有充足的资金投资于国内建设，全年有可能提高基准利率 50 ~ 75 个基点，这将有助于维持比索汇率的稳定。不过，菲律宾目前的法定存款准备金率在亚洲处于较高水平，如果利率提升，银行体系的流动性或将难以保持。2018 年 2 月 16 日，菲律宾央行宣布降低法定存款准备金率 1 个百分点，3 月 2 日起正式实施，预计将释放 900 亿比索的资金，协助增加经济增长动力。倘若加息幅度较大，不排除菲央行再次下调存款准备金率。菲央行也会进一步放宽对外汇的限制，以吸引国外资金参与杜特尔特的经济建设计划。比索的汇率在国际市场将趋于走低，因为贸易赤字的扩大，2018 年至 2021 年比索每年的贬值幅度或将达到 3% ~4% 。[①] 总体而言，菲律宾 2019 年将继续实行较为稳健的货币政策。

在国际经济合作方面，2019 年杜特尔特政府将进一步深化同东盟和其他东亚国家的合作，尤其是将加强与中国和日本的合作。同时，菲律宾政府会尽量修补与美国和欧盟的关系，毕竟美欧是菲律宾重要的出口目的地和投资来源国。目前菲律宾贸工部正分别推进与美、欧的自由贸易协定谈判，经济发展署也在寻求强化与美国和欧盟的贸易措施。不过，杜特尔特政府将继续坚持独立自主的政策，如果西方国家依旧在人权和扫毒问题上对菲律宾横加指责，双方矛盾将不容易缓和。正如 2018 年 1 月菲律宾贸工部长洛佩斯表示的那样，菲律宾不希望失去享受欧盟超普惠制的机会，但不会恳求欧盟。[②] 如果西方国家不能接受，菲律宾更可能通过加强与中、日、俄等国家合作的方式，来对冲在同西方贸易中发生的损失。投资方面，菲律宾经济发展署正在研究允许持股 100% 的纯外资承包商参与“建设！建设！再建设!”计划的方案，以扩大外资进入的吸引力。旅游方面，菲律宾旅游部正在推动公主港、达沃和其他一些旅游景点的建设，为外国游客提供更多选择，促进旅游业的增长。同时旅游部也在寻求新的客源国，中国、土耳其、以色列等国是重点开拓对象。

---

① Chris Schnabel, “7% Economic Growth ‘Very Achievable’ This Year-BPI,” https://www.rappler.com/business/188617 - gross - domestic - product - philippines - q3 - 2017，最后访问日期：2019 年 2 月 26 日。

② 《菲贸工部长：菲律宾将不会恳求欧盟零关税优惠》，环球网，http://world.huanqiu.com/exclusive/2018 - 01/11515678.html。

B.4 菲律宾毒品安全问题与杜特尔特政府的禁毒运动

杨静林*

摘　要： 毒品泛滥是菲律宾的社会毒瘤，而毒品又衍生出其他犯罪，令菲律宾成为全球高犯罪率、社会治安混乱的国家之一。杜特尔特在达沃禁毒取得成效后赢得了总统大选，上台执政后，将其治毒经验从达沃推广至全国，开展了备受国内外关注的扫毒运动，菲律宾政府分阶段地推进扫毒计划，打击国内制毒、贩毒集团。为了有效遏制毒品，杜特尔特开展毒品“合作外交”，寻求中国、印度尼西亚、马来西亚等周边国家的支持，以抗衡国内外人权组织及美国、欧盟等西方世界的压力和指责。杜特尔特政府依靠铁血手腕治毒，在短期内遏制了毒品的公开交易，但禁毒运动尚缺乏综合有效的治理措施及相关配套的公共卫生、医疗与司法保障，很难从根本上消除菲律宾毒品带来的社会隐患。

关键词： 菲律宾　毒品泛滥　杜特尔特政府　禁毒政策

一　菲律宾严重的毒品安全问题

菲律宾不仅是国际毒源产地，也是新生代毒品的消费市场。菲律宾总人

* 杨静林，博士，广西民族大学东盟学院副教授，硕士生导师，研究领域：中菲关系与华侨华人。

口约为1.1亿，吸毒者人数已达到370万，大部分聚集在菲律宾首都马尼拉。其中，青少年吸毒现象尤为严重，人数从1994年的78万人增至2002年的166万人。在贫民窟，60%～70%的孩子接触毒品，开始接触的时间越来越早，从1999年的15～17岁发展为2000年的12～15岁。[①] 菲缉毒署统计显示，在2014年约有60万青少年涉毒，被捕的未成年人中40%是与毒品有关。菲律宾主要盛行7类毒品，分别是冰毒、大麻、可卡因、鸦片、氯胺酮、苯二氮和派对毒品。菲律宾是东南亚地区使用冰毒率最高的国家，也是全球最大的大麻生产地。全球约有七成大麻产自菲岛，种植大麻的地点主要集中在吕宋岛、苏禄省等山区省份，每年毒品生产额高达95亿美元左右，毒品交易额高达2500亿至3000亿比索，相当于政府财政的1/3。[②]

毒品泛滥使菲律宾逐渐成为美洲毒枭、亚洲金三角毒品交易的中转地，也是东南亚地区毒品交易最活跃的场所。菲律宾毒品来源渠道非常多，主要有荷兰、日本、韩国、墨西哥。[③] 毒品由海、空两个通道非法走私进入菲岛。就海路而言，菲律宾岛屿众多，海岸线复杂，海洋巡逻及缉毒治安盲点众多，毒品及毒品原料通过港口走私，或由飞机或船只抛入公海，本地毒贩捞起这些毒品，用大船运入公海，卸载到小船上，运到码头或沿海社区，再加工、包装分销到菲律宾全国各地。[④] 在空中运毒方面，毒品被伪装为正常货物，以夹带的方式通过机场安检；因菲律宾海关管理松懈，许多制毒原料未列入菲律宾海关的禁品，毒贩贿赂海关、安检人员通关。其次是国内外毒枭出资在境内生产各类毒品，组建了庞大的制毒、贩毒网络，菲律宾成为东南亚地区毒品暴力犯罪的“天堂”。2013年，菲律宾国警反毒特别行动队及

① 《菲律宾禁毒从孩子做起——写在国际青年日》，http：//news.163.com/40812/1/0TK7DUDQ0001121S.html，最后访问日期：2017年1月20日。

② 梁晋云：《东南亚概况——东南亚各国的警察制度及禁毒工》，云南民族出版社，2005，第165页。

③ 骆寒青：《东南亚毒品问题对国家安全的影响》，《湖南警察学院学报》2015年第6期，第127页。

④ “Drugs and Smuggling,” *Philippine Star*, July, 26th, 2016，最后访问日期：2016年12月20日。

菲缉毒署证实，墨西哥锡那罗亚贩毒集团（Sinaloa Cartel）操控资本在菲律宾制毒，从侧面反映出菲律宾是国际毒品走私的重要来源地，冰毒从菲律宾走私到韩国、马来西亚、文莱、中国台湾、日本、澳大利亚及北美等国家和地区。①

此外，菲律宾的警察、军队、政客常与贩毒组织有染，国家的警务系统失控与低效是造成菲律宾毒品泛滥的重要原因。毒贩有了军队、官员与司法体系的庇护，有恃无恐地制毒、运毒、贩毒，毒品已由城市渗入广大农村地区。菲律宾全国有42000多个乡镇，有1/4的乡镇受毒品犯罪的困扰。为生活所迫，尤其生活在社会底层的贫困妇女、儿童铤而走险，受雇于毒贩，参与贩毒。首都马尼拉是毒品最为严重的地区。据菲政府官方调查，在马尼拉，93%的描龙涯（barangay）存在毒品犯罪问题，一个街区30%～35%的人有毒瘾，在禁毒运动开始之前，毒贩有恃无恐地在街道上公开出售毒品，接纳吸毒者解毒瘾的毒窟在街道，尤其是马尼拉的贫民窟随处可见。涉毒者还参与走私、绑架、勒索、贩卖人口、抢劫、赌博等犯罪活动。菲律宾禁毒署公布的资料显示，菲律宾国内70%的犯罪行为都与毒品相关。② 毒枭非法持有大量的武器，公开暴力对抗执法，制造袭警事件，扰乱社会秩序。

长期以来，菲政府缺乏打击毒品的坚定意志，贩毒、吸毒尤为猖獗。阿基诺三世执政时期，菲律宾毒品犯罪问题并没有实质性改善，反而更为严重。毒品、毒枭通过受贿渗透到菲律宾地方行政、司法与安全部门，涉毒警察、政客、议员等与贩毒组织在毒品原材料供应、生产、销售、消费等环节上结成了一张庞大的利益网。据菲政府对外公布，300多万毒贩有军队将领、国会议员及地方政府官员的庇护。③ 缉毒署指控怡朗市市长马米

① 阮惠风：《新型合成毒品滥用实证调查与治理对策》，上海社会科学院出版社，2016，第61页。

② 《多国出台政策严打毒品违法犯罪》，腾讯网，http：//new. qq. com/omn/20190227/20190227A18BQ5. html。

③ 《雇佣女杀手禁毒是社会结构暴力下的人性扭曲》，http：//www. flw. ph/thread - 143825 - 1 - 3. html，最后访问日期：2017年6月10日。

乐、奥萨米斯市市长巴洛吉为当地毒枭提供“保护伞”。[①] 此外，毒枭在选举中幕后操控地方政治大选，为候选人提供竞选资金，确保候选人获取行政和立法职务，为毒品生产、销售提供便利。涉毒官员除了利用特权为毒贩提供保护外，更有甚者还直接参与吸毒或毒品的买卖。

受毒品利益的驱使，当地黑社会势力的参与加剧了菲律宾的毒品安全问题，黑势力可作为毒品原材料的走私、加工制作、分售等利益链条的重要一环。一些毒枭把控的涉毒集团利用熟悉的公海、机场、码头走私毒品，甚至在公海与菲律宾境内制毒，掌控地下毒品交易网络。

黑势力涉毒有着深层次的社会与历史原因。首先，制毒、贩毒是黑社会生财主要的快捷渠道。毒贩从境内夹带毒品入菲，从中谋取高额利润。其次，菲律宾司法体系疲软，缺乏效力，毒贩与政客之间存在的庇护关系使毒贩有了很大的运作空间。特别是缺乏谋生的基本技能者铤而走险地涉足毒品交易，赚得第一桶金后，有些会转向合法经营，漂白毒资，有些则长期进行毒品交易。

二　杜特尔特政府的禁毒运动

杜特尔特早在任达沃市长时就认识到毒品带来的社会危害，他打击毒犯，以铁腕治毒而著称，维护地方社会治安，在当地赢得了较高的声望。杜特尔特在2016年竞选总统，以“禁毒为执政要务”的口号而赢得大选，成为菲律宾第16任总统。杜特尔特当选反映了长期以来菲律宾民众对政府治毒无效、管理无能与政治无为表现出来的失望心理。司法制度的疲软和官僚体系的腐败使菲律宾民众认可杜特尔特政府以铁血手段打击涉毒的政治运动。据民调显示，绝大多数菲律宾人支持政府的禁毒运动，在调查的1200名受访者中，88%的受访者表示支持政府的反毒品战争，即使有法外处决的

① 《总统威胁杀前怡朗市长继任人》，菲华网，http：//www. phhua. com/news/30563. html。

事情发生。①

杜特尔特担任达沃市长22年，暴力治毒，组建可直接领导的行刑队，赋予行刑队超越司法的特权，让他们可不经法律途径逮捕和审讯，就地正法毒嫌。由于杜特尔特以强权禁毒，犯罪率极高的达沃市变成了菲律宾最安全的地方之一。杜特尔特提出“治毒、反腐与实现社会善治”的竞选口号，承诺在3～6个月内解决国内的毒品问题，并多次公开表示，如果不做一些激烈的行动，毒品将吞噬这个国家。杜特尔特总统上任后，多次公开提到毒品对菲律宾民族与国家造成的危害，以及禁毒的紧迫性。杜特尔特执政优先推行扫毒运动，把禁毒作为菲律宾治国要务来抓，菲律宾禁毒形势发生了变化，地方性的治毒上升到全国范围，菲政府开始了一场规模浩大的扫毒行动，打击毒贩，惩戒严重的贪污腐败。杜特尔特政府下达了两道命令，对涉毒者“杀无赦”，一方面警方在抓捕毒贩时遭遇反抗者可直接将其就地处决；另一方面普通百姓发现毒贩，可以直接将其击毙。杜特尔特总统亲自前往马尼拉贫民窟，告诫当地居民杀死毒贩。总统的决心促使菲政府军警部门加大打击贩毒者的力度。在2017年第二次国情咨文中，杜特尔特认为毒品是菲律宾社会邪恶与痛苦的根源，表示打击毒品的行动将会持续下去。②

此外，杜特尔特政府分阶段地推进禁毒政策，第一阶段的措施首先是下达最后通牒，要求贩毒和吸毒者在政府规定的时间里自首；其次，要求地方基层干部及扫毒机构提供涉毒名单；再次，搜查制毒工厂，要求军警、政府公职人员和各省市议会议员接受毒品检测，肃清国家机关里的毒犯，包括总统的儿子保罗·杜特尔特和达沃市议员都要接受毒品测试。菲政府最先公布的嫌疑人名单涉及180多万人，包括司法官员、警察和地方政府部门官员，以违反9165号共和国法令，即《2002年毒品综合法规》，进行革职，接受调查和审判。

---

① 蔡添成：《民调：大部分民众支持毒战，相信法外处决存在》，http：//www.zaobao.com/realtime/world/story20171016－803367，最后访问日期：2017年11月29日。

② Danilo Suarez, "Customs Trapped in Narcotics Disputes," *Manila Standard Today*, Aug 4th, 2017.

在第二阶段，菲政府开展代号为“双枪管”扫毒行动，实行禁毒奖励制度。政府派官员上门劝说涉毒者自首并加入康复运动，重金奖励打击毒贩的执法人员，其间菲律宾国警对968694个涉毒户进行上门探访，政府给予逮捕或击毙一名毒枭的执法者奖励300万比索（约42万元人民币），合法执行警务行动人员枪杀1名毒贩则获奖励5万比索，枪杀1名吸毒者奖励2万比索，逮捕1名毒贩奖励3万比索，逮捕1名吸毒者奖励1.5万比索。[①]同时，菲政府严打大毒枭及涉毒官员，在贫民窟进行扫毒，打击外国毒贩在菲律宾的代理人、小毒贩及吸毒者。为了表示禁毒的决心，杜特尔特总统于2016年7月25日首次国情咨文上特别强调了反毒战争的决心，称政府将不会停止打击非法禁毒活动，直到所有毒枭和其幕后金主被关进监狱，将不停地打击非法毒品、犯罪和贪污腐败，下令将军营作为非法毒品使用者的改造中心。[②]

在第三阶段，菲政府延长扫毒运动的期限，深度打击涉毒者。杜特尔特总统声称“我没有料到国家面临的毒品问题如此严重，再给我6个月时间，涉及贩毒的人实在太多了，更糟糕的是，警方高层在操纵毒品交易。一直进行扫毒直到菲律宾的街道没有毒贩，直到任期的最后一天”。[③] 2016年9月22日，菲律宾随即向外又公布了第三批缉毒名单，共有1000人，指控5名警察总长和地方官员为贩毒提供保护，还有全国各地40名司法官员。[④] 为了在6个月完成杜特尔特总统根除毒品犯罪的目标，国警总监黎拉罗萨增加四倍的警力扫毒，下令各省长、市长和地方官员必须在6个月内遏制非法毒品交易。2017年3月1日菲律宾国警发布通知继续执行政府的禁毒运动，菲律宾武装部队与禁毒署签订工作备忘录，进一步明确禁毒任务。菲律宾武装部队扩大机构，成立一个特设机构—联合反情报工作队，执行指导与毒品

① “Cagayan Coastal Town Adopts Anti – Drug Reward System,” http：//www. manilatimes. net/cagayan – coastal – town – adopts – anti – drug – reward – system/283437/.

② “Over 17，000 Arrested in Anti – Drug Operations,” http：//www. manilatimes. net/over – 17000 – arrested – in – anti – drug – operations/268577/.

③ 《杜特尔特：扫毒战延长半年》，《环球时报》2016年9月20日，第2版。

④ 《菲总统公布贩毒新名单》，《环球时报》2016年9月23日，第4版。

有关的反侦查行动，主要任务是协助执法机构开展认定、调查和取缔使用、出售、制造和分销毒品的犯罪分子；菲律宾武装部队联合行动小组将成立，主要协助直接行动、情报、法律援助和社区相关的区域办事处禁毒工作。①

在第四阶段，菲政府规范禁毒执法人员，实行禁毒问责制。2017 年 10 月 10 日，杜特尔特总统下令菲律宾缉毒署成为“唯一”有权展开反毒品运动及行动的机构，菲国警、国调局、菲武装部队、海关局、菲邮政公司及其他机构或特设的反毒品专案组将掌握的信息移交给菲缉毒署，以确保反毒品行动和运动有明确的问责，要求禁毒人员合理执法，还着手调查禁毒中出现的滥用职权、滥杀无辜的事件。政府批准中学生接受毒品检测计划，预防青少年滥用毒品。菲缉毒署加强了从海洋港口、机场等地截毒力量，与菲海军及海岸警卫队开展合作，防止毒品流入菲律宾海洋及陆地。

杜特尔特的暴力禁毒在短期内有一定的成效，震慑了毒贩的公开交易、遏制了吸毒成风的社会恶习。赫尔伯特·许朗戈、弗兰茨·沙巴洛尼斯、许彼得等大毒枭相继落网或被枪杀，制毒窝点、吸毒场所被摧毁。毒贩被击毙最多的地方分别是甲米地、内湖、八打雁、黎萨、奎松、中吕宋等省市地区。在杜特尔特执政的一年里，86984 名涉毒嫌疑人被逮捕，在阿基诺政府执政的同一时期只有 18766 名嫌犯被捕。302 名涉毒官员被杜特尔特政府调查，而在阿基诺政府内部只有 97 涉毒官员被调查；查获超过 84 亿比索的 2446 公斤冰毒，阿基诺政府只查获 820 公斤冰毒。超过 130 万名吸毒者和毒贩自首，在杜特尔特政治治下 3677 个村的毒品被清除，杜特尔特政府还实施吸毒者康复和重返社会方案。② 雷厉风行的禁毒行动起到了社会威慑作用，吸毒人数大大减少，与毒品相关的犯罪率下降了 9.8%，比阿基诺政府同期减少了 10%，社会犯罪数量降低到了 1989 年以

① “PNP Creates New Anti – drug Group,” http://www.manilatimes.net/pnp – creates – new – anti – drug – group/314733/，最后访问日期：2018 年 2 月 5 日。

② “Philippines Calls First Year of Anti – Drug War Success”, http://www.theborneopost.com/2017/07/01/philippines – calls – first – year – of – anti – drug – war – success/amp/，最后访问日期：2017 年 12 月 30 日。

来的最低纪录。[①] 据菲国警发言人表示，2016 年 1 月至 10 月的犯罪案件总数为 493912 起，而 2017 年 1 月至 10 月，该数字下降到 452204 起，犯罪案件在过去 10 个月下降了 8.44%。[②]

杜特尔特的铁腕禁毒措施得到了菲律宾左翼势力和社会民众的支持。菲共武装新人民军表示支持杜特尔特对毒品犯罪全面宣战，社会民众认识到毒品给菲律宾社会造成的危害，广泛支持政府的禁毒运动。菲律宾一个民调机构在 2017 年 9 月 24 ~ 27 日对菲全境进行了民意调查，直接采访了全国 1200 人，大岷区、吕宋其他地区、未狮耶及棉兰老岛各 300 人，84% 的受访者表示很满意反毒运动，仅有 8% 的受访者不满意，另有 8% 的受访者表示不清楚。[③]

三　杜特尔特禁毒运动的国内外困境与禁毒外交

杜特尔特的暴力治毒引来了国际社会的众多关注，尤其是西方人权主义者的非议。禁毒运动中出现的法外处决遭到了欧盟国家及美国等的谴责，招致了国内人权组织、反对党非议。西方社会认为菲律宾在法制缺失状态下的铁腕禁毒造成严重人权侵害和无辜杀戮。联合国毒品和犯罪办事处发布声明，称对菲律宾的禁毒措施“深感忧虑”。办事处负责人费多托夫表示，对菲律宾政府倡导“法外处决”嫌犯的举措表示谴责，并批评这种举措“违法”且“违背最基本的人权和自由”。[④] 欧盟国家驻菲使团官员公开反对菲律宾的扫毒运动，指责菲政府过激行为，欧洲议会发布将菲律宾逐出人权理

① Jarius Bondoc, “No Wonder Drug Are Still Overflowing,” *Philippine Star*, Aug 10th 2017.

② 《2017 年过去十个月，菲国犯罪事件显下降 8.44%》，菲龙网，2017 年 11 月 9 日，http://www.sohu.com/a/203277539_206880，最后访问日期：2018 年 1 月 6 日。

③ 《民调：84% 菲人满意反毒战》，《菲律宾商报》2016 年 10 月 8 日。

④ 《美媒：菲律宾反毒战已失控，大范围法外处决引争议》，环球日报网：http://world.huanqiu.com/hot/2016-08/9269971.html，最后访问日期：2016 年 10 月 14 日。

事会的声明。[①] 对此，杜特尔特政府强硬地抵制西方国家，反对以人权干涉菲律宾的主权，表示不再接受欧盟国家的经济援助。

在国内层面，杜特尔特与反对党和人权组织在禁毒方式上存在很大的分歧。反对党和人权组织倡导在法律框架内推行禁毒，对杜特尔特激进的禁毒方式极为不满。菲律宾人权委员会指出杜特尔特的行刑队在2005～2009年至少杀掉了206名毒贩。[②] 曾经担任参议院司法及人权委员主席的德利马呼吁参议院彻查杜特尔特的反毒运动。免费法律援助小组（Flag）向菲律宾最高法院提交请愿书，要求法院停止执行“双枪管”行动，称“双枪管”行动违反生命权、正当的法律程序、无罪推定原则以及审判。[③] 菲律宾人民律师联盟秘书长奥拉利亚（Edre Olalia）表示，毒品犯罪确实不能姑息，但大开杀戒的状况必须停止，对街头吸毒的人或贩毒团伙小头目突然的、牵强的、过于轻率的处决也必须停止。[④] 反对派游说美国、欧盟及国际人权组织，纷纷促请对杜特尔特的扫毒行为展开调查与清算，部分军人、商业精英、反对党议员和人权社团乘机煽动社会情绪，策划反毒游行示威及预谋军事政变，企图推翻杜特尔特政府。

杜特尔特的禁毒政策触碰到了与毒枭相勾结的菲律宾军队、政府及司法系统等官员集团的利益，国内产生一股反对杜特尔特禁毒运动的势力。杜特尔特表示大约有9000名警察与毒品活动有关，100名警员中有4名使用或贩卖毒品。[⑤] 有军方、政府背景的机构领导人在背后煽动反政府行动，举行大规模的游行示威，谴责政府的杀戮、虐待行为。与此同时，西方媒体借机大肆渲染杜特尔特强权禁毒产生的血腥与暴力，指责禁毒公职人员滥用职权

---

① 《欧洲议会希望将菲律宾移出联合国人权理事会》，《菲律宾世界日报》，http：//sjrb. ph/New？id = J5PIjonWcQTNaXzd8TtlQQ81QTm。

② 吴俊刚：《菲律宾与美国的人权之争》，《联合早报》2016年9月25日。

③ Satur C. Ocampo, “Wittily Step Backward in Anti – Drug Movement ,” *Philippines Star*, Oct. 15th 2017.

④ 《菲律宾新总统铁腕缉毒就职以来击毙数十毒贩》，腾讯网，https：//new. qq. com/rain/a/20160713022277。

⑤ 《杜特地称有9000名警察涉毒》，《商报》2017年10月1日。

的行为，国内外反对党相互勾连，有意渲染民众的反政府情绪，务求使杜特尔特政府失去公信力。对此，杜特尔特政府开始调整禁毒运动中存在的不当行为。

与此同时，美国、欧盟及国际人权组织等西方国家或组织纷纷指责杜特尔特的暴力禁毒。国际特赦组织说，菲政府未尽尊重及保障生命的义务，菲国法治陷入崩溃的风险，政府串谋或执行非法及蓄意杀戮，鉴于法外处决在国际法之下是一种罪行，该组织要求菲律宾独立投诉委员会调查警方违反人权的指控，及所有法外杀人事件，并获授权保护所有投诉人、受害人及证人。[①] 在2016年9月，欧盟议会谴责菲律宾国内不断攀升的、与毒品有关的死亡案件，呼吁菲律宾当局对此展开调查，采取尊重人权的政策和措施。美国总统奥巴马和欧盟在国际社会公开抨击杜特尔特的禁毒行动。这招致了菲律宾国内民族主义者的反感，杜特尔特认为美国在干预菲律宾内政。

以美国为首等西方世界干涉菲律宾的禁毒，影响了美菲关系。奥巴马取消了原定在老挝亚细安峰会期间举行的美菲首脑会谈。但杜特尔特政府毫不示弱，菲律宾内阁部长伊瓦斯戈说道，“美国或欧盟或联合国没有权利告诉我们什么是对我们的好。如果总统抵抗我们的所谓朋友美国的凌霸，这意味着我们已经与中国或俄罗斯同一阵线”。[②] 菲外长亚赛（Yasay）出席年度联合国大会时表示，“杜特尔特政府决心严厉打击违禁药品的制造、贩毒及使用。我们敦促各方给予我们能放手处理国内挑战的空间，让菲国能在免于不当干预的情况下完成国内的目标”。[③] 而杜特尔特本人则毫不受外国的干扰，表示不会理会人权组织的抨击，扫毒已经开始，就会彻底完成。同时，与印度尼西亚总统佐科商讨共同加强双边反毒、反恐和反海盗，及促进海上禁毒合作；还加强与马来西亚的海域合作，遏制海上毒品走私的非法活动。

---

① 《菲律宾铁腕扫毒已1900人被杀，70万人自首》，http：//world. huanqiu. com/exclusive/2016－08/9355914. html，最后访问日期：2018年2月3日。

② 《内阁部长伊瓦斯戈透露特利连尼斯和自由党党员策划军变》，菲龙网：https：//www. zhijiandoukou. com/mp/pmgxbff. html，最后访问日期：2018年1月6日。

③ 《菲律宾总统铁腕缉毒初现成效》，《环球时报》2016年7月6日，第4版。

与西方社会不同，中国政府公开表示理解和支持菲律宾政府优先打击毒品犯罪的政策。2016 年 8 月 10 ~ 11 日，杜特尔特派出特使前总统拉莫斯与中国全国人大外事委员会主任傅莹会晤，探讨两国禁毒与反走私合作。8 月 26 日中国驻菲大使公开表示，中国愿意通过分享情报，提供必要的设备，加强执法机构的打击能力。中国公安部邀请菲律宾警察代表团访华，与中国政府制定打击毒品的详细计划表。此外，中菲签订跨国犯罪备忘录，拟定与菲律宾执法机构联合行动。中国外交部发言人耿爽在 9 月 29 日例行记者会上表示，中方理解和支持菲律宾新政府在杜特尔特总统领导下优先打击毒品犯罪的政策，愿同菲方积极开展禁毒合作，并为此制订共同行动计划。[①] 10 月 18 ~21 日杜特尔特访华，其中反毒及安全合作问题是中菲首脑会晤的一个重要议题，菲律宾缉毒署与中国公安部签署了为期 5 年的《中菲禁毒合作协议》，达成双边开展打击毒品犯罪的合作，共享涉毒嫌疑人名单，合作调查毒品犯罪，提供毒贩遣返援助，及交换并训练缉毒官员，中国提供价值 1400 万美元的军事武器和设备及 5 亿美元的贷款，资助菲律宾戒毒计划及反恐。[②] 厦门市海关向菲律宾提供毒品的线报，让菲律宾禁毒署查获了 604 公斤毒品案件[③]，该案成为中菲禁毒合作的典范。再者，中国政府及菲律宾华社各界捐款，援助菲律宾政府建立多座戒毒中心，为菲律宾自首的涉毒者提供公共卫生服务。

四　杜特尔特政府禁毒运动存在的问题

毒品是一种有毒的、精神依赖性物质，禁毒必须从源头上遏制毒品生产、种植、制造及毒品流通、运输、交易环节，或减少、消除对毒品的社会

① 《2016 年 9 月 29 日外交部发言人耿爽主持例行记者会》，中国外交部网站，https：//www. fmprc. gov. cn/web/fyrbt_ 673021/jzhsl_ 673025/t1402257. shtml。

② “China Offers Guns for Anti – Drug War,” http：//www. manilatimes. net/china – offers – guns – anti – drug – war/302967/，最后访问日期：2018 年 3 月 13 日。

③ 《中菲两国联合破获特大走私毒品案查获冰毒 604 公斤》，人民网，http：//legal. people. com. cn/nl/2017/0529/c42510 – 29306276. html。

需求。杜特尔特政府的暴力禁毒顶住国内与国际的双重压力，在毒品供给与需求的两个方面双管齐下，抑制毒品泛滥，同时打击黑社会、惩治贪污受贿，通过禁毒强化个人的政治权威，缴获毒资，缓解政府的财政压力。此外，加强与周边国家政府机构间的禁毒合作，但由于菲律宾司法体系软弱，禁毒的方式和效果难以为继，杜特尔特政府只能一时缓解毒品肆意横流的严峻形势，无法从制度、司法和社会监督层面上管制毒品问题，其问题主要源自以下几个方面。

首先，禁毒运动中，一些执法者为了个人政绩或奖励，无视法纪、滥用权力，甚至出现了错杀无辜者的事件。不法分子乘机打着禁毒的幌子报私仇、泄私愤，滥杀无辜。学生、孩童、妇女及警察被错杀，血腥与暴力的强制性禁毒衍生出了新的犯罪和社会安全问题，增加了民众的恐惧及社会的不安定，促发普通民众纷纷购买枪支以防身，对枪支的需求催生了黑枪制造业与枪支的泛滥。菲律宾总统发言人阿贝拉对外称，“这场战争有可能会导致一定的‘副作用’，比如对该国体制不抱希望的‘义务警察’有可能彻底摒弃现行司法体系，敌对派势力之间有可能借助政府的‘火力援助’趁机拔出异己、从中渔利”。[①] 对此，在菲律宾有影响力的天主教会呼吁当局停止“滥杀人命”。

第二，杜特尔特政府的禁毒难以治本。毒品问题的产生有着社会、文化及经济等深层次的根源，杜特尔特政府的禁毒运动打击毒品走私、捣毁贩毒集团、减少毒品非法流入，就毒品生产、贩卖及吸食等行为的原生力缺乏有效的关注，毒品的综合治理不足。杜特尔特政府仅依靠权力机关制造血腥暴力，对公众产生威慑与恐吓达到禁毒的目的，缺乏对后期戒毒工作的投入，相关的医疗卫生设施不足及社会就业、戒毒思想改造、戒毒所容量等方面的措施滞后，难以从根源上消除毒品隐患。禁毒运动使菲律宾戒毒系统承担超负荷压力，菲律宾戒毒药品、戒毒所、戒毒心理医生严重不足，无法有效地

① 《美媒：菲律宾反毒品战已失控，大范围法外处决引争议》，环球时报网，http：//world. huanqiu. com/hot/2016 - 08/9269971. html，最后访问日期：2018 年 1 月 6 日。

对涉毒者进行生理、心理康复训练和治疗，及脱毒以后就业与摆脱生活的贫困。菲律宾长期以来对公共卫生设施投入少，强制戒毒机构少，全国仅有50家戒毒所。据惩戒局2015年的数据，比南市监狱的合理容量是22名囚犯，但是监狱总人数却为369人，拥挤率为1575%，2017年的报告显示，情况进一步恶化，监狱人口增加到595人，拥挤率为2603%。[①] 随着禁毒运动的深入开展，戒毒设施不足变得更加严峻。

第三，由于毒品的特殊性，禁毒具有艰巨性、复杂性和反复性，禁毒以预防为主方为治本之策，涉及政治、经济、社会的综合治理，政府应禁种、禁制、禁贩、禁吸并举。禁毒运动在菲律宾推行后，关于政府的禁毒政策、组织机构、毒品知识、法律法规与服务等禁毒宣传不到位。一些自首的吸毒者仍在监狱继续吸食毒品，政府的强制戒毒场所成为毒贩交易的新地点。毒贩通过贿赂拉拢、腐蚀禁毒官员，削弱禁毒机构的执行力和控制力。惩戒所、戒毒所等强制隔离场所成为秘密贩毒的新场所。2017年11月，缉毒署在曼达卢永市（Mandaluyong）女子惩戒所查获了毒贩带进的超过1500万比索的沙雾。缉毒署总监阿隆·阿基诺（Aaron Aquino）也不得不承认，在2022年或杜特尔特总统退任之时，都几乎不可能完全处理掉毒品威胁。[②]

第四，菲政府在司法惩戒、强化行政管理、深入反腐等方面缺乏强有力的制度建设和措施。禁毒需要一个长期高效廉洁的政府，由于菲律宾司法与行政系统缺乏严惩机制，一些军队、行政执法人员、司法官员与毒品有染，利用职权贪污受贿成风。尽管当局严厉地禁毒，被打死的毒贩多为贫民，多是在街头巷尾售卖冰毒的小毒贩或吸毒者，涉毒者经营的毒窟仍继续营运接纳吸毒者，贩毒儿童送到社会福利后几个星期再度重现街头。有专家预测，一旦杜特尔特制造的恐惧高压开始消散，主动自首的毒贩和吸毒者们很有可

---

① 《70人监狱挤400人？已死亡74名囚犯》，http://www.sohu.com/a/191619200_206880，最后访问日期：2018年3月1日。

② 《菲缉毒署承认毒品威胁几乎不可能在杜特的任期内解决》，菲龙网，2017年11月10日，https://www.sohu.com/a/203586635_206880，2018年5月19日。

能会重返旧路。①

菲律宾国内的毒品滋生绑架、抢劫、走私、武装暴力等犯罪，引发菲律宾严重的社会安全问题，菲律宾警察、司法及行政机制的腐败助长了国内严重的毒品安全问题。因此，菲律宾的禁毒问题不仅是单纯的毒品问题，还是与菲律宾政治、经济相关的复杂问题。杜特尔特的禁毒运动依靠个人权威、强权进行毒品的堵源截流，有效压制了菲律宾境内毒品蔓延的势头，国外人权机构没有充分认识到菲律宾国内毒品问题的严重性，对杜特尔特的禁毒政策妄加干预与指责，加上杜特尔特的反对党势力煽风点火，渲染禁毒的过激行为，杜特尔特的禁毒运动面临国内外压力，不得不矫正禁毒过程中出现的偏差。菲律宾禁毒的困境在于国家经济基础薄弱，能投入缉毒、戒毒的人力、物力及财力非常有限，从根本上制约了禁毒的实际效果。再者，禁毒措施缺乏制度的保障与科学规划，禁毒运动难以维持和巩固。菲政府须发展经济、扩大社会就业，缓解贫困问题，同时加强体制建设，加大反腐力量，加强政府治理和法律执行，完善禁毒与毒品预防政策，强调严格禁毒的法律执行，加大对戒毒公共设施与卫生的投入，才能从根本上消除毒品带来的安全隐患。

① 《被社会抛弃遭政府追杀、菲律宾吸毒者无路可走》，中国日报网，2016 年 9 月 20 日，http：//world. huanqiu. com/hot/2016 - 09/9462920. html，最后访问日期：2017 年 9 月 17 日。

菲律宾对外关系报告

B.5

杜特尔特政府东盟政策评析

姜坚　李策*

摘　要： 杜特尔特政府对待东盟的政策态度与前任阿基诺三世政府相比存在较大不同。通过对杜特尔特政府上台以来在涉东盟问题上的一系列言行进行梳理和归纳，可以发现杜特尔特政府的东盟政策构成其对外政策的关键一环，呈现出主动性、务实性和谋略性的特点。这背后既体现了杜特尔特政府对国内现实因素及外交策略运用的考量，同时也折射出菲律宾对东盟政策内在的历史逻辑。未来，该政策的走向还将持续受到菲国内外因素的影响。

关键词： 菲律宾　杜特尔特　东盟

* 姜坚，中山大学国际关系学院国际关系专业2016级博士研究生；李策，中山大学国际关系学院国际关系专业2016级博士研究生。

自就任菲律宾第16任总统后，杜特尔特政府通过纵横捭阖，不仅缓和了与中国和日本的关系，也逐步改善了菲律宾以往受制于大国战略博弈的不利外交局面。在这一过程中，杜特尔特政府的东盟政策发挥了重要作用。但受立场、视角等因素影响，目前国内学界对杜特尔特政府对华政策调整、“大国平衡”战略等话题探讨的较多，而从其东盟政策出发进行考察分析的文章则较为少见。[①]事实上，杜特尔特政府的东盟政策构成其对外政策的关键一环，体现了对菲国内现实因素及外交策略运用的考量，同时也折射出菲对东盟政策内部的历史逻辑，但其延续性乃至对未来地区形势的影响还存在不确定性。

一　杜特尔特政府东盟政策主要表现及特点

杜特尔特就任菲律宾总统后对外交政策进行了大幅度的调整，尤其是在发展对大国关系方面展现出了非常务实的态度。纵观杜特尔特政府在对外关系领域的种种调整举措，基本上是以东盟作为自身政策的出发点，这与其前任阿基诺三世存在较大不同，主要表现在以下几个方面。

（一）在外交领域，将东盟视作施展“大国平衡”战略的重要舞台

早在竞选总统期间，杜特尔特就表示反对阿基诺三世极端亲美的外交政策，主张重新调整与中美等大国间的双边关系。在胜选后的一次讲话中，杜特尔特强调：“我将规划菲律宾自己的外交路线，不会依赖美国。这将是一条不取悦于任何人，只服务于菲律宾利益的路线。”[①] 上任伊始，杜特尔特立即采取了一系列动作，如首先召见中国驻菲大使、多次批评美国干涉菲律宾内政等，表明了要进行“外交政策再平衡”的态度，而这一点在杜特尔特作为菲律宾总统首次参加的东盟领导人峰会上表现得非常明显。

---

① 《菲候任总统：规划自己的路线，不会依赖美国》，中评网，http：//hk. crntt. com/doc/1042/5/1/4/104251431. html？ coluid = 2&docid = 104251431&kindid = 4&mdate = 0601081848，最后访问日期：2017 年 10 月 20 日。

2016年9月，第29届东盟领导人峰会在老挝首都万象召开。会上，作为总统首次外访的杜特尔特宣称："菲律宾将坚持追求独立的外交政策——主权平等、不干涉内政、承诺用和平方式解决争端。"① 由于此前杜特尔特对美国多方面的批评和指责，时任美国总统奥巴马取消了与杜特尔特原定的会谈计划。面对这一情况，杜特尔特再次高调表示，他无意在东盟峰会上冲撞某人，只是希望传递一种信息，即菲律宾有权遵循不受他人干预的独立自主外交政策。"希望他们已经认识到这一点。菲律宾没有义务去取悦任何一个人。"② 通过东盟这一平台，杜特尔特政府在重要国际场合对外交政策调整进行了有力宣示，吸引了东盟各成员国以及中俄日等周边大国的广泛关注，极大拓展了政治影响。

作为2017年东盟轮值主席国，杜特尔特政府把年度东盟主题确定为"拥抱变革，融入世界"，并表示将重点推进六项议题，包括建设以人为本的东盟、地区和平和稳定、海上安全与合作、包容性创新和增长、强化东盟生命力和东盟作为区域主义和全球性力量的示范性。为贯彻这六项议题，菲律宾在不同城市和地区举办百场会议，并举办一系列纪念活动庆祝东盟成立50周年。③ 杜特尔特如此大张旗鼓，其聚焦"融入""合作"的主题及议题富有深意，进一步表明了他抛弃前任片面亲美外交路线的态度。杜特尔特借助东盟平台重新调整了菲律宾与若干大国之间的关系距离，同时也巧妙提升了本国的地区政治声望。

（二）在经贸领域，以发展双边合作为主，推动区域合作为辅

杜特尔特上台后，高度重视与东盟各成员国发展双边关系，尤其体现在

---

① "Towards an Independent Foreign Policy for RP", *Philstar Global*, http://www.philstar.com/opinion/2016/09/17/1624546/towards-independent-foreign-policy-rp，最后访问日期：2017年10月20日。

② 《菲将遵循独立自主外交政策》，联合早报网，http://www.zaobao.com/sea/politic/story20160911-664903，最后访问日期：2017年10月20日。

③ 《东盟轮值主席国菲律宾将重点推进东盟发展六项议题》，新华网，http://news.xinhuanet.com/world/2017-01/05/c_1120253606.htm，最后访问日期：2017年10月20日。

经贸领域。依照东盟传统，成员国新任领导人大多会遍访其他成员国。从2016年9月6~8日访问老挝并出席第29届东盟峰会，到2017年3月19~22日访问缅甸和泰国，杜特尔特在其就职后不到9个月的时间里，即完成了对东盟其他9国的“友好之旅”。而其前任阿基诺三世，在就职后大约相同的时间段里仅对越南、印度尼西亚和新加坡三国进行了访问。[①] 相较而言，杜特尔特对东盟国家的重视程度可见一斑，其中固然有接棒东盟轮值主席国、争取其他成员国支持的考虑，但更重要的是促进菲律宾与东盟各国经贸关系的发展。

杜特尔特东盟之旅期间与各成员国领导人积极商讨经贸合作事宜，并达成了一系列合作协议或意向：在越南，杜特尔特就保护越南在菲投资做出保证，承诺提供更有利的投资环境，并表示将越南作为可靠的大米进口来源国，以此敦促越南增加对菲律宾产品的进口，改善两国间的贸易平衡；在马来西亚，双方签署了合资修建价值约10亿美元，连接计顺和马尼拉轻轨系统项目的谅解备忘录；在泰国，杜特尔特签署了科学和技术合作、旅游合作、奶牛水牛养殖合作等协议，参加了有关促进贸易和投资、旅游、农业、能源和教育等各领域合作的会议，还广泛会见了泰国工商界人士；在缅甸，双方签署了粮食安全暨农业合作备忘录。显然，双边经贸合作相对简单直接，更容易迅速取得成果。

在区域合作方面，杜特尔特政府也展现出较为积极的姿态。菲贸工部长拉蒙·洛佩斯曾于2017年初表示，作为东盟轮值主席国，菲将推动东盟10国与6个对话伙伴国在年底前完成区域全面经济伙伴关系协定（RCEP）的谈判工作。[②] 但这一目标未能如期实现。除加强呼吁外，杜特尔特政府可采取的实际推动举措非常有限，其受外部客观因素影响较大。

---

① 阿基诺三世自2011年6月就任总统至次年3月共有4次外访，其中2次是针对东盟国家，分别是2016年10月赴越南出席第17届东盟峰会和2017年3月对印度尼西亚、新加坡进行国事访问。

② 《菲将推动年底前完成RECP》，马尼拉公报中文网，http：//mbcn. com. ph/2017/03/07/菲將推動年底前完成rcep談判/，最后访问日期：2017年10月20日。

（三）在安全领域，灵活运用多边机制应对领土主权争端等问题

与其前任阿基诺三世的“强硬”和“执着”不同，杜特尔特政府在处理安全议题时往往表现出相对“柔性”和更加灵活的一面。尤其体现在南海问题上，阿基诺三世频频利用东盟各种场合挑动南海敏感神经，试图凭借“仲裁案”绑架东盟对相关议题的讨论，裹胁东盟整体对抗中国；而杜特尔特则一改前任不断挑衅中国的做法，努力寻求同中方直接对话，对东盟框架机制和整体力量的借用也更为巧妙和务实。杜特尔特多次强调，南海问题必须以和平方式去解决，他有信心就相关问题跟中方达成共识，[①] 因此最终“南海仲裁以及因之造成紧张的中菲关系”[②] 也没有进入菲律宾主导下的2017 年东盟峰会议程。

杜特尔特东盟政策在争端问题上的“柔性”和灵活当然不是一味地“退缩”，而是“软中带硬”。尽管宣布东盟议程不会提及南海仲裁，但菲官方解释这是“因为它已经存在，它已经成为国际法的一部分”。[③] 菲律宾还利用东盟国家的普遍安全关切，代表东盟就中国在南海部分岛礁上部署武器系统表达不安，并敦促进行对话。[④] 虽然杜特尔特在处理敏感安全议题时采取的具体策略和方法上表现得“能屈能伸”，但其依托东盟框架机制争取最优利益的目标仍坚定不移。事实上，菲律宾把敲定“南海行为准则”（COC）作为其参与东盟地区事务的一个重要目标，并力促东盟各成员国聚焦于这一议题。杜特尔特曾公开表示，其将在南海推动一项具有法律约束力的行为准则，而东盟各国领导人均支持设定这一框架，为与中国进行

---

① 《杜特尔特谈访华：有信心就南海问题跟中国达成共识》，中国网，http：//www.china.com.cn/haiyang/2016 - 10/15/content_ 39493815.htm，最后访问日期：2017 年 10 月 20 日。

② 《南海仲裁不会进入今年东盟峰会议程》，凤凰网，http：//news.ifeng.com/a/20170105/50528990_ 0.shtml，2017 年 10 月 20 日。

③ 《菲律宾任东协轮值主席，再提南海》，马尼拉公报中文网，http：//mbcn.com.ph/2017/01/07/菲律賓任東協輪值主席　再提南海/，最后访问日期：2017 年 10 月 20 日。

④ 《南海部署武器，东盟不安》，马尼拉公报中文网，http：//mbcn.com.ph/2017/02/22/菲外長：南海部署武器　東盟不安/，最后访问日期：2017 年 10 月 23 日。

“实质而有效的”谈判铺平道路。① 杜特尔特政府希望通过借助东盟框架机制敲定 COC 这一合理诉求，一定程度上达到团结东盟共同应对争端的目的，进而争取更多权益。

此外，杜特尔特政府在应对沙巴领土争端，以及国内禁毒、反恐等非传统安全问题上，也在寻求对多边机制的运用。杜特尔特已多次表达希望东盟支持其严厉打击毒品犯罪、恐怖主义活动等政策。② 杜特尔特甚至还表示愿意搁置菲马之间的沙巴领土争端问题，因为这有利于菲律宾与马来西亚及印度尼西亚三国达成海上安全合作协议，通过联合巡逻共同打击三国海域特别是棉兰老地区附近的恐怖主义活动，以及海盗、绑架等其他犯罪问题。③

通过上述梳理和归纳，我们可以发现杜特尔特政府在对待东盟的政策态度上展现出如下特点。一是主动性。在战略上，迅速提升与其他东盟国家间的合作关系，塑造菲律宾在东盟内部积极建设性的正面形象，争取各成员国支持；在策略上，积极借助东盟平台发声，利用担任东盟轮值主席国的有利时机主动作为，寻求改善外交环境。二是务实性。一方面，菲方认识到难以凭借域外力量有效维护自身安全利益，放弃在南海问题上裹胁东盟国家整体对抗中国的策略；另一方面，注重在经贸领域寻求突破，务实推动与东盟其他成员国的双边经济合作。三是谋略性。注重对多边机制的灵活运用，尤其体现在安全领域，更多地将自身的利益诉求包装在东盟国家的普遍安全关切中，更加合理、隐蔽地将类似南海议题引向多边，改变“以弱抗强”的劣势姿态。

简而言之，杜特尔特政府的东盟政策就是可以“挑头”，但不“当头”，更不当“冤大头”，将东盟及其机制框架的稳固视为自身确保发展、维护利益的重要前提和依托，以稳定周边环境、发展经贸关系作为优先方向，尽力避免在安全问题上受制于人。

---

① 《总统府：将推动设立南海行为准则》，马尼拉公报中文网，2017 年 10 月 23 日，http：//mbcn. com. ph/2017/11/17/總統府：將推動設立南海行為準則/。

② 《扫毒战，杜特地渴望东盟峰会支持》，马尼拉中文网，http：//mbcn. com. ph/2017/04/26/杜特地主持東協峰會 - 尋求國際挺毒品戰/，最后访问日期：2017 年 10 月 23 日。

③ 《菲律宾：杜特尔特总统或与马来西亚总理纳吉布谈南海》，环球网，http：//world. huanqiu. com/exclusive/2016 - 11/9657898. html，最后访问日期：2017 年 10 月 23 日。

二　对杜特尔特政府东盟政策形成的动因分析

外交是内政的延续。杜特尔特政府东盟政策优先考虑的是如何实现国内政治目标和利益诉求，也是其主动采取措施应对外部环境发展变化的结果，当中还折射出菲律宾对东盟政策更深层次的历史逻辑，在某种程度上体现出菲律宾对外政策在现实特殊性与历史必然性上的辩证统一。

（一）基于国内现实因素的考量

首先，迫切需要惠及民生。据经合组织（OECD）报告称，2011～2015年间，菲年平均GDP增长率为5.92%。然而，经济快速增长未能有效缓解贫困问题，2015年菲贫困率仅从2012年的27.9%降至26.3%。[①] 由此可见，菲律宾在阿基诺三世执政时期虽然在经济方面取得了不错的发展，但成果并未真正惠及百姓。正是在这种背景下，杜特尔特获得了菲律宾中下层民众的广泛支持。为回报选民的高期望，杜特尔特不仅需要继续保持GDP的较快增长，还要努力改善民生，提升民众对国家发展的亲身获得感。杜特尔特政府甚至表示，“这是核心工作，我们要设法让金字塔底层的民众翻身，把繁荣带给每一个人”。[②] 然而，如果民众的期望久不实现，就可能演变成失望甚至愤怒。菲部分劳工团体已经扬言，只再给杜特尔特一年时间兑现选举承诺，否则双方将化友为敌。[③] 因此，杜特尔特首先将注意力集中于风险相对较小、可以快速见效的东盟内部双边合作上，并将重点放在农业、基础设施建设等直接涉及民生的领域。

---

① 《OECD：菲律宾是全球对外资最限制的国家之一》，中华人民共和国商务部网站，http：//www.mofcom.gov.cn/article/i/jyjl/j/201605/20160501318161.shtml，最后访问日期：2017年10月20日。

② 《杜特地就任一年，经济发展见成效》，马尼拉公报中文网，http：//mbcn.com.ph/2017/06/28/杜特地上任一年　經濟發展見成效/，最后访问日期，2017年10月26日。

③ 《劳工领袖：只再给杜特地一年》，马尼拉公报中文网，http：//mbcn.com.ph/2017/05/02/非勞動節示威－警告只再給總統一年/，最后访问日期：2017年10月26日。

其次，缓解反对派持续的政治压力。杜特尔特执政后，菲国内各反对势力即开展了或明或暗的“倒杜运动”，从游行示威到暗杀行动，再从弹劾案到传闻中的军事政变，其中表现最活跃的就是以前执政党自由党为首的亲美派。据菲律宾民调机构“社会气象站”2017 年公布的民意调查结果显示，菲律宾人对美国的净信任度为 +59（信任人数比例超过不信任人数比例 59 个百分点），依然保持在较高水平。① 尽管短期内“倒杜”势力不足以对高人气的杜特尔特造成致命影响，但国内普遍的亲美情绪难免会对其执政造成掣肘。在这种情况下，积极参与东盟事务、高调筹划东盟活动，选择争议最小的东盟地区认同作为凝聚国内共识的有效手段，将菲律宾对外政策更多地依托于东盟主导的地区框架下，对杜特尔特来说就显得尤为重要。

再次，为国内施政长远考虑。客观地看，地方实干家出身的杜特尔特有政治理想，不甘心被视为一任异军突起的“黑马”总统，希望留下一定的政治遗产。杜特尔特执政以来推行了一系列政策，其改革重心还是放在内政问题上，特别是打击犯罪（尤其是毒品及贪腐）、国内平叛和解决贫困三个方面，南海问题并未被纳入最优先考虑范围。② 在打击犯罪问题上，杜特尔特一直饱受西方的“人权”批评，需要东盟的话语保护；在国内平叛问题上，宗教极端主义、恐怖主义等顽疾易受域外因素影响，且长期与领土主权争端等问题相互交织，需要与马来西亚、印度尼西亚等东盟成员国建立多边合作机制；在解决贫困问题上，作为菲律宾历史上首位来自南部地区的总统，杜特尔特看重利用东盟东部增长区（BIMP－EAGA）③ 等区域合作模式

① 《民调：菲律宾人对中国信任度上升》，中华人民共和国商务部网站，http：//www.mofcom.gov.cn/article/i/jyjl/j/201703/20170302527104.shtml，最后访问日期：2017 年 10 月 20 日。

② “The 2016 State of the Nation Address－Official Gazette of the Republic of the Philippines”，http：//www.gov.ph/2016/07/26/the－2016－state－of－the－nation－address/，最后访问日期：2017 年 10 月 20 日。

③ 东盟东部增长区是东盟内三个次区域合作之一，指包含马来西亚东部，印度尼西亚东部，菲律宾南部，以及文莱全部地区。东盟东部增长区所处区域，除文莱外，均为马、印尼、菲三国偏远和不发达地区。

帮助国内落后地区尤其是南部地区实现发展。[①] 这三个方面都不是短期能根本解决的，都需要得到东盟及其成员国的长期支持与配合。

（二）对外交策略的理性选择和运用

一是努力提升区域话语权。阿基诺三世执政时期，菲律宾假美国之威逼迫东盟国家在南海问题上选边站队，“试图借助东盟整体力量抗衡中国，导致菲律宾与东盟其他成员国之间的双边关系也变得脆弱”，[②] 菲律宾在东盟内部的影响力也随之下降。这一方面不利于菲律宾提高自身在东盟的政治地位，另一方面也证明菲律宾难以借助域外力量提升区域话语权，乃至主导东盟决策。在这种情况下，杜特尔特政府转向大多数东南亚国家的政策，同时与中美保持紧密联系，并“依托参与东盟地区事务，加强菲律宾在东盟合作当中的地位”。[③] 担任 2017 年东盟轮值主席国也为杜特尔特提升区域话语权提供了机遇。作为轮值主席，杜特尔特政府在东盟议程安排上拥有很大的主导空间，并有权发表“主席声明”。而菲律宾想要提升自身东盟地位，首先需要做的应是减轻东盟国家对菲引入域外力量打破本地区平衡乃至挑起对抗冲突的担忧。事实上，杜特尔特也是如此做的。在 2017 年 4 月及 11 月菲律宾主办的两次东盟领导人峰会上，杜特尔特均未直接提及南海争端相关议题，其联合声明中也都没有出现“对中国在南海的行为表示关切”这样的字眼，而是强调东盟与中国不断改善关系。[④] 毫无疑问，杜特尔特相对克制

① “January 24, 2017 – Speech of President Rodrigo Roa Duterte during the Association of Southeast Asian Nations (ASEAN) 2017 Business and Investment Program Launch – Presidential Communications Operations Office”, http: //pcoo. gov. ph/january – 24 – 2017 – speech – of – president – rodrigo – roa – duterte – during – the – association – of – southeast – asian – nations – asean – 2017 – business – and – investment – program – launch/，最后访问日期：2017 年 10 月 20 日。

② 邓云斐：《杜特尔特上台以来菲律宾政治经济政策的新变化》，《东南亚南亚研究》2016 年第 4 期，第 16 页。

③ 周永生：《杜特尔特的亚太战略与纵横之术》，《人民论坛·学术前沿》2017 年第 1 期，第 38 页。

④ 《有胆识有远见杜特尔特在东盟首脑峰会做出榜样》，东方头条网，http: //mini. eastday. com/a/170501200529111. html，最后访问日期：2017 年 10 月 20 日。

的立场不仅有助于恢复东盟国家对菲律宾专注于区域发展和稳定的信心，也为菲律宾在东盟共同体下一步进程中发挥更具建设性的作用打下良好基础。

二是试图规避国际政治风险。阿基诺三世执政时期，菲律宾实际上把安全和经济的鸡蛋都放在美国这一个篮子里：一方面，将发展菲美军事同盟关系作为其安全政策的基石，签署菲美《加强防务合作协议》，帮助美国实现亚太“再平衡”政策在东南亚的战略部署，而阿基诺也把自己与美国的利益捆绑在了一起；另一方面，不顾国内各方面尚不成熟的市场条件，将加入“跨太平洋经济合作协定”（TPP）视为未来促进菲经济发展的重要机遇和推动力，一味追求融入美国主导的亚太经济链条。显而易见，美国积极推动的亚太“再平衡”和 TPP 构成了阿基诺安全、经济政策的前提，但令人尴尬的是特朗普当选后的美国政府却几乎不再谈及这两项政策。杜特尔特在特朗普开始政策大转弯前即完成了菲律宾对外政策的调整，否则其很可能面临极大的经济、安全风险。杜特尔特政府意图摆脱对美国的过度依赖，采取一种多元平衡战略，尝试通过东盟主导的地区多边路径解决经济、安全问题。因此，杜特尔特政府积极推动 RCEP 和 COC 谈判工作。杜特尔特需要东盟为菲律宾自身发展提供机遇、创造良好的外部环境，也只有在东盟框架下，杜特尔特政府才有可能在争取利益的同时，尽可能将风险降至最低。

（三）政策背后折射出的历史逻辑

一是实现更高政治期望与担忧自身实力不足之间的历史矛盾心态。“每当菲律宾同另一个国家进行双边会商时，它总觉得自己同时也代表着东盟。这种做法有时会增加菲律宾人的力量……但是在另外一些时候，这种做法也可能是使菲律宾陷入窘迫处境的根源……”① 这段几十年前菲律宾人自己的

① 〔菲〕罗德尼·塔斯克：《东盟成员国对待东盟的态度：菲律宾》，蒋细定译，《南洋资料译丛》1978 年第 2 期，第 24 页。

话，非常精辟地点出了长久以来菲律宾历届政府在对待东盟政策问题上的矛盾心态。一方面，菲律宾在国内局势及国家实力上存在一系列问题，[①] 这对它在东盟内部争取更大话语权造成一定阻碍；但另一方面，菲律宾是东盟创始成员国，因此有理由希望在东盟自身发展及对外关系中发挥更大作用，争取更大利益。创建者的身份激发了菲律宾在东盟内部争取更大权利的渴望，但地区和国家现实又往往告诉自己应当避免采取任何激进的实际举措，这一历史矛盾心态显然也对杜特尔特政府东盟政策的形成产生了影响。因此杜特尔特才会强调，菲律宾需要在东盟扮演“重要领导角色”，[②] 并大张旗鼓高调宣扬东盟理念，但同时却将主要精力优先置于双边领域，而在更为关键的多边领域采取“量力而行”的态度，更多的是发挥“引领”而非“领导”作用。从某种程度上说，杜特尔特政府的东盟政策是试图在自身矛盾中寻求一种心理平衡。

二是把菲律宾对外政策置于东盟主导地区框架下的历史成功经验。从20世纪70年代中期起，菲律宾开始将东盟作为对外政策的优先选项之一。[③] 冷战结束后，美苏大国势力开始撤离东南亚，不仅仅是在经济领域，菲律宾在处理双边、多边，地区和全球事务时越来越多地依赖东盟，甚至“东盟的政策就是菲律宾的政策”。[④] 直至阿罗约上台，其明确提出菲律宾的对外决策应当越来越多地在东盟框架下进行。这也是在认识到“中国、日本和

---

① 在人口、经济总量和面积上，菲律宾分别位于东南亚各国的第二、第四和第六位，其综合实力基本位于东盟中游水平。菲律宾国内纷繁复杂的政治形势及由此时而引发的与邻国紧张关系，也进一步限制了它在东盟内部承担更大责任的努力和可能，如沙巴领土和南沙岛礁争端引发的国内民族主义问题，以及南部棉兰老岛叛乱引发的国内分离主义和恐怖主义问题。

② “Jan. 15, 2017 - Speech of President Rodrigo Roa Duterte during the Launching of the Philippines' Chairmanship of ASEAN 2017 - Presidential Communications Operations Office,” http://pcoo.gov.ph/jan-15-2017-speech-of-president-rodrigo-roa-duterte-during-the-launching-of-the-philippines-chairmanship-of-asean-2017/，最后访问日期：2017年10月20日。

③ 金应熙：《菲律宾史》，河南大学出版社，1990，第790页。

④ 曹云华：《探究亚太新秩序》，世界知识出版社，2002，第122页。

美国之间的关系对东亚的安全形势及经济变革有决定性的影响”后[①]，菲律宾政府为避免再次成为大国附庸做出的最佳选择。伴随着东盟的不断发展壮大，菲律宾越来越发现东盟框架下的地区安排对确保自身利益较为有利。菲律宾不仅可以从地区合作中获得实实在在的好处，更有机会借助东盟框架进行最有效的权益伸张，南海问题尤其如此。2002 年，在东盟 +1 框架下，中国与包括菲律宾在内的东盟各国共同发表了《南海各方行为宣言》，有效避免了各方矛盾冲突激化。但阿基诺三世执政后的菲律宾政府显然不满足于在东盟框架下获取的利益，在美国支持下挑起所谓“南海国际仲裁案”，不仅破坏了东盟的内部团结，其原本占有的利益也难以得到维护。最明显的例证就是，提起仲裁案后的很长一段时间，菲律宾渔民都难以再到黄岩岛周边海域捕鱼。[②] 务实的杜特尔特政府显然也意识到了这一点，才会依托东盟开展大国外交，才会力促东盟将达成具有法律约束力的“南海行为准则”（COC）。从一定程度上说，杜特尔特政府将东盟政策作为其对外政策的关键环节亦可视为对菲律宾传统对外政策的某种回归。

三　杜特尔特政府东盟政策的地区影响及未来走向

当前，杜特尔特政府的东盟政策已经或正在对地区形势产生影响，其下一步发展也将持续受到内外因素的作用。

（一）需审慎看待杜特尔特政府东盟政策的地区影响

第一，有助于东盟继续推动自身区域一体化进程。毫无疑问，杜特尔特政府改变前任片面追随域外大国的做法，重新将自身利益优先置于

① 〔菲〕卫世和：《菲律宾的外交政策及其与中国和东盟的关系》，王会平译，《当代亚太》2002 年第 5 期，第 3 页。

② “China Ships Still at Disputed shoal, Fishermen Back,” ABS – CBNNEWS, http://news.abs – cbn.com/news/10/30/16/china – ships – still – at – disputed – shoal – fishermen – back，最后访问日期：2017 年 10 月 20 日。

东盟地区框架下进行考量，势必会对东盟共同体建设产生积极影响。在经济方面，杜特尔特政府务实地从域内双边合作着手，密切与东盟各成员国的关系，为下一步推动东盟加强自身内部多边合作，乃至达成更大范围的区域全面经济伙伴关系创造了更多有利条件。在安全方面，特别是在应对南沙岛礁及沙巴主权争端问题上，首先选择多边合作模式缓和局势、化解矛盾，发挥了一定示范作用，为克服一些长久以来困扰东盟深化安全合作的顽疾开了一个好头。在文化认同方面，杜特尔特公开号召所有菲律宾人都“积极且富有建设性地”参与到菲律宾与东盟关系的发展进程中来①，其对东盟理念的高调宣扬也将进一步增强菲律宾民众的东盟身份认同。

第二，对中国短期有利，长期仍待观察。杜特尔特政府的东盟政策有助于东盟保持团结，进而有助于东盟继续维护其主导的东亚地区多边经济与安全合作模式。在当前新的东亚力量格局尚未完全形成的背景下，这显然对中国有利。短期来看，避免了地区矛盾过早激化，有利于中国灵活运用多边机制维护自身合法权益；长期来看，有利于防止域外力量直接介入地区矛盾，乃至破坏中国和平发展的良好周边局面。南海问题是中国和南海周边相关国家间的双边问题，这是中方一贯坚持的立场。杜特尔特积极且“柔性”的东盟政策很可能导致未来东盟越来越多地主动寻求作为一个利益攸关的整体与中方谈判解决南海问题。杜特尔特政府虽采取措施缓和了南海紧张局势，但也多次呼吁东盟应团结一致应对南海问题。菲国防部长洛伦扎纳就曾表示，“在超强大国加强对本地区影响力的背景下，东盟团结统一至关重要”，希望东盟保持团结并建立解决南海争端的机制。② 事实上，杜特尔特的“柔

① “Jan. 15, 2017 - Speech of President Rodrigo Roa Duterte during the Launching of the Philippines’ Chairmanship of ASEAN 2017 - Presidential Communications Operations Office,” http://pcoo.gov.ph/jan-15-2017-speech-of-president-rodrigo-roa-duterte-during-the-launching-of-the-philippines-chairmanship-of-asean-2017/，最后访问日期：2017年10月20日。

② 《菲律宾希望保持东盟团结》，越南通讯社网，http://zh.vietnamplus.vn/菲律宾希望东盟各国保持团结/60976.vnp，最后访问日期：2017年11月5日。

性”政策已取得了一定进展。2017 年 8 月 5 日，在菲律宾马尼拉召开的第 50 届东盟外长会正式通过了“南海行为准则”框架文件。[①] 自此，在阿基诺三世执政时期久拖不决的 COC 问题终于实现了一次实质性的突破。杜特尔特政府可以利用东盟国家的普遍安全关切，更合理地借助多边渠道向中方施压。

（二）杜特尔特政府东盟政策的未来走向仍存在不确定性

杜特尔特政府的东盟政策最主要还是基于国内客观情况进行考量的结果，是菲确保当前自身最优先利益（经济发展、安全稳定）的一种现实选择，短期内不太可能发生大的变化。杜特尔特政府东盟政策的未来走向主要受如下两个方面因素的影响。

一是国内形势变化。如上所述，国内因素是杜特尔特政府制定东盟政策的最主要依据。一旦菲国内政治、经济或安全形势出现严重恶化乃至重大危机，其东盟政策必将受到直接影响。从目前看，这并非完全没有可能。政治方面，受限于杜特尔特获得的持续高民意支持，短期内菲反对派的各种“倒杜”运动还难以掀起大的风浪，但杜特尔特对菲军方的掌控是否牢固一直受到外界怀疑。牢固的军队控制权是杜特尔特政权稳固的根本保证，然而其国内改革尤其是禁毒和反贪运动确实损害到一部分军队实权派的既得利益，这是导致军事政变传闻不绝于耳的重要原因。如果杜特尔特的执政地位受到威胁，其很难继续在东盟政策上采取积极主动的姿态。经济方面，菲整体经济形势虽持续向好，但主要得益于外劳汇款增加带动的私人消费旺盛、基础设施投资加速、外国投资增长等刺激因素，经济发展仍缺乏内生性动力，稳定性不足，且与东盟内部发展的关联性并不十分密切。如形势变化，杜特尔特不能满足民众改善民生的期望，其显然也难以继续寄望东盟。安全方面，2017 年 5 月以来，菲国内特别是南部

① “Asean Ministers Endorse Framework for S. China Sea ‘Code of Conduct’,” *Inquirer Net*, http://globalnation.inquirer.net/159348/asean-ministers-endorse-framework-for-s-china-sea-code-of-conduct，最后访问日期：2017 年 11 月 5 日。

地区的安全形势出现恶化，激进穆斯林武装组织不时在棉兰老地区与政府军展开交火。国内反恐形势如持续恶化，必然会牵扯杜特尔特政府大量精力，也将消耗其对依托东盟解决安全问题的热情。事实上，杜特尔特已经以“国内事务繁忙”为由缺席了 2018 年 3 月首次在澳大利亚举办的东盟 – 澳大利亚特别峰会。[①] 尽管杜特尔特缺席可能是担心在峰会上受到来自西方国家对其国内政策侵犯人权的批评，但这也从侧面反映出国内因素对其参与东盟事务的影响程度之大。

二是美国因素。从建国初期外交接受前宗主国美国的全面掌控，到冷战时期甘当美国积极反共的“棕色皮肤小兄弟”[②]，再到前些年阿基诺三世执政时期为配合美国的亚太“再平衡”而不遗余力，菲律宾对外政策中的美国色彩不仅起自两国间不对等的同盟关系现实，更源自美国对菲律宾进行全面渗透的殖民历史。而菲律宾对待这种影响的态度既有被动的一面，也有主动的一面。菲律宾前总统麦格赛赛曾说：“美菲之间的经济联系及长期以来的团结一致与我们热切期望在亚洲成为一个地理与文化相近，并致力于本地区共同繁荣的友好邻国之间，没有不相容之处”。[③] 这反映了菲律宾对待美菲关系的复杂心态，既强调自己的亚洲属性和外交独立性，又认为美菲之间的特殊关系对抬高自身在东盟乃至亚洲的政治地位有利。如今，美国依然可能成为影响菲律宾东盟政策的主要域外力量。目前来看，特朗普政府的东南亚政策仍不明朗，菲律宾在其亚太战略中的位置仍待观察。虽然杜特尔特政府心甘情愿继续当美国在东盟利益“代言人”的可能性不大，但其扮演东盟与美国关系“协调人”，利用美国提升政治地位的主观期望仍可能存在。杜特尔特曾表示，“特朗普并未以人权为理由批评我的反毒措施”，以此解释了特朗普与奥巴马的不同，并宣称“我能与任何人成为朋友，尤其是一

---

① 《非总统杜特尔特将缺席东盟 – 澳大利亚峰会》，中新网，http：//www. hkcna. hk/content/2018/0306/659476. shtml，最后访问日期：2018 年 3 月 18 日。

② Jürgen Haacke, *ASEAN'S Diplomatic and Security Culture – Origins, Development and Prospects*, London and New York: Routledge Curzon, 2003, p. 36.

③ Russel H. Fifield, *The Diplomacy of Southeast Asia* 1945 – 1958, New York: Harper & Brothers Publishers, 1958, p. 86.

国的领导人”。[①] 杜特尔特政府对美不满的关键实际上主要源自美方对其国内问题的指责和介入。一旦菲美在这些问题上达成妥协，再加上菲律宾国内反恐问题还离不开美国的帮助[②]，美国对杜特尔特政府外交决策的影响力就会得到一定恢复，其中当然也包括对其东盟政策的影响。

与对各大国政策相比，杜特尔特在对东盟政策上可以得到的自主权利更多，发挥余地也更大。东盟政策构成杜特尔特政府对外政策的关键一环。未来，该政策的发展变化仍值得我们进一步观察。

---

① 《杜特尔特：我能与任何人成为朋友》，环球网，http://world.huanqiu.com/exclusive/2016-11/9692223.html，最后访问日期：2017年10月20日。

② 《菲驻美大使：盼深化与美合作反恐》，马尼拉公报中文网，http://mbcn.com.ph/2017/12/22/菲駐美大使：盼深化與美合作反恐/，最后访问日期：2018年3月18日。

B.6

菲美关系：跌宕起伏[*]

陈麒安[**]

摘　要： 菲律宾杜特尔特总统上任之初，因为在国内大力扫荡毒品而引发人权争议，使得菲美两国领导人的互动一时陷入僵局。但是菲律宾仍然没有断绝与美国的同盟关系。在美国特朗普总统上任以后，由于其本身即以“反建制”的政策诉求获得民意支持，2017 年底更开始将中国视为主要挑战者，决策风格又与杜特尔特相似，这反使美国暂时忽略菲律宾国内的人权争议。

关键词： 菲律宾 - 美国关系　菲律宾 - 中国关系　菲律宾扫毒行动

杜特尔特 2016 年 6 月 30 日宣誓就职后，“南海仲裁案”的结果也随即于 7 月 12 日揭晓。原本外界认为包括菲律宾在内的其他东南亚国家将会凭借此仲裁案，在争取相关岛屿归属权的外交场上对中国采取更为强硬的态度，或至少设法疏远中国。菲律宾国立大学巴维耶拉（Aileen Baviera）分析指出，前任总统阿基诺三世（Benigno Aquino Ⅲ）追求的是积极主动的外交政策，特别强调要促进菲律宾在南海地区的海洋利益与主权权利。阿基诺三世除了留下法律上的策略，还透过 2014 年与美国签署“强化防卫合作协

* 本文系2018年度国家社科基金重大项目（项目编号：18VHQ009）的阶段性研究成果。

** 陈麒安，博士，中山大学国际关系学院副研究员，主要研究领域：联盟理论、美国外交政策、欧洲安全。

议”（Enhanced Defense Cooperation Agreement，EDCA），让美军得以在菲律宾循环驻军。杜特尔特上任以后所面临的主要外交政策挑战就是如何处理与对中国和美国的关系。[①] 菲律宾与美国在 2014 年签署“强化防卫合作协议”，同意美国在当地的军事基地兴建设施供两国部队使用，当时就有学者指出，由于该协议并未明确说明当菲律宾与中国在南海发生冲突时，美国需要协助菲律宾，这不但对菲律宾的安全帮助很小，还可能会激起中美两国的敌对态势。根据美方资料显示，美国前国务卿基辛格（Henry Kissinger）曾清楚表示，菲律宾在南沙岛屿上的驻防部队是否在“美菲共同防御条约”（U. S. –Philippine Mutual Defense Treaty，MDT）的涵盖范围之内，其实是非常有争议的。在紧急状态下，美方只能提供“有益的政治动作”（helpful political actions）。因此，虽然美国借由在若干低潮高地周边的 12 海里范围内“自由航行”（Freedom of Navigation，FON），以此方式来挑战中国的主张，但是奥巴马（Barack Hussein Obama）政府对于南海周边国家的主权争议，基本上还是采取了中立政策，并未采取法律途径，认可某国对南沙岛礁的声索权胜于其他国家。[②]

事实上，早在仲裁案结果揭晓之前，菲律宾外交部长亚赛于 7 月 8 日接受法新社采访时便表示，杜特尔特政府希望在判决结果出炉后直接和中国对话，商讨有关菲律宾在专属经济区海域的天然气与渔场议题，且不排除双方共同开发海域，或思考如何在主权声索重叠的海域内利用资源，共同追求利益。[③] 2016 年 9 月 8 日于老挝万象举行的“东亚高峰会”（East Asia Summit）上，杜特尔特总统不但没有提及南海问题，反而直接点名美国，细数其过去种种行径，以作为自己在国内大力扫毒而引发人

---

① Aileen Baviera, “President Duterte's Foreign Policy Challenges,” *Contemporary Southeast Asia: A Journal of International and Strategic Affairs*, Vol. 38, No. 2, Aug. 2016, pp. 202 –208.

② Richard Javad Heydarian, “Why the New US – Philippine Defense Pact Could Be a Double – Edged Sword,” January 27, 2016, http://thediplomat.com/2016/01/why – the – new – us – philippine – defense – pact – could – be – a – double – edged – sword，最后访问日期：2018 年 12 月 7 日。

③ 德国之声：《菲外长：即使赢得南海仲裁，也愿意与中国分享南海资源》，http://www.cw.com.tw/article/article.action? id =5077294，最后访问日期：2018 年 12 月 7 日。

权争议的有力反驳[①]，这使美国与菲律宾的关系一度降至冰点。在特朗普于2017年1月20日上任以后，美菲两国总统因其鲜明的个性与言辞风格，为双边关系带来了不同的变化。

一　杜特尔特上任初期的美菲关系

由于美国奥巴马总统曾经批评菲律宾在国内反毒行动中，强势的扫荡作风造成若干冤假错案和不必要的人员伤亡，有侵害人权的疑虑，引发杜特尔特总统不满。尽管隔日菲律宾总统府发言人阿贝拉（Ernesto Abella）代表杜特尔特向奥巴马致歉，但是美方仍然取消了原定在老挝举行的两国总统会面。[②]

杜特尔特非但没有在“南海仲裁案”后靠向美国，反倒设法改善对华关系。杜特尔特于2016年9月初在马尼拉向军方官员演讲时，先是透露有两个国家同意为菲律宾提供25年期低息贷款用于向该国购买军事装备。稍后杜特尔特又表示，将指派国防部长洛伦扎纳等人前往俄罗斯与中国进一步了解情况。杜特尔特认为，由于菲律宾当前的首要目标是对付棉兰老岛（Mindanao）的叛军和恐怖分子，所以螺旋桨飞机可能还比较适用。“菲律宾不需要像F－16这种喷射机，对我们根本没有用处，我们不想要跟任何国家打仗。”此外，杜特尔特还强调，菲律宾不会参与美国主导的南海巡逻任务，以免卷入“敌对行为”。他特别指出：“我只想要巡逻我们的领海。”[③] 菲律宾当地媒体也分析指出，杜特尔特这种拒绝参与美国联合

① 《菲总统东亚峰会未提南海就人权问题“打脸”美国》，腾讯新闻，2016年9月10日，http：//news. qq. com/a/20160910/003880. htm，最后访问日期：2018年12月7日。

② “Duterte Tells Obama ‘Son of a Whore’ Remark Wasn't Personal，” https：//www. theguardian. com/world/2016/sep/06/son－of－a－whore－was－not－meant－to－be－personal－duterte－tells－obama，最后访问日期：2018年12月7日。

③ Norman P. Aquino and Andreo Calonzo，“Duterte Seeks Arms from China，Ends Joint Patrols with U. S.，” September 13，2016，http：//www. bloomberg. com/news/articles/2016－09－13/duterte－courts－china－for－weapons－ends－joint－patrols－with－u－s，最后访问日期：2018年12月7日。

巡逻南海的立场，明显违背了2016年4月间美菲两国参谋总长所达成的协议。杜特尔特于9月12日还指责美国应该要为引发菲律宾南部的穆斯林动乱负责，并反对美军驻留当地。美国白宫发言人厄尼斯特（Josh Earnest）回应表示，目前尚未收到菲国希望美军移出的正式要求，而杜特尔特只不过是“评论的夸张了点”（colorful comments）。[①] 菲律宾外交部长亚赛于9月15日出席美国智库战略与国际研究中心（Center for Strategic and International Studies）会议演讲时，特别帮杜特尔特总统缓颊，强调菲律宾仍然希望维持两国的同盟关系。而当被问及美国对菲律宾扫毒行动涉及的人权问题时，亚赛则表示，希望美国能够理解菲律宾有自身的目标，而不是提出一堆做不到的要求，还把菲律宾视为殖民时期的那个“棕色小弟”。[②]

外交部长亚赛10月6日针对菲律宾的政策转向提出说明时表示，杜特尔特总统要走外交自主路线，不再做美国利益的马前卒。据新加坡《联合早报》10月7日报道，菲律宾外交部在10月6日发布的声明中指出：“美国以隐形枷锁牵制着我们，使我们继续依赖和顺从他们，我们无法获得真正的独立和自由……我们必须挣脱束缚性的依赖，以便有效地应对国内外安全威胁，这样才能使我们的国家无须再千依百顺地以美国利益为先。”亚赛说，菲律宾将从以往与美国交往中所犯下的错误吸取教训，同时与中国等国家建立更广泛的联系。他还强调绝不容许任何国家欺负菲律宾，也不会“让他们以威迫利诱的手段与我们打交道”。[③]

由于杜特尔特多次抨击美国以人权为借口批评菲律宾政府在国内推动的

---

① Jim Gomez, “Duterte Rejects Joint Patrols, Eyes China Weapons,” September 14, 2016, http://www.philstar.com/headlines/2016/09/14/1623716/duterte-rejects-joint-patrols-eyes-china-weapons，最后访问日期：2018年12月7日。

② Prashanth Parameswaran, “Philippines No Longer US ‘Little Brown Brother’: Yasay,” September 16, 2016, http://thediplomat.com/2016/09/philippines-no-longer-us-little-brown-brother-yasay，最后访问日期：2018年12月7日。

③《菲律宾外长：总统争取外交独立，因为“美国的表现令人失望”》，澎湃新闻，2016年10月7日，https://www.thepaper.cn/newsDetail_forward_1539242，最后访问日期：2018年12月7日。

扫毒行动，美国驻菲律宾大使馆发言人科斯席纳（Molly Koscina）于2016年12月15日表示，基于杜特尔特上任以后在法治及公民自由方面的“重大疑虑”，美国将不再提供菲律宾在“千年挑战集团”（The Millennium Challenge Corporation，MCC）项目下的一笔大额援助。该项援助计划是美国为了促进全球经济增长，协助民众脱离贫困生活而于2004年1月设立的。菲律宾在上一次为期5年（2011～2016年）的计划中，获得了4.339亿美元的援助，用于推动税务改革、扶贫以及基础建设，该项计划正好于2016年5月到期。[①] 根据“千年挑战集团”官方网站上的说明，只有“承诺要发展良善治理、经济自由，并投资自己人民”的国家，才符合遴选资格。[②] 因为杜特尔特在国内强势扫毒而引发的人权法治争议，使得美菲双边互动关系陷入紧绷的局面。

虽然杜特尔特调整菲律宾亲美的外交政策，但其实用主义的外交思维以及菲律宾国内亲美派的强大影响，使得菲律宾在南海问题上短时间内难以脱离美国影响，菲美之间的联合军事演习不会停止，菲律宾政府借助美国在南海问题上对中国施压的心理及行为难以改变。

二　菲美关系的僵局与改善

2016年12月的美国总统大选由特朗普胜出时，杜特尔特曾致贺电。在特朗普尚未就任前，就有美国学者认为，特朗普和杜特尔特都以急躁又非传统的言辞而出名，他们可能会改变两国的现况。就连杜特尔特自己都表示两人非常相似。这种“先斩后奏”（speak first，ask questions later）的本性也会增加双边关系的变数。亚洲协会政策研究所（Asia Society Policy Institute，ASPI）亚洲安全部门主任福特表示，虽然杜特尔特曾经主张，希望美军在

---

① 初晓慧：《美称菲人权法治引疑虑不再提供大额援助》，环球网，http：//world.huanqiu.com/exclusive/2016－12/9817639.html，最后访问日期：2018年12月7日。

② “About MCC,” *The Millennium Challenge Corporation*, https：//www.mcc.gov/about，最后访问日期：2018年12月7日。

两年内离开菲律宾，但是后来他也表示，这不代表菲律宾要放弃履行“美菲相互防御协定”与2014年“强化防卫合作协议”中的义务。这意味着他追求的是外交政策上的独立自主，而这种转向亚洲的目标并不表示一定会和美国的防御协定有所冲突。在经济层面来说，菲律宾的“商业流程外包”（business process outsourcing，BPO）产业发达，每年带来大约220亿美元的收益，其中的70%～80%来自美国。如果特朗普上任以后，采取了他在竞选期间所主张的保护主义和孤立主义观点，就会对菲律宾产生很大的冲击。①

特朗普2017年1月20日就职以后，菲美关系进入了新阶段。先前杜特尔特还曾经表示，东盟国家很担心美国与朝鲜的紧张关系会引发冲突，使得亚洲成为核战争的受害者，因而希望美国能对朝鲜采取较为克制的作为。杜特尔特告诉记者，他会敦促美国特朗普总统，确保不会在朝鲜的威胁下爆发战争，否则亚洲会吃尽苦头。2017年4月底，在菲律宾主办的2017年东盟会议闭幕式结束后，特朗普就联系了杜特尔特，邀请他前往美国访问。根据美国白宫的说法，由于特朗普预计要在11月份前往菲律宾参加“东亚高峰会”和“美国－东盟高峰会”，两人在电话中讨论了东盟国家关切的区域安全议题，当然也包括了朝鲜的威胁。特朗普也邀请杜特尔特前往美国白宫商讨菲美同盟的实质内容，而两国关系目前“正朝着非常正面积极的方向迈进”。菲律宾总统府发言人阿贝拉（Ernesto Abella）不但证实了特朗普的邀约，还表示两国总统同时也论及了即将在11月举办的“东亚高峰会”所要讨论的区域地缘政治议题，特别是朝鲜的情势发展。之前杜特尔特还批评美国奥巴马总统并不具有道德上的优越地位来指责菲律宾的人权问题，尤其是美国对于中东地区的恶行，以及对非洲裔美国人和回教徒的歧视，但是现在杜特尔特却表示，因为特朗普跟他一样都有着言辞坦率又有煽动性的特性，

① Lindsey Ford, “How Will Trump and Duterte Change the U. S. – Philippines Relationship?”, January 13, 2017, https://asiasociety.org/blog/asia/how-will-trump-and-duterte-change-us-philippines-relationship，最后访问日期：2018年12月7日。

所以相信两人可以相处愉快。①

2017 年 11 月初，特朗普出访日本、韩国、中国、越南、菲律宾等亚洲五国，并于 11 月 12 日抵达菲律宾，出席庆祝东盟成立 50 周年纪念活动。此行却引发了菲律宾的民众示威抗议。促进人民权益联盟（Karapatan）副秘书长克拉莫（Jigs Clamor）表示，美国拨款 900 万美元给菲律宾支持“警察训练和基础设施发展”，现在这些经费都被用于资助杜特尔特政府的反毒战争。2018 年美国还打算提供 1 亿多美元的军事援助，其中就有 700 万美元会被用在扫荡毒品行动上。其他人权倡议者也希望特朗普可以关切包括罗兴亚人和杜特尔特扫毒行动在内的亚洲人权危机。联合国人权委员会高级专员办公室法外处决或任意处决问题特别报告员卡拉马德（Agnes Callamard）就表示，特朗普其实可以运用他的地位设下“道德标准”（Moral Benchmark）。②

根据媒体引述的菲律宾政府统计资料显示，从 2016 年 7 月至 2017 年 10 月 25 日期间，就有 3967 名毒贩死于扫毒行动中，另外有 2290 人则是死于与毒品相关的犯罪案件。菲律宾国内外的批评声浪认为，杜特尔特是透过贪腐的警察部门和受雇的自卫队员来推动大规模法外处决（Extrajudicial Killings）的扫毒任务。关于杜特尔特和特朗普的会面，菲律宾总统府发言人罗奎（Harry Roque）则表示，两人谈话气氛十分热烈友好，“显然地，两位总统都认为，有一个人不是他们最好的朋友。他们对于前任美国总统奥巴马有同样的感觉”。由于杜特尔特直率的脾气和反建制作风，获得了民众支持，被外界称为“亚洲特朗普”。事实上，特朗普此次访问菲律宾并没有公开指责杜特尔特扫毒所引发的人权争议，先前还曾经称赞杜特尔特在处理毒

① Alexis Romero, “Trump Invites Rody to White House,” May 1, 2017, https://www.philstar.com/headlines/2017/05/01/1690049/trump-invites-rody-white-house，最后访问日期：2018 年 12 月 7 日。

② Ana P. Santos, “Thriller in Manila: Trouble as Donald Trump Meets ‘Trump of the East’,” November 11, 2017, https://www.dw.com/en/thriller-in-manila-trouble-as-donald-trump-meets-trump-of-the-east/a-41330517，最后访问日期：2018 年 12 月 7 日。

品问题方面十分尽力。[①] 特朗普总统也告诉媒体记者，他和杜特尔特有着非常好的关系。美国白宫发言人桑德斯（Sarah Sanders）表示，两国总统此次会面在讨论到菲律宾对抗非法毒品的议题时，有稍微提到人权情况，也谈到对抗“伊斯兰国”（Islamic State，IS）恐怖组织和麻醉药品问题。但是根据杜特尔特发言人罗奎的说法，双方在 40 分钟的会晤过程中，并没有提到人权议题。此外，杜特尔特还向特朗普解释了菲律宾的反毒政策，特朗普似乎还很欣赏杜特尔特做出的努力。[②]

有学者分析指出，在杜特尔特正式就职以后，菲律宾与中国开始直接沟通意见，改善了双边关系。同时杜特尔特还表现出“反美主义”倾向。由于美国奥巴马政府多次指责杜特尔特扫荡毒品的手段违反人权，使其对于美国干预菲律宾内政和主权事务的做法极为反感，更曾公开斥责奥巴马，使菲美关系一时陷入低潮。特朗普上台以后，菲美关系出现新的变化，两国总统不但互通电话还会面交流，改善了双边关系。美国新任驻菲律宾大使更专程拜会杜特尔特，强调要强化两国之间的“友谊和同盟关系”。因此，菲美同盟关系应该不会硬着陆，仍然有进步和调整的空间。[③]

三　菲美关系的合作深化

事实上，美国之所以对于杜特尔特在国内的扫毒行动不表示意见，是因为考虑到可以拉拢菲律宾来提防中国。特朗普政府在 2017 年底出台了《国家安全战略报告》（National Security Strategy），将中国和俄罗斯视为“改变

---

① Oliver Holmes, “Trump Hails ‘Great Relationship’ with Philippines' Duterte,” Nov. 13, 2017, https：//www. theguardian. com/us – news/2017/nov/13/trump – hails – great – relationship – with – philippines – duterte，最后访问日期：2018 年 12 月 7 日。

② “Donald Trump Meets Philippine President Duterte as ASEAN Summit Kicks Off in Manila,” November 13, 2017, https：//www. dw. com/en/donald – trump – meets – philippine – president – duterte – as – asean – summit – kicks – off – in – manila/a – 41351485，最后访问日期：2018 年 12 月 7 日。

③ 蒲利民、侯典芹：《美国东亚地缘战略与美 – 菲同盟关系》，《世界地理研究》2017 年第 26 卷第 5 期，第 19 页。

现状强权”（revisionist powers）和“战略竞争者”（strategic competitor）。①2018 年 1 月 19 日，美国国防部又出台了《国防战略报告》（National Defense Strategy），该报告指出美国国家安全首要的忧患来自国家之间的战略竞争，而非恐怖主义。该报告特别强调，这种再次出现的长期战略竞争关系是影响美国繁荣和安全的主要挑战。② 因此，拉拢菲律宾并改善两国同盟关系便成了特朗普对杜特尔特主要的期待。

美国国务院主管国际缉毒与执法事务的副助理国务卿沃尔什（James Walsh）在 2018 年 1 月 31 日表示，他对于菲律宾是否能消除非法毒品问题抱持“谨慎乐观”的态度，根据多方资料显示，在菲律宾发生的法外处决情况已经有所改善，这正是美国所乐见的。只要菲国采取的是合法的行动，美国就会支持。菲律宾政府的资料显示，自从杜特尔特 2016 年 7 月上任以来，已经有将近 4000 人在警方的突击枪战中被击毙，但是人权团体认为实际数字应该还要更高。菲律宾总统府发言人罗奎回应表示，在扫毒行动中，并没有发生法外处决的情况，同时也对美国越来越肯定菲国扫毒的成效所提出的意见表示欢迎。他强调，菲律宾政府所作的各种努力，既尊重了人权，也了解到要保护人民生活在和平与安全环境中的义务。③

菲律宾大学法律与国际海洋事务学系教授巴通巴卡尔（Jay Batongbacal,）认为，杜特尔特改善对美关系，美国也有善意回应，可以说在某种程度上两国关系已经趋向稳定。曾经多次向杜特尔特政府抗议扫毒行动造成伤亡的菲

① “National Security Strategy of the United States of America,” https://www.whitehouse.gov/wp-content/uploads/2017/12/NSS-Final-12-18-2017-0905.pdf，最后访问日期：2018 年 12 月 7 日。

② “Summary of the 2018 National Defense Strategy of The United States of America,” https://dod.defense.gov/Portals/1/Documents/pubs/2018-National-Defense-Strategy-Summary.pdf，最后访问日期：2018 年 12 月 7 日。

③ Manuel Mogato, “Fewer Killings in Philippine Drug War Make US ‘Cautiously Optimistic’ - Official,” Jan 31, 2018, https://www.channelnewsasia.com/news/asia/fewer-killings-in-philippine-drug-war-make-us-cautiously-optimistic-official-9913678，最后访问日期：2018 年 12 月 7 日。

律宾左翼组织“新爱国联盟”（Bagong Alyansang Makabayan，BAYAN）秘书长雷耶斯（Renato Reyes）也表示，在美国副助理国务卿沃尔什发表声明后，美国确实改变了对菲律宾的态度，两国关系更加友好。美国国防部先前在2017年9月规划了“太平洋之鹰计划——菲律宾”（Operation Pacific Eagle - Philippines）以支持菲国对付伊斯兰国和其他恐怖组织的分支驻点，尤其是在菲律宾南部的棉兰老岛。[①] 美国驻菲律宾大使馆也提供了35.8万美元的经费，资助棉兰老岛的37项社会福利计划。菲美两国仍然每年进行海上联合演习，只是最近的演习避开了中菲两国有争议的海域。美国在菲律宾现有的外国直接投资中，就占了45.8亿美元，美国也提供了340万名菲律宾人海外工作的机会。对此，特朗普当然希望能制止菲律宾继续靠向中国，但是如果美国表现出一副盛气凌人或自以为优越的高傲态度，那就不会产生效果。[②]

2018年2月，美国情报部门发表“全球威胁评估报告”（Worldwide Threat Assessment of the US Intelligence Community）表示，由于许多东南亚国家仍然有专制独裁倾向，贪腐猖獗而重用亲信风气盛行，这些都严重侵害了民主与人权。该报告还提及菲律宾杜特尔特总统曾经表示要暂时中止宪法，并在全国实施戒严。先前杜特尔特总统为了因应情势而在棉兰老岛实施的戒严令，已经延长到2018年底。[③] 此报告发布后，引发菲律宾政府不满。菲

---

① Elliott Gabriel, “Operation Pacific Eagle in the Philippines: Washington's New Colonial War,” February 9, 2018, https://www.mintpressnews.com/operation - pacific - eagle - in - the - philippines - washingtons - new - colonial - war/237281，最后访问日期：2018年12月7日；关于“太平洋之鹰计划 - 菲律宾”的介绍，可参见“Overseas Contingency Operations: Operation Inherent Resolve and Operation Pacific Eagle - Philippines,” October 1, 2017 · December 31, 2017, https://media.defense.gov/2018/Feb/02/2001872555/ - 1/ - 1/1/FY2018_ LIG_ OCO_ OIR_ Q1_ 12222017_ 2.PDF，最后访问日期：2018年12月7日。

② Ralph Jennings, “Turnaround Seen for US - Philippine Ties: China Wary,” February 2, 2018, https://www.voanews.com/a/turnaround - us - philippines/4235941.html，最后访问日期：2018年12月7日。

③ Daniel R. Coats, “Worldwide Threat Assessment of the US Intelligence Community,” February 13, 2018, https://www.dni.gov/files/documents/Newsroom/Testimonies/2018 - ATA - - - Unclassified - SSCI.pdf，最后访问日期：2018年12月7日。

律宾总统府发言人罗奎表示，杜特尔特总统并不是独裁者，也没有独裁倾向。由于此份报告是由情报部门所提供，而非来自国务院系统。媒体分析指出，自从特朗普上任后，就跟美国情报单位不和，甚至还将美国联邦调查局与中央情报局的官员称为骗子与泄密者。[①] 因此，一般认为该份报告应该不会对菲美关系的发展有明显影响。

杜特尔特在改善对美国关系的同时，也不放松与中国的友好互动。4 月 9 日，杜特尔特总统来华参加博鳌亚洲论坛 2018 年年会。菲律宾驻中国大使罗马纳（Chito Sta. Romana）表示，由于中菲双方仍然在针对石油和天然气的探勘工作讨论细节，两国都有不同的考虑因素，所以此次会面还不会签署联合勘探协议。菲律宾劳工部部长贝洛三世（Silvestre Bello Ⅲ）也向媒体透露，中菲两国将会针对派遣 10 万名菲律宾教师到中国授课的事项达成协议。贝洛三世此前曾表示，中国需要 10 万名英语教师，但是目前比较大的争议在于，“中国政府要求，由中方来认证以后向这些教师颁发证书的学校，而菲方则坚持认为，应该由菲律宾选择这些学校”。[②] 杜特尔特总统在登机前还特别告诉媒体：“我很喜欢习主席。他能够理解我的问题，并愿意帮忙。我想对中国说声谢谢。”根据菲律宾 ABS - CBN 电视台 9 日报道，杜特尔特在启程前举行的记者会上表示：“中国在（菲律宾的）‘大建特建’中扮演着重要角色，此时的我比任何人都需要中国。”他称此行将争取中国对菲律宾基础设施和互联互通领域的进一步投资，相信未来中菲关系将更加兴旺，如同“盛开的繁花”。菲律宾媒体也表示，中菲两国领导人将针对加强打击暴力极端主义和跨境非法贩毒活动的合作深入讨论。[③] 杜特尔特总统

① Cristina Maza, “Trump Likes Rodrigo Duterte Much More Than U. S. Intelligence Agencies, and the Philippines Is Concerned,” February 21, 2018, https://www.newsweek.com/trump - likes - rodrigo - duterte - much - more - us - intelligence - agencies - and - philippines - 814833，最后访问日期：2018 年 12 月 7 日。

② 陈惠：《菲律宾或成博鳌论坛大赢家？多项利好协议有望签署》，搜狐网，2018 年 4 月 10 日，http://www.sohu.com/a/227863994_402008，最后访问日期：2018 年 12 月 7 日。

③ 赵龙、甄翔：《老杜来博鳌了，他想帮 10 万菲律宾英语教师落实在华工作!》，环球网，2018 年 4 月 10 日，http://world.huanqiu.com/exclusive/2018 - 04/11816309.html，最后访问日期：2018 年 12 月 7 日。

后来更在博鳌亚洲论坛上表示，在中美当前的贸易摩擦甚至未来可能发生的贸易战中，菲律宾不会选边站，但是现在是时候由中国来保护东方和贸易自由主义的事业了。菲律宾总统府发言人罗奎对此的解释是，各国领袖在会议上谈到亚洲从全球化和贸易自由中获益良多，所以杜特尔特总统的表态基本上就是对中国立场的认可。大家也强调了进一步促进全球化和加快贸易自由化的必要性，而不是要退回到孤立主义的贸易政策中。[①]

美国驻菲律宾大使金圣镕（Sung Kim）在7月3日接受媒体采访时表示，美国正计划邀请杜特尔特总统访问华府，能否成行只是行程安排上的问题而已。金圣镕大使也提到，两国总统对于维护法治有着共同的利益，因而发展出了非常稳固的关系。美方会持续协助菲国解决毒品问题，双方的执法合作还会持续下去。此外，当2017年菲律宾马拉维市（Marawi）发生恐怖分子攻击时，美国还是第一批提供协助的国家之一，现在更支持菲律宾政府对马拉维市的重建工作。[②] 8月17日，美国驻菲律宾大使馆官员表示，美国国防部打算将“巴兰吉加教堂钟”（Balangiga Bells）归还给菲律宾，但是目前还没有明确归还的具体日期。菲律宾国防部长洛伦扎纳（Delfin Lorenzana）也认为，“归还教堂钟将彰显美国人民要和菲律宾人民建立持久关系的诚意”。[③]

---

① 张霓：《杜特尔特就中美贸易摩擦表态：中国需保护东方》，海外网，2018年4月12日，http：//news. haiwainet. cn/n/2018/0412/c3541093 - 31297165. html，最后访问日期：2018年12月7日；Alexis Romero，“Duterte Affirms Partnership with China amid Beijing's Trade Tiff with Washington,” April 10，2018，https：//www. philstar. com/headlines/2018/04/10/1804614/duterte - affirms - partnership - china - amid - beijings - trade - tiff - washington，最后访问日期：2018年12月7日。

② Patricia Lourdes Viray，“US Working on Duterte - Trump Meeting in Washington,” July 4，2018，https：//www. philstar. com/headlines/2018/07/04/1830511/us - working - duterte - trump - meeting - washington，最后访问日期：2018年12月7日。

③ 菲律宾巴兰吉加镇（Balangiga）的居民在1901年美菲战争期间，杀死了48名美军士兵。后来美军则杀害了数以千计的当地平民作为报复，还把镇上的三个教堂钟带回美国。目前另外两个大钟分别摆放在美国怀俄明州的空军基地，以及美军驻韩基地。参见朱箫《菲律宾军方喊话美国：拿了我们东西赶紧还回来!》，海外网，2018年8月18日，http：//www. xinhuanet. com/mil/2018 - 08/18/c_ 129935219. htm，最后访问日期：2018年12月7日。

美国国务院负责东亚和太平洋事务局副助理国务卿道格拉斯（Walter Douglas）于8月29日公开宣布，美国将在3亿美元的安全援助经费中，提拨6000万给菲律宾，这也是单一国家获得的最大一笔补助。这表示美国认可了两国之间长期的安全伙伴关系，所以才优先协助菲律宾。该项补助将涵盖维持和平、海域感知（maritime domain awareness）等两国合作顺利的各项领域。道格拉斯同时还解释了特朗普政府的“印太战略”（the Indo - Pacific Strategy）目标，即“改善”印太地区——包括南亚，尤其是印度——的贸易情况，如此才能确保印太地区不会受到“强制压迫”，并维持海洋与空域的“开放”。东盟在美国的印太战略中扮演了重要的角色，这也就是为什么特朗普选择于2017年11月在越南岘港举行的“亚洲太平洋经济合作组织”（Asia - Pacific Economic Cooperation，APEC）会议上首次提出此一概念。①

虽然菲律宾与美国曾经一度疏离，但是在美国特朗普总统反制中国在区域崛起的背景下，美国有了再次接触盟国的强烈动机。对于杜特尔特来说，棉兰老岛出现了伊斯兰国恐怖分子的威胁，中国与菲律宾在南海的争端也还没有完全解决，因此开展与美国合作关系便成为可以考虑的选项。美国在2018年9月间就出售了一批F - 16战机和攻击直升机给菲律宾，还通过了600亿美元的“更佳利用投资引导发展”计划（Better Utilization of Investments Leading to Development，BUILD），提供了菲律宾发展基础设施的资金。如果美国国防部归还具有高度象征意义的“巴兰吉加教堂钟”，就能够发挥软实力外交的效果，显示美国确实想要维持与菲律宾的长期关系。此外，美国国务卿蓬佩奥（Mike Pompeo）在8月初参加东盟会议时，还宣布了一项3亿美元的安全援助计划。该计划主要是提供给盟国作为海事安全合作之用，但是也可用于提升那些在南海地区和中国竞争声索权的东南亚国家武装上。蓬佩奥还宣布了1亿多美元的新基金，旨在协助美国

① Paterno Esmaquel Ⅱ，“PH to Get Lion's Share of U. S. Security Aid in Indo - Pacific，” August 29，2018，https：//www. rappler. com/nation/210699 - philippines - get - biggest - chunk - us - security - aid - indo - pacific - region，最后访问日期：2018年12月7日。

对东南亚国家的高科技投资。美国国防部亚太事务助理部长薛瑞福（Randall Schriver）在8月份前往菲律宾访问时也表示，美国承诺会协助菲律宾处理日后与中国在南海的争端。当时正好中菲在南海因为船舰侦查问题而产生纷争，杜特尔特还抱怨中国在南海岛礁的工程。薛瑞福强调，美国会是菲律宾的好盟友，并将协助菲国“适当地回应”（respond accordingly）在南海遭遇到的威胁。薛瑞福还委婉地表示，美国不会允许有国家（中国）改变国际法律的相关规范。媒体分析指出，这些举措都可以被视为增加菲律宾对中国谈判时的筹码。杜特尔特固然期待中国的大规模投资，但由于两国之间在南海的争端，也使得美国有机会出手改善与菲律宾的同盟关系。①

9月27日，美国印度太平洋司令部司令戴维森（Philip Davidson）和菲律宾三军参谋总长加维斯（Carlito Galvez）共同主持“相互防御理事会暨安全接战理事会”会议，决定两国在2019年将举办281项安全合作活动，比2018年度的261项还多。2018年的大规模“肩并肩”联合演习已经在5月份举行，双方共计有8000多名士兵参与。加维斯表示，两国共同举办安全合作活动已经有多年历史，以后还会继续下去，期待双方的讨论能转化为行动，这些行动又能让彼此都达成目标。菲律宾军方发言人迪托雅托（Noel Detoyato）转述，双方会面时还谈到了菲美伙伴关系，以及菲美同盟对印度太平洋区域稳定的重要性。②

四　分析与结论

菲律宾杜特尔特总统上任以后，由于扫毒而引发的法治人权争议，使得

① Richard Javad Heydarian, “US, Philippines Floating Back Together Again,” September 6, 2018, http://www.atimes.com/article/us-philippines-floating-back-together-again，最后访问日期：2018年12月7日。

② “Philippines, US to Add More Security Cooperation Activities Next Year,” Sep 29, 2018, https://news.abs-cbn.com/news/09/29/18/philippines-us-to-add-more-security-cooperation-activities-next-year，最后访问日期：2018年12月7日。

菲美两国领导人的互动一时陷入僵局，因而并未完全倒向美国，反倒借此改善了与中国关系。美国特朗普总统上任以后，菲美关系才出现了转变的契机。由于特朗普本身即以“反建制”（anti - establishment）的政策诉求而获得民意支持。自由主义所强调的民主、人权、法治、建制等理念价值并不是特朗普在国内外推动政策的主要考量，[①] 自然减少了杜特尔特重新修补菲美关系的障碍。此外，特朗普总统先是于 2017 年 11 月提出了“印太战略”，2017 年底至 2018 年初美国又先后出台了《国家安全战略报告》与《国防战略报告》，明确将中国视为对美国国际地位的主要挑战者，这些背景因素都强化了菲律宾和美国两国传统军事盟国的安全合作关系。杜特尔特总统也凭借这样的国际环境获得了中美两国大量的经济援助和安全协助，展现出政策上的灵活性。整体而言，菲律宾杜特尔特总统采取的是在美中之间维持平衡的政策，而不是一面倒向特定国家。

---

① 参见 Zhou Qi and Fu Suixin, “Trump and Sanders: Two Big Phenomena in US Presidential Election,” *China International Studies*, No. 4, July/August 2016, pp. 15 - 39；张旗：《特朗普的“外交革命”与自由国际主义的衰落》，《东北亚论坛》2018 年第 4 期（总第 138 期），第 80 ~ 94 页。

B.7 杜特尔特执政以来菲欧关系的发展

王惟晋*

摘　要： 杜特尔特上台执政前，菲欧关系持续发展。但杜特尔特就任菲律宾总统后就扫毒政策与欧盟关系交恶，欧盟认为杜特尔特侵犯人权，杜特尔特拒绝出席与欧盟相关的外交活动，推却欧盟提供的经济援助。然而菲欧双方政府部长层面的交往依旧持续，菲律宾在欧盟获得的贸易优惠地位也并没有被取消，双方的贸易与投资体量依旧在增长，欧盟继续为菲律宾提供援助。在文化层面，欧盟及其成员国的文化机构积极地在菲律宾举办各类文化活动，提升欧盟在菲律宾的影响力。而菲律宾的电影、艺术同样开始走进欧洲，但其推广形式比较被动，较难为菲律宾在欧盟创造深远的影响力。

关键词： 菲律宾　欧洲联盟　发展援助　杜特尔特　文化交流

一　菲欧政治关系发展

（一）双边政治关系：因扫毒政策剑拔弩张

近年欧盟发展对菲律宾关系的目标在于加强经济贸易方面的联系，通过

* 王惟晋，博士，广东外语外贸大学国际关系学院讲师、中山大学“一带一路”研究院副研究员。

对话巩固政治关系，支持菲律宾实现棉兰老岛的和平，帮助菲律宾政府实现联合国千年宣言中的发展目标。2012 年，菲律宾与欧盟签订《合作伙伴关系协议》（Partnership and Cooperation Agreement），2018 年该协议正式生效，给菲律宾与欧盟的双边关系提供了新的法律框架。

在该双边合作框架中，人权问题是欧盟对菲律宾政策的重点。在与菲律宾签订该协议后，欧盟已积极地在政府间层面开展与菲律宾的对话，同时也在棉兰老岛设立了“地区人权委员会”（Regional Human Rights Commission），以保护当地人的人权。① 在民间层面，欧盟在 2014 年投入了 180 万欧元用于保护菲律宾的人权行动者，鼓励他们积极地为遭受酷刑与非审判死刑迫害的菲律宾民众发声。此外，欧盟积极组织菲律宾民众讨论人权问题，广泛地建立与菲律宾民间组织的联系，并且就劳工权益、政府施政、可持续发展等问题与菲律宾的非官方团体进行讨论。再者，欧盟也组织学术活动，推动菲律宾青少年参与人权问题的讨论。② 总之，欧盟设法让菲律宾的国内人权状况能按照自身预期的方向发展。

然而杜特尔特就任菲律宾总统后，欧盟对其所作所为大失所望。这位菲律宾总统雷厉风行地推行扫毒政策，处决数千名毒贩。欧盟认为杜特尔特处置毒犯的手段严重侵犯人权。2016 年 9 月，欧盟通过决议案公开质疑杜特尔特的扫毒政策，对在扫毒行动中的受害者表示同情，同时要求欧盟驻菲律宾使团充分监察当地的法治状况，呼吁国际社会关注菲律宾扫毒政策的进展，敦促杜特尔特政府立刻停止对毒贩进行的未经审判的处决。③ 但杜特尔

---

① “The Delegation of the European Union to the Philippines, Philippines and the EU, 2016, ” https：//eeas. europa. eu/delegations/philippines/1694/philippines – and – eu_ en，最后访问日期：2018 年 12 月 10 日。

② “The Delegation of European Union to the Philippines, ” EU – Philippines Trade & Investment 2017/2018 2018, p. 36, https：//www. eccp. com/storage/app/media//downloads/EURO – PH%20Trade%20and%20Investme nt. pdf，最后访问日期：2018 年 12 月 11 日。

③ European Parliament, “ European Parliament Resolution of 15 September 2016 on the Philippines,” 2016, p. 1, https：//www. europarl. europa. eu/sides/getDoc. do? pubRef = –%2f%2fEP% 2f% 2fNONSGML% 2bTA% 22bP8 – TA – 2016 – 0349% 2b0% 2bDOC% 2bPDF%2bV0%2f%2fEN，最后访问日期：2018 年 12 月 11 日。

特并没有理会欧盟方面的批评，继续开展其扫毒政策，导致欧盟的立场变得愈发强硬，开始威胁菲律宾。2017 年 3 月欧洲议会通过决议，就菲律宾国内的人权、民主与法治状况进行辩论，在辩论时，欧洲议员们认为杜特尔特侵犯人权，所谓的“扫毒战争”实质上是针对城市中的穷人的战争，希望欧盟及其成员国在 2018 年底倡议取消菲律宾在联合国人权理事会的成员国资格，同时敦促本届菲律宾政府尽快释放被拘留的意见领袖、参议员勒伊拉·代·利马（Leila De Lima）。① 2018 年 4 月，欧洲议会认为菲律宾政府正伪造证据迫害良民，要求菲律宾停止随意处决毒犯，将维权人士从恐怖分子名单中剔除，终止恐吓报道毒犯境遇的记者，指出菲律宾政府重新起用死刑的做法严重侵犯人权，欧洲议会表示若菲律宾的人权状况不断恶化，要促使欧盟取消菲律宾获得的普遍关税优惠方案加（GSP +）待遇。②

面对欧盟方面的连番指责及威胁，杜特尔特公开表示欧盟正在干涉菲律宾内政，将欧洲各国的政客形容为“伪君子”，理由是欧洲人在殖民时期杀害了成千上万的菲律宾人，③ 他认为欧洲国家并不希望菲律宾成为安全的国家，而是希望菲律宾被罪犯统治。2017 年，面对欧盟的强硬立场，杜特尔特甚至宣称要将欧洲国家的使节驱逐出菲律宾。2018 年杜特尔特与欧盟的关系仍没有缓和的迹象，杜特尔特拒绝参加在布鲁塞尔举行的亚欧峰会，同时也回绝了菲律宾在阿基诺三世当政时期从欧盟争取的 6100 万欧元的发展援助。此外，杜特尔特在 2018 年 4 月将欧洲议会的议员吉亚科莫·菲力贝克（Giacomo Filibeck）驱逐出菲律宾，以阻止欧盟继续

① European Parliament, “Joint Motion for a Resolution, 2018,” https://www.europarl.europa.eu/sides/get Doc.do? pubRef = -//EP//TEXT + MOTION + P8 - RC - 2018 - 0198 + 0 + DOC + XML + V0//EN，最后访问日期：2018 年 12 月 11 日。

② European Parliament, “Human Rights: Breaches in Gaza, the Philippines and Belarus, 2018,” https://ww w.europarl.europa.eu/news/en/press - room/20180411IPR01529/human - rights - breaches - in - gaza - the - phili ppines - and - belarus，最后访问日期：2018 年 12 月 11 日。

③ Ted Regencia, “Philippines' Duterte Unleashes More Profanity at the EU, 2016,” https://www.aljazeer a.com/news/2016/09/philippines - duterte - unleashes - profanity - eu - 160920193250592.html，最后访问日期：2018 年 12 月 11 日。

插手其扫毒政策。[①]

然而即便杜特尔特与欧盟交恶，菲欧各级政府间的政治交流依然在持续。2017 年，英国驻菲律宾大使丹尼尔·普鲁斯（Daniel Pruce）上任后表明会继续积极推动英国与菲律宾关系发展。[②] 2018 年 8 月，英国外交部亚太事务国务大臣马克·菲尔德（Mark Field）访问菲律宾并与菲律宾外交部长艾伦·彼得·卡耶塔诺（Alan Peter Cayetano）、国防部长德尔芬·洛伦扎纳等部长级官员会晤，讨论英菲两国关系的发展，在会晤中，马克·菲尔德强调英国将会继续加强对菲关系的决心。[③] 德国外交部表示，即便在杜特尔特上任后，菲律宾逐渐疏远美国与欧盟，但德国依然在政府部门与议会层面维持与菲律宾方面的交流互动[④]，同时会继续推动棉兰老岛的和平进程。

（二）多边政治合作：继续推动欧盟 - 东盟合作

杜特尔特上台后，虽然菲欧双方在扫毒政策衍生的人权问题上交恶，但双方的矛盾并没有影响菲律宾在欧盟 - 东盟关系发展中扮演的角色。菲律宾的各级官员仍旧在推动东盟发展对欧关系，多项东盟与欧盟的合作会议在杜特尔特就任总统期间依旧在马尼拉举行。2017 年 3 月，第五届欧盟 - 东盟商业峰会（the 5th ASEAN - EU Business Summit）在马尼拉举行，会议促进了欧盟与东盟的企业之间的相互了解，强化了过往的合作基础。与此同时，第十五届东盟 - 欧盟商务委员会议（the 15th AEM - EU Trade Commissioner

---

① Jason Castaneda, "Duterte's Defiance Imperils European Trade, 2018," http://www.atimes.com/article/dutertes-defiance-imperils-european-trade/，最后访问日期：2018 年 12 月 10 日。

② Daniel Pruce, "UK and the Philippines: Working Together for a Positive, 2017," https://www.gov.uk/gov ernment/news/uk - and - the - philippines - working - together - for - a - positive - future，最后访问日期：2018 年 12 月 11 日。

③ British Embassy Manila, "UK Foreign Office Minister Mark Field Visits Philippines, 15 - 17 August, 2018," https://www.gov.uk/government/news/uk - foreign - office - minister - mark - field - visits - philippines - 15 - 17 - august，最后访问日期：2018 年 12 月 13 日。

④ Federal Foreign Office, " Philippines, 2018," https://www.auswaertiges - amt.de/en/aussenpolitik/laender informationen/philippinen - node/philippines/233222，最后访问日期：2018 年 12 月 13 日。

Consultations）在马尼拉举行，会上菲律宾贸工部部长拉蒙·洛佩斯与其他东盟商务部长一起与欧盟委员会贸易事务委员塞西莉亚·马尔姆斯特伦（Cecilia Malmström）发表共同声明，对欧盟支持东盟地区一体化所做出的努力表示感谢，同时愿意推动欧盟东盟自由贸易区问题的谈判。此外，菲律宾同样也支持欧盟和东盟在基于类似的人权与法治观念，在反恐、防务等多个问题上发展合作。①

总而言之，杜特尔特上台后开展的扫毒政策被欧盟指责为侵犯人权，导致双方关系交恶。但菲欧双边与多边合作没有出现全面倒退，菲律宾与欧盟的部长级官员的交流依然继续，欧盟与菲律宾在双边与多边层面取得的合作成果并没有因禁毒政策产生的矛盾而被取消。基于此，菲欧的双边关系未来仍会继续发展。

二 菲欧经济关系发展

（一）贸易关系：双边贸易量不断增长

菲律宾在历史上长期被西方国家殖民统治，独立前对外贸易主要为其宗主国服务，为欧美国家提供椰子、胡椒、稻米、香蕉、铜矿石、石油等初级农矿产品。在获得独立后，菲律宾在美国的扶持下采取开放的经济政策积极吸引外资，在 20 世纪 50 ~ 70 年代工业发展迅速，成为世界新兴市场，积极融入世界贸易体系，很早便与欧共体建立经济联系。

近年来，由于菲欧贸易发展迅速，2014 年 12 月欧盟赋予菲律宾普遍关税优惠方案加（GSP +）待遇，为菲律宾的数千种商品减免关税，降低了这些商品进入欧洲统一大市场的门槛，同时也让菲欧双边贸易额不断提升。2015 年，

① European Commission, "Joint Media Statement, 2017," pp. 1 – 2, https://cdn5 – eeas. fpfis. tech. ec. europa. eu/cdn/farfuture/7SgZpebvXvKvbur – NQtwAkY4R6m7yuUC MReKMmhzG0A/ mtime: 1489121011/sites/eeas /files/joint_ eu – asean_ statement_ from_ todays_ trade_ and_ economic_ ministers_ meeting_ 0. pdf，最后访问日期：2018 年 12 月 14 日。

菲欧双方商品贸易额接近130亿欧元，比2014年增加约5亿欧元①，其中菲律宾对欧盟出口总额为58亿欧元，比2014年上升了13%。② 因此双方也有了进一步发展经贸关系的意愿。菲律宾从2015年12月开始与欧盟协商自由贸易协议，力图扩大双方的贸易与投资规模，扫除彼此间的贸易壁垒。双方的第一轮、第二轮谈判分别于2016年5月、2017年2月在布鲁塞尔和宿务市开展，然而双方就关税、贸易救济、技术性贸易壁垒、投资争端解决措施等问题仍然未能达成一致，导致双方至今仍未能签订自由贸易协议。③

杜特尔特就任菲律宾总统后，2017年菲律宾与欧盟之间的双边商品贸易额增加至142亿欧元，比2016年的数额增加约12%，其中菲律宾对欧盟的出口商品总值约为76亿欧元，而菲律宾从欧盟进口的商品总值约为66亿欧元，在双边贸易中有约10亿欧元的贸易顺差。④ 欧盟现今是菲律宾的第四大贸易伙伴，然而对欧盟而言，菲律宾只是第41大贸易伙伴⑤，在东盟内部也只是第六大贸易伙伴⑥，可见就双边贸易而言，菲律宾对欧盟的依赖程度远比欧盟对菲律宾的依赖程度高。在欧盟成员国层面，德国与菲律宾

① European Commission, "EU and the Philippines Lauch Negotiation for a Free Trade Agreement, 2015," http://trade. ec. europa. eu/doclib/press/index. cfm? id = 1429，最后访问日期：2018年12月15日。

② Department of Trade & Industry Philippines, "The European Union – A Strong Economic Partner of the Philippines," https://www. dti. gov. ph/exports/27 – main – content/emb – news/9877 – the – european – union – a – strong – economic – partner – of – the – philippines，最后访问日期：2018年12月14日。

③ European Commission, "Report from the 2nd Round of Negotiations for a Free Trade Agreement between the European Union and the Philippines, 2017," pp. 1 – 3, http://trade. ec. europa. eu/doclib/docs/2017 /march/tradoc_ 155435. pdf，最后访问日期：2018年12月14日。

④ European Commission, "Philippines, 2018," p. 1, https://webgate. ec. europa. eu/isdb_ results/factsheets/c ountry/overview_ philippines_ en. pdf，最后访问日期：2018年12月12日。

⑤ European Commission, "European Union, Trade in Goods with Philippines, 2018," p. 2, http://trade. ec. e uropa. eu/doclib/docs/2006/september/tradoc _ 113436. pdf，最后访问日期：2018年12月12日。

⑥ "The Delegation of European Union to the Philippines, Philippines and the EU, 2016," https://eeas. euro pa. eu/delegations/philippines/1694/philippines – and – eu _ en，最后访问日期：2018年12月13日。

的贸易规模最大，2017 年菲律宾与德国之间的商品贸易额为 56 亿欧元[①]，占欧菲双边贸易额接近 40%。第二位是荷兰，与菲律宾之间的商品贸易额约为 20 亿欧元，占菲欧双边贸易额约 14%[②]，排行第三是法国，菲律宾与法国之间的商品贸易额是 17.5 亿欧元[③]，约占欧菲总体贸易额的 12%。

菲欧双方的贸易重点在机械设施、运输装备、农副食品、电子零件、通信工具。[④] 当前菲律宾出口至欧盟的 44% 的商品是电力机械装备，这些商品主要在菲律宾组装并检测，而后出口至欧盟。欧盟从菲律宾进口量第二、第三大商品分别是动植物油产品、食品饮料与烟草，而菲律宾从欧盟进口的第二、第三大产品分别是化工产品与运输器械。[⑤] 在普遍关税优惠方案加（GSP +）待遇的影响下，菲律宾对欧盟出口增长最快的产品是农油产品、电子机械、加工食品、光学产品。[⑥]

虽然欧盟对菲律宾出口比例占其总体出口比例不大（0.4%）[⑦]，由于 2016 年菲律宾经济依然录得 6.9% 的增长，高于印度尼西亚、马来西亚、泰

① "Federal Foreign Office, Philippines, 2018," https://www.auswaertiges - amt.de/en/aussenpolitik/laender informationen/philippinen - node/philippines/233222，最后访问日期：2018 年 12 月 12 日。

② "Daniel Workman, Philippines Top Trading Partners, 2018," http://www.worldstopexports.com/philippi nes - top - import - partners/，最后访问日期：2018 年 12 月 12 日。

③ "France Diplomatie, France and Philippines, 2018," https://www.diplomatie.gouv.fr/en/country - files/ph ilippines/france - and - philippines/，最后访问日期：2018 年 12 月 12 日。

④ "The Delegation of the European Union to the Philippines, Philippines and the EU, 2016," https://eeas.europa.eu/delegations/philippines/1694/philippines - and - eu_ en，最后访问日期：2018 年 12 月 11 日。

⑤ European Commission, "European Union Trade in Goods with Philippines, 2018," http://trade.ec.europ a.eu/doclib/docs/2006/september/tradoc_ 113436.pdf，最后访问日期：2018 年 12 月 12 日。

⑥ "The Delegation of European Union to the Philippines, EU - Philippines Trade & Investment 2017/2018," p.29, https://www.eccp.com/storage/app/media//downloads/EURO - PH%20Trade%20and%20Investme nt.pdf，最后访问日期：2018 年 12 月 11 日。

⑦ European Commission, "Client and Supplier Countries of the EU 28 in Merchandise Trade (value%), 2018," p.1, http://trade.ec.europa.eu/doclib/docs/2006/september/tradoc _ 122530.pdf，最后访问日期：2018 年 12 月 12 日。

国、越南这些东盟大国，经济发展前景较好，基于此，欧盟依然希望加强与菲律宾的贸易联系，积极地打破存在于菲律宾的非关税壁垒。对此，欧盟方面力图推动菲律宾海关制度的改革。在欧盟的倡议下，菲欧双方建立了“欧盟 - 菲律宾海关倡议论坛”（Euro - Ph Customs Advocacy Forum），希望双方能通过对话凝聚共识，继而推动菲律宾海关管理制度改革，简化欧盟商品进入菲律宾市场面对的规则与程序。① 此外，欧盟还鼓励菲律宾商人，特别是中小型企业重视保护自身的知识产权，教导商人和农民在贸易时注意保护自身的商标、设计与专利，以便这些菲律宾商品能更顺利地进入欧盟市场寻找商机。②

即便欧盟与菲律宾均有意进一步扩大彼此间的投资与贸易量，双方的自由贸易谈判也正在进行。但欧菲双方贸易状况很可能受到以下政治因素影响。其一，杜特尔特的扫毒政策仍被欧盟指责为侵犯人权，若双方关系持续恶化，欧盟可能会因此取消菲律宾的普遍关税优惠方案加（GSP +）待遇，不利于菲律宾商品进入欧盟市场。其二，2018 年 11 月底，欧盟召开“英国脱欧问题”特别峰会，会上除英国以外的欧盟 27 国一致通过了英国“脱欧”协议草案，会议建议英国脱欧协议在 2019 年 3 月 30 日生效。脱欧后英国很可能将离开欧洲统一大市场与关税同盟，现时英国将如何与欧盟重组经贸关系尚未清晰，因此，势必影响到菲律宾商品进入英国与欧洲市场的方式，为欧盟与菲律宾的双边贸易增添更多未知数。

（二）发展援助：并未因禁毒政策而中断

1976 年，欧洲共同体向菲律宾提供第一笔无偿发展援助，迄今欧盟（欧共体）对菲律宾的无偿援助没有中断，在四十余年间欧盟累计为菲律宾提供超过

① “The Delegation of European Union to the Philippines, EU - Philippines Trade & Investment 2017/2018,” p. 33, https://www.eccp.com/storage/app/media//downloads/EURO - PH%20Trade%20and%20 Investme nt. pdf，最后访问日期：2018 年 12 月 11 日。

② “The Delegation of European Union to the Philippines, EU - Philippines Trade & Investment 2017/2018,” p. 33, https://www.eccp.com/storage/app/media//downloads/EURO - PH%20Trade%20and%20Investme nt. pdf，最后访问日期：2018 年 12 月 11 日。

10 亿欧元的无偿援助。2014～2020 年，欧盟计划为菲律宾提供的无偿援助数额约为 3.25 亿欧元，是 2007～2013 年的两倍。欧盟希望借援助加强与菲律宾法律体系的合作与联系，帮助菲律宾推动改革以更好地实现法治，此外，欧盟亦希望帮助菲律宾政府发展贫困地区的电力供应，推广可再生能源的应用，创造更多就业机会，以实现更均衡的发展。此外，考虑到菲律宾地处环境容易受到自然灾害袭击，欧盟的援助也希望能提升当地抗击自然灾害的能力。①

其中，菲律宾的棉兰老岛是欧盟无偿援助关注的重点，从 20 世纪 90 年代开始，欧盟便已积极地协助当地政府安置该地区的流民，建立公共管理制度，增加弱势群体的收入，提升当地社会应对人道主义危机的能力。欧盟累计为棉兰老岛提供了超过 3500 万欧元的无偿援助，资金用于建造超过 800 间住所、100 项供水设施、16 处卫生所，惠及超过 15 万菲律宾人。② 此外，欧盟及其成员国积极参与世界银行牵头发起的“棉兰老信托基金”（The Mindanao Trust Fund），截至 2017 年 4 月，该信托基金项目已经为 641 项棉兰老岛的下水道设施、供水设备、公路、渔农设备等项目提供资金支持，超过 65 万菲律宾人受惠。③

此外，欧盟的成员国也积极以低息贷款的形式对菲律宾提供发展援助。2017 年，奥地利政府为菲律宾提供了约 2 亿美元贷款用于建造 35 座钢桥。法国发展援助署（The French Development Agency）为菲律宾的棉兰老岛提供了约 2.3 亿美元贷款用于减贫与流域管理，与此同时，法国政府也为菲律宾的武端市提供了 2472 万美元的无偿援助用于应对气候变化、自然灾害、海岸维护与新能源发展。德国政府为菲律宾提供了 2556 万美元的贷款与

① “The Delegation of the European Union to the Philippines, Philippines and the EU, 2016,” https://eeas.europa.eu/delegations/philippines/1694/philippines-and-eu_en，最后访问日期：2018 年 12 月 11 日。

② “The Delegation of European Union to the Philippines, EU-Philippines Trade & Investment 2017/2018,” p. 25, https://www.eccp.com/storage/app/media//downloads/EURO-PH%20Trade%20and%20Investme nt.pdf，最后访问日期：2018 年 12 月 11 日。

③ The World Bank, “The Mindanao Trust Fund: Supporting Reconstruction and Development in Conflict-affect Area in Mindanao, 2018,” https://www.worldbank.org/en/results/2018/01/10/mindanao-trust-fund-supporting-reconstruction-and-development-in-conflict-affected-areas-in-mindanao，最后访问日期：2018 年 12 月 10 日。

170 万美元的无偿援助用于建造中小型企业经营必需的基础设施。[①]

欧盟对菲律宾的援助不但涉及生产性的基础设施，更重视制度上的建设。然而杜特尔特上台执政后，对来自欧盟援助背后的政治动机抱有疑虑，2017 年菲律宾拒绝了欧盟方面带有附带条件的 3 亿欧元援助，即便如此，2018 年欧盟机构及成员国依然坚持为菲律宾提供发展援助。

（三）投资关系：欧盟是菲律宾重要的外资来源

欧盟国家在菲律宾投资数额巨大，若把欧盟作为单一经济体计算，2016 年欧盟是菲律宾最大的外部投资来源，有 11 亿欧元资金来自欧盟企业，占菲律宾吸纳的外部投资的 28%。[②] 其中在菲律宾投资数额最大的 5 个国家分别是英国、荷兰、德国、丹麦、法国。其中英国是在菲律宾投资最多的欧洲国家，在菲律宾投资规模比较大的企业有英国与荷兰合资的联合利华公司、法国的赛诺菲医药集团、荷兰飞利浦公司。这些欧洲公司的投资为菲律宾创造了超过 45 万个就业岗位。此外，欧盟公司也为菲律宾提供了技术支援，促进菲律宾工业的发展，提升了菲律宾商品的国际竞争力。

杜特尔特对欧盟的态度并没有影响欧洲国家扩大在菲律宾投资的热情。由于菲律宾国内拥有相对年轻、廉价的劳动力与庞大的市场。法国驻菲律宾大使蒂埃里·马杜（Thierry Mathou）表示法国企业依然希望扩大在菲律宾的投资规模。[③] 英国驻菲律宾商会主席克里斯·尼尔森（Chris Nelson）表示英国企业对于菲律宾的化妆品、水处理技术、医疗设备、汽车润滑油、软件

---

① “Philippines – European Union Economic Ties by the Numbers, 2017,” *ABS – CBN News*, https://news.abs – cbn.com/business/10/26/17/philippines – european – union – economic – ties – by – the – numbers，最后访问日期：2018 年 12 月 17 日。

② “The Delegation of European Union to the Philippines, EU – Philippines Trade & Investment 2017/2018,” p. 25, https://www.eccp.com/storage/app/media//downloads/EURO – PH%20Trade%20and%20Investme nt.pdf，最后访问日期：2018 年 12 月 11 日。

③ Update Philippines, “French Firms Eye More Investment Trade in Philippines, 2017,” https://www.updat e.ph/2017/06/french – firms – eye – more – investments – trade – in – ph/18395，最后访问日期：2018 年 12 月 12 日。

产业投资兴趣浓厚。[①] 而德国企业则重视菲律宾海产、运输、保险产业的市场，同时寻求将信息技术服务产业外包给菲律宾公司。[②] 而荷兰公司也希望扩大在荷兰的投资，94%的荷兰公司在菲律宾的投资兴趣集中于制造业。[③]

相比之下，菲律宾企业在欧洲投资的规模较少。在欧投资较多的菲律宾企业有菲律宾群岛银行（Bank of the Philippine Islands）、蒙德·尼辛（Monde Nissin）食品饮料公司，然而这些企业在欧洲的投资数额远不及欧洲企业在菲律宾的投资数额大，说明现今菲律宾企业大多不具备前往欧洲开展业务经营的能力。此外，与其他东盟的主要国家相比，菲律宾吸引到的欧盟企业投资数额比印度尼西亚、马来西亚、泰国多，但仍远远不及新加坡。[④] 这说明菲律宾国内的投资环境还有改善的空间。

三　文化交流动态

由于菲律宾在历史上长期被西班牙和美国殖民统治，相比其他亚洲国家，菲律宾在文化上与西方国家距离较近，欧盟认为菲律宾是具有类似的价值观的国家，积极地在菲律宾推广欧洲文化，以提升欧盟在菲律宾的影响力，而欧盟在菲律宾推广自身文化的手段主要通过以下几种。

其一是学术交流。在欧盟层面，伊拉斯谟奖学金项目为菲律宾的学生和学者提供前往欧洲的大学深造的机会，欧盟借此项目每年为25名菲律

① Raadee Sausa, “7 UK Firms Keen on Investing in PH, 2017,” https://www.manilatimes.net/7-uk-firms-keen-investing-ph/332248/，最后访问日期：2018年12月15日。

② Federal Foreign Office, “Philippines, 2018,” https://www.auswaertiges-amt.de/en/aussenpolitik/laender informationen/philippinen-node/philippines/233222，最后访问日期：2018年12月12日。

③ Reuel Lumawag, “Netherlands Is PH's Top Investor in 1st Quarter, 2017,” https://www.sunstar.com.ph/article/148573，最后访问日期：2018年12月15日。

④ “The Delegation of European Union to the Philippines, EU-Philippines Trade & Investment 2017/2018,” p. 26, https://www.eccp.com/storage/app/media//downloads/EURO-PH%20Trade%20and%20Investme nt.pdf，最后访问日期：2018年12月11日。

宾学生在欧学习提供学费、交通和生活资助，与此同时，欧盟也通过该计划努力推动菲律宾高校与欧洲高校之间的合作与联系。[①] 在欧盟成员国层面，从20世纪80年代起，德国歌德学院开始在菲律宾推动德国文化与德语学习，从90年代起德国在菲律宾便已开办各类国际文凭课程，该课程颁发的文凭能得到德国高校承认，借此鼓励菲律宾人前往德国留学。[②] 德国政府还为菲律宾的大学提供“德国学术交换服务”（German Academic Exchange Service）项目，从2008年成立至今，该项目平均每年赞助约30名学者前往德国开展研究。此外，2018年英国政府的“志奋领”研究生计划就为36位菲律宾学生提供了资助。[③] 而法国政府也与菲律宾在2017年搭建了学生交流资助项目。[④]

其二是举办文化活动。欧盟与其成员国的使领馆、各类欧洲文化机构与菲律宾的博物馆紧密合作，每年在菲律宾开展各类文化活动，推广欧洲文化。2017年，欧盟在马尼拉举办了“欧洲电影节”（The European Film Festival）活动展示欧洲的文化成果。[⑤] 2018年，欧盟在马尼拉开办了“在欧盟旅行”（Lakbayin Natin ang EU）文化活动，为菲律宾儿童介绍欧洲国家概况，以文化展览、游戏、手工艺品的方式向菲律宾儿童宣传欧洲深厚的

① The European Union, “EU – Philippines Relations: A Dynamic Partnership, 2012,” http://eeas.europa.eu/archives/delegations/philippines/documents/more_info/publications/eu_brochure.pdf，最后访问日期：2018年12月12日。

② Federal Foreign Office, “Philippines, 2018,” https://www.auswaertiges – amt.de/en/aussenpolitik/laender informationen/philippinen – node/philippines/233222，最后访问日期：2018年12月12日。

③ British Embassy Manila, “36 Filipinos Awarded the Prestigious Chevening Scholarships by the UK, 2018,” https://www.gov.uk/government/news/36 – filipinos – awarded – the – prestigious – chevening – scholarships – by – the – uk，最后访问日期：2018年12月12日。

④ Philippines Primer, “PhilFrance: Feel French! Celebrates 70 Years of Franco – Philippine Relations, 2017,” http://primer.com.ph/blog/2017/01/31/philfrance – feel – french – celebrates – 70 – years – of – franco – philippine – relations/，最后访问日期：2018年12月13日。

⑤ Franz Jessen, “Promoting EU Culture and Educational Diplomacy in the Philippines, 2017,” https://ww w.philstar.com/opinion/2017/09/13/1738919/promoting – eu – cultural – and – educational – diplomacy – philippi nes，最后访问日期：2018年12月14日。

文化。[1] 在成员国层面，德国歌德学院与英国文化协会（British Council）、法国文化协会（Alliance Francaise）、西班牙塞万提斯学院（Instituto Cervantes）协调与合作，在菲律宾举办“欧罗巴万岁”（Viva Europa）系列文化活动，展示欧洲舞蹈、电影、文学、音乐、摄影、运动的发展状况，宣扬欧盟与菲律宾之间的共同价值观。[2] 法国政府为了纪念法菲建交 70 周年，在 2017 年开办了名为“感受菲律宾与法国”（PhiFrance：Feel French!），为期一年的主题活动，展示双方在文化艺术、科技与企业、共同价值观方面的发展成果。[3]

菲律宾驻欧洲的使领馆同样希望对欧宣传菲律宾文化，比如 2018 年在菲律宾驻德国大使馆推动下，有 21 部菲律宾电影参与了在德国威斯巴登举行的电影节活动，展示了菲律宾电影的发展历史[4]，同时也有菲律宾音乐家参与在汉堡举行的音乐活动。[5] 但菲律宾并没有像英、法、德等国那样设置专门的机构在欧洲举办自身的活动，定期推广本国文化，更多的只是组织协调菲律宾的文化艺术家参与欧洲当地的文化活动，以比较被动的方式推广自

① The Delegation of the European Union to Philippines, “‘Lakbayin Natin ang EU’ Introduces Europe an Culture to Filipino Children, 2018,” https://cdn1 - eeas. fpfis. tech. ec. europa. eu/cdn/farfuture/i - ymudjtixesOI DYLgO2mugePL1idyI4VNlnoMLU13A/mtime: 1526024245/sites/eeas/files/lakbayin_ natin_ ang_ eu_ introduces_ european_ culture_ to_ fil_ children. pdf，最后访问日期：2018 年 12 月 12 日。

② Pathricia Roxas, “‘Viva Europa 2018’ to Bring European Culture, Heritage Closer to Filipinos, 2018,” https://www. goethe. de/resources/files/pdf148/4. 20. 2018 - philippine - daily - inquirer - - - viva - europa - 2018 - to - bring - european - culture - heritage - closer - to - filipinos1. pdf，最后访问日期：2018 年 12 月 14 日。

③ Philippines Primer, “PhilFrance: Feel French! Celebrates 70 Years of Franco - Philippine Relations, 2017,” http://primer. com. ph/blog/2017/01/31/philfrance - feel - french - celebrates - 70 - years - of - franco - philippine - relations/，最后访问日期：2018 年 12 月 14 日。

④ Embassy of the Philippines Berlin, “Filipino Films Break Ground at Wiesbaden Indie Film Festival, 2018,” http://philippine - embassy. de/2018/11/23/filipino - films - break - ground - at - wiesbaden - indie - film - festival/，最后访问日期：2018 年 12 月 13 日。

⑤ Embassy of the Philippines Berlin, “FFONG Musical Night Presents a Multitude of Filipino - German Talents, 2018,” http://philippine - embassy. de/2018/11/19/ffong - musical - night - presents - a - multitude - of - filipino - german - talents/，最后访问日期：2018 年 12 月 14 日。

身文化。因此，欧菲双方文化交流产生的影响力并不是对等的。

总体而言，欧盟视菲律宾为拥有类似文化价值观的亚洲国家。欧盟比较重视与菲律宾在文化上的交流，杜特尔特上台后也没有制止欧盟在菲律宾开展的文化推广活动，菲律宾继续成为西方在亚洲传播其文化价值观的窗口，但菲律宾政府并没有以积极的手段在欧洲推广本土文化，未来菲律宾更大程度上继续是被欧洲文化影响的一方。

B.8

日本对菲政策及菲律宾的回应*

王惟晋　何文娟**

摘　要：　杜特尔特上台后，推行独立自主的外交方针，重新实行“大国平衡”战略。在此背景下，菲律宾与日本领导人互动加强，双边经济关系日益紧密，安全防务合作迅速推进。总的来说，杜特尔特执政以来，菲日关系进一步得到巩固，并保持良好发展势头。

关键词：　菲日关系　独立自主外交方针　印太战略

2011 年，菲律宾和日本发表联合声明，基于两国在经济、政治和安全以及亚太地区秩序构建方面具有共同利益和共同目标，将两国双边关系提升为战略伙伴关系。杜特尔特上台以来，采取了不同的外交方针，将重心放在亚洲，菲日关系发展备受关注。

一　菲日两国领导人互动加强

加强与周边国家的联系是日本外交政策的三大支柱之一，其中东盟是日本周边外交的优先方向。[①] 对此，日本加强了与菲律宾领导人的联系。杜特

*　本文是2018年度国家社科基金重大项目（项目编号：18VHQ009）的阶段性研究成果。

**　王惟晋，博士，广东外语外贸大学国际关系学院讲师，中山大学“一带一路”研究院副研究员；何文娟，硕士研究生，中山大学国际关系学院研究助理。

①　Minister for Foreign Affairs of Japan，Diplomatic Bluebook 2017，https：//www. mofa. go. jp/policy/other/ bluebook /2017/html/index. html，最后访问日期：2018 年 12 月 20 日。

尔特上台以来，两国最高领导人举行了多次首脑会议。2016 年 10 月 25 ~ 27 日，应日本政府邀请，杜特尔特对日本进行正式访问。访问期间，杜特尔特与安倍晋三举行了首脑会议，双方同意两国作为亚洲的沿海国家，在维护和促进区域与国际的和平、稳定与发展方面具有共同利益。两国强调在新形势下要共同致力于推进双方的战略伙伴关系。杜特尔特和安倍就经济合作与投资、区域和平与稳定、海洋安全与防务合作等两国共同关心和涉及两国共同利益的区域问题和国际问题达成广泛共识，并签署了多项以海上为主的防务合作协议和以农业领域合作为主的经济协议。在备受关注的南海问题上，双方同意依据国际法、以和平的方式解决海洋纠纷，并且致力于维护南中国海航行和飞越的自由与安全。① 值得注意的是，在会晤期间，杜特尔特没有改变其相对强硬的对美立场，再次要求终止与美国的定期联合军演和联合海上巡逻。② 杜特尔特的日本之行一定程度上消除了日本对菲律宾外交政策转向而疏远日本的疑虑，为两国关系的进一步发展，增进两国战略互信奠定了良好基础。2017 年 1 月 12 日，安倍晋三开启菲律宾、越南、印度尼西亚和澳大利亚访问之旅，将菲律宾作为访问行程的第一站。安倍表示这样的行程安排体现了日本对发展日菲双边关系的高度重视。作为杜特尔特政府执政以来第一个访问菲律宾的外国元首，安倍更是打破外交常规，历史性地造访杜特尔特的家乡达沃市，充分凸显两国领导人的亲密关系。在首脑会议期间，安倍强调将坚定支持菲律宾作为东盟轮值主席国的工作。双方重申要进一步加强两国的战略伙伴关系。日本还承诺要在 2017 ~ 2022 年间向菲律宾提供 1 万亿日元的援助，是日本面向单一国家“最大规模”援助金额，并宣布成立基础设施建设和经济合作委员会以协调援助工作。在杜特尔特和安倍晋三的见证下，双方签署了多个合作协议，旨在提升两国的合作关系。③ 此外，

① Minister for Foreign Affairs of Japan, “Japan – Philippines Joint Statement,” https: //www. mofa. go. jp/files/000198399. pdf. 最后访问日期：2018 年 12 月 20 日。

② “Duterte Says Philippines Will Stand by Japan,” https: //news. abs – cbn. com/news/10/26/16/duterte – says – philippines – will – stand – by – japan. 最后访问日期：2018 年 12 月 20 日。

③ Minister for Foreign Affairs of Japan, “Japan – Philippines Summit Meeting,” https: //www. mofa. go. jp/s_ sa/sea2/ ph/page3e_ 000646. html. 最后访问日期：2018 年 12 月 20 日。

安倍并没有在禁毒问题上给杜特尔特施加压力，反而提出承诺要为菲律宾的戒毒康复项目提供资金支援。杜特尔特在为安倍晋三设的国宴上致辞，称日本是“比兄弟更亲密的朋友”，是“与其他国家非常不同的朋友”，菲日之间的友谊“是一段特殊的友谊，其价值无法衡量”。[①] 2017 年 10 月，杜特尔特再次应日本政府的邀请，对日本进行两天的国事访问。这是杜特尔特上任以来时隔一年第二次访问日本，也是其平定马拉维之乱后首个出访的国家。在首脑会议后，双方发表了《日菲双边合作五年计划联合声明》，日本表示将稳步实施 1 万亿日元对菲援助的承诺，帮助菲律宾实现“菲律宾雄心 2040”战略和《2017～2022 年菲律宾发展计划》。双方重申要在基础设施建设、能源合作、创造就业机会和提升生活水平、棉兰老岛和平与建设、公共安全、信息与通信技术、环境保护、农业生产、减少灾难风险等重大领域加强合作，并建立一系列磋商和对话机制来落实合作项目。[②] 值得注意的是，此前首脑会议重点放在经济合作上，杜特尔特表示，现在不是谈南海问题的时候，并提出会谈不愿意过多涉及南海问题。在杜特尔特访问期间，杜特尔特高度评价菲日关系的发展，把日本称为坚定支持菲律宾推进更广泛的和平、进步与繁荣的“真朋友”，并表示菲律宾和日本正在进入战略伙伴关系的“黄金时期”。[③] 安倍晋三在为杜特尔特安排的官方晚宴上发表讲话，更是把菲律宾领导人比作“家人”，表示双方像家人一样深化两国关系。[④] 2017 年 11 月，安倍晋三在菲律宾出席东盟峰会期间再次与杜特尔特举行首

---

① “Duterte: Japan Is a Friend Closer than a Brother,” *ABC－CBN News*, https: //news. abs－cbn. com/news/01/12/17/ duterte－japan－is－a－friend－closer－than－a－brother，最后访问日期：2018 年 12 月 20 日。

② Minister for Foreign Affairs of Japan, “Japan－Philippines Joint Statement on Bilateral Cooperation for the Next Five Years,” https: //www. mofa. go. jp/files/000303417. pdf，最后访问日期：2018 年 12 月 20 日。

③ Argyll Cyrus B. Geducos, “Duterte: PH, Japan Enter ‘Golden Age of Strategic Partnership’,” https: //news. mb. com. ph/2017/10/30/duterte－ph－japan－enter－golden－age－of－strategic－partnership/，最后访问日期：2018 年 12 月 20 日。

④ Philippines Information Agency, “PHL－Japan Ties Emerge Stronger under PRRD’s Foreign Policy Rebalancing,” https: //pia. gov. ph/news/articles/1003731，最后访问日期：2018 年 12 月 20 日。

脑会议，就双边关系和地区事务交换意见。[①] 除了最高领导人的密切接触，双方其他领导高层也互动频繁。2017 年 3 月，菲律宾和日本时隔 4 年后重启副部长级战略对话（VMSD），菲律宾担任东盟轮值主席国和联合举办东盟成立 50 周年纪念活动成为对话焦点，双方还就经济合作、地区和平与发展以及美国亚太政策等方面广泛交换意见。[②] 2017 年 8 月，菲律宾外交部长艾伦·彼得·卡耶塔诺（Alan Peter Cayetano）与新任日本外务大臣河野太郎在东盟外长会议期间举行会谈，双方一致同意要推动双边关系发展。河野太郎表示，为了帮助菲律宾控制棉兰老岛的局势，日本将加快向菲律宾提供安全相关设备。在朝鲜和南海等地区问题上，双方深入交换了意见，并表示将继续在地区问题上保持密切合作。[③] 同年 11 月，菲日外长再次举行会谈。进入 2018 年，两国继续保持密切交往。仅仅在 6 月一个月内，菲日进行了三次双边高层接触，包括外长会议，副部长级战略对话以及经济发展和基础设施建设联合磋商委员会会谈。这一系列政治互动反映了菲日两国稳步推进双边战略伙伴关系的强烈意愿。

二　菲日双边经济关系日益紧密

（一）菲日贸易关系

经贸往来是菲日关系的“助推器”，也是维系其伙伴关系的关键。在两国政府的高度重视和共同努力下，菲日的经贸合作不断深化。2006 年，日菲签署了《菲日经济合作协议》，涵盖货物贸易、服务贸易、投

① Minister for Foreign Affairs of Japan, “Japan - Philippines Summit Meeting,” https：//www. mofa. go. jp/ssa/sea2/ph/page3e_ 000784. html，最后访问日期：2018 年 12 月 20 日。

② Update Philippines, “Japan, Philippines Successfully Hold Strategic Dialogue,” https：//www. update. ph/2017/03/ japan - philippines - successful - hold - strategic - dialogue/15127，最后访问日期：2018 年 12 月 20 日。

③ Minister for Foreign Affairs of Japan, “Japan - Philippines Foreign Ministers' Meeting,” https：//www. mofa. go. jp/s _ sa/sea2/ph/page3e_ 000705. html，最后访问日期：2018 年 12 月 20 日。

资、人员流动、知识产权保护、报关手续、改善商业环境和政府采购等多个领域。菲律宾对签署自由贸易协定持较为谨慎态度，目前，菲律宾只签署了七份自由贸易协定，其中六份是依托东盟为平台的多边协定。《菲日经济合作协议》是菲律宾第一份也是目前为止唯一一份双边自由贸易协定，彰显了日本在菲律宾经贸关系中的特殊地位，2008 年协议正式生效。至 2016 年，菲律宾与日本的贸易总额增长 19%，对日本出口增加了 53%，其中农产品贸易增长 34%，工业制成品贸易增加了 35%；2010 年日本成为菲律宾最大贸易伙伴国，并连续七年保持最大贸易伙伴的地位。①

杜特尔特上台后，菲日双方贸易量继续增长，根据菲律宾统计局的数据，2017 年菲律宾对日本的出口额为 101.9 亿美元，占菲律宾出口总额的 16.2%；自日本进口总额为 105.6 亿美元，占菲律宾进口总额的 11.4%。值得注意的是，近几年来，菲日双边贸易额占菲律宾贸易总额的比重有所下降，日本在 2017 年被中国超越，丧失其连续七年作为菲律宾第一大贸易伙伴的地位，但日本仍然是菲律宾重要的贸易伙伴，并继续保持为菲律宾第一大出口市场。②

表 1　菲日双边贸易额

单位：亿美元

年份	菲律宾对日本出口	菲律宾自日本进口	日菲双边贸易占菲律宾贸易额的比重(%)
2016	116.7	98.8	15.2
2017	101.9	105.6	13.3

资料来源：根据菲律宾国家统计局数据整理。

① Department of Trade and Industry of the Republic of the Philippines, " Philippines-Japan Economic Partnership Agreement (PJEPA)", https: //www. dti. gov. ph/international - commitments/bilateral - engagements/pjepa，最后访问日期：2018 年 12 月 20 日。

② Philippines Statistics Authority, "Philippine Export and Import Statistics", http: //www. psa. gov. ph/sites/default/files/attachments/itsd/trade/HPEIS_ PR% 20Statistical% 20Tables% 20% 28December% 202017%29. pdf，最后访问日期：2018 年 12 月 20 日。

（二）菲日劳动力市场关系

经济意义上的人员往来对菲日经济活动具有重大影响。从海外劳工人数来看，菲律宾是海外劳工输出大国，超过 1000 万菲律宾人在海外工作。菲律宾央行公布的最新数据显示，截至 2017 年 11 月，菲律宾海外劳工现金汇款约占菲律宾当年 GDP 的 11%，是菲律宾经济的重要支柱之一。① 与此同时，日本面临低生育率和老龄化双重挑战。2017 年，日本新生婴儿数量降到历史新低，仅为 94.1 万；日本 65 岁以及 65 以上的老人总数已经占到总人口数的 27.05%。低生育率和高老龄化率会导致日本劳动力短缺问题日益严重，影响经济的进一步发展。而菲律宾是人口大国，人口结构年轻化突出，两国具有很强的互补性。为了满足日益增长的人力需求，2017 年 9 月，日本厚生劳动省代表和菲律宾海外就业管理局宣布要签署一项新的谅解备忘录，允许更多的菲律宾海外劳工到日本工作。② 日本驻菲律宾大使羽田浩二（Koji Haneda）在第 44 届菲律宾商会的演讲中指出，日本面临着人口老龄化的社会，缺乏劳动力，而菲律宾拥有丰富的具有极大潜力的年轻劳动力，并表示日本希望从 2019 年至 2025 年的六年里雇用超过 5 万名菲律宾海外劳工。日本厚生劳务省数据显示，截至 2018 年菲律宾劳工人数占日本外籍劳工人数的 12%。③

（三）日本对菲律宾经济援助

日本对菲经济援助是两国经济关系的重点。一方面，2016 年，日本提出“自由开放的印太战略”，要进一步加强亚洲与非洲的互联互通。日本

① 《菲律宾“大建特建”高增长》，新华网，http://www.xinhuanet.com/globe/2018-02/08/c_136953005.htm，最后访问日期：2018 年 12 月 20 日。

② Samuel Medenilla，“Japan Poised to Hire 100，000 of WS to Address Worsening Labor Shortage，” https://news.mb.com.ph/2017/09/10/japan-poised-to-hire-100000-ofws-to-address-worsening-labor-shortage/，最后访问日期：2018 年 12 月 20 日。

③ Manila Standard，“Japan Needs 50k Philippine Workers Starting 2019”，http://manilastandard.net/news/national/278516/japan-needs-50k-philippine-workers-starting-2019.html，最后访问日期：2018 年 12 月 20 日。

《2017年发展合作白皮书》强调高质量基础设施建设是实行印太战略目标的重要措施，要充分调动日本对外经济合作手段，强化战略性运用官方对外援助。另一方面，菲律宾基础设施老旧，是菲律宾经济发展的致命弱点。日本国际协力机构（JICA）2014年一项研究表明，基础设施落后是导致马尼拉交通拥堵的主因。2012年马尼拉每天因交通拥堵导致的经济损失高达24亿比索，如果不采取措施改善，到2030年每天经济损失将增长到60亿比索。① 联合国亚太经济与社会理事会（UN ESCAP）的2017年报告显示，菲律宾的物质基础设施使用指数（APII）为0.336，在41个亚太国家中排名第24位。② 杜特尔特经济顾问认为，破旧的基础设施是菲律宾落后于其他东盟成员国的重要原因之一。杜特尔特政府执政以来，先后提出以改善基础设施为核心的菲律宾“雄心2040”计划、《2017～2022年菲律宾发展计划》和“大建特建”计划，以期突破发展瓶颈，但是实现这些计划需要大量的资金支撑。为了满足这种巨大的资金需求，杜特尔特政府表示将转向更多公共基金和外国官方援助。基于此，菲日在基础设施建设方面有广阔的合作空间。2017年1月，在日菲联合声明中，日本表示将坚定支持菲律宾的发展计划，并宣布在接下来的五年对菲提供一万亿日元规模的经济援助，用于帮助菲律宾完成基础设施建设的目标，并组建基础设施和经济发展联合委员会协调援助落实进程。截至2018年11月，双方已举行了六次联合委员会会议，稳步推进援助项目的实施。从经济数据来看，菲律宾在日本所有援助的东南亚国家中排第三，占日本在东南亚援助总额的15.3%。③ 菲律宾国家经济发展署（NEDA）数据显示，2017年日本仍是菲律宾官方发展援助的最大提供者，

---

① Ian Nicolas P. Cigaral, “Philippines' Infrastructure Challenge: A Huge Gap or a Black Hole?”, https://www.bworldonline.com/philippines－infrastructure－challenge－huge－gap－black－hole/，最后访问日期：2018年12月20日。

② UN ESCAP, *Asia－Pacific Countries with Special Needs Development Report 2017*, https://www.unescap.org/sites/default/files/publications/Final%20（CSN）%206%20June.pdf，最后访问日期：2018年12月20日。

③ JICA, *JICA Annual Report Data Book 2018*, https://www.jica.go.jp/english/publications/reports/annual/2018/c8h0vm0000dxws0g－att/2018_data_all.pdf，最后访问日期：2018年12月20日。

为菲律宾提供了371.1亿美元发展援助，占菲律宾接受的外部援助总额的36.18%[①]，其中贷款援助为256.9亿美元，无偿援助63.2亿美元，技术援助52.0亿美元。2017年至2018年，日本对菲贷款援助主要用于基础设施建设，主要合作项目有：甲米地工业园区洪水风险管理计划、主干路绕道工程、马尼拉地铁项目、新薄荷机场建设与可持续环境保护计划，以及马尼拉城铁3号线修复工程。同期，日本对菲律宾的无偿援助主要用于社会类援助项目，如非法吸毒者综合康复计划、支持马拉维市及其周边地区战后恢复和重建计划、修建卡加延德奥罗河盆地的洪水预测和预警系统的计划等。日本的技术援助方式有派遣专家、培养研究员以及提供仪器。日本希望通过对菲律宾的援助在当地树立良好的形象，增强两国的互信。菲律宾民调机构社会气象站（SWS）公布的最新民调数据显示，2017年菲律宾国内对日本的净信任程度为+54，达到历年来最高。[②]

三　菲日防务合作发展

安全防务合作向来是菲律宾与日本的重要合作领域之一。2013年，日本新的《国家安全保障战略》指出，为了克服日本面临的国家安全挑战，实现国家安全的目标，日本需要扩大和发展与其他国家的关系。同时，“战略”中明确表明东盟国家在安全合作中占据重要地位。[③] 在这种政策指引下，菲律宾自然是日本安全合作的重要对象。

杜特尔特执政后，虽然菲律宾采取了“独立自主”的外交政策，和美国保持了一定距离，但与日本的防务合作依旧紧密。原因在于菲律宾的军事

① “Disbursements of ODA Pick Up in 2017; Japan Remains Top ODA Source,” http://www.neda.gov.ph/2018/07/23/disbursements-of-oda-pick-up-in-2017-japan-remains-top-oda-source/，最后访问日期：2018年12月20日。

② 《菲律宾“净信任民调”：亲中远美不影响，民众依然最信任美国》，https://asean.thenewslens.com/article/90610，最后访问日期：2018年12月20日。

③ “Japan's National Security Strategy,” http://japan.kantei.go.jp/96_abe/documents/2013/icsFiles/afieldfile/2013/12/17/NSS.pdf，最后访问日期：2018年12月20日。

实力十分薄弱，有提升总体军事实力的迫切需求，但却面临着预算和技术的双重限制。双方的防务合作主要体现在以下三个方面。

（一）构建紧密的部长级对话

首先，菲日在之前建立国防部长和国防部副部长政策会议等一系列框架下积极进行安全防务合作战略对话。2017 年 2 月，菲律宾国防部副部长戴维（Ricardo David）和日本防卫副大臣真布朗（Manabe Ro）举行第五轮国防部次长级会议，就情报交换和国防设备转让等一系列议题展开讨论。戴维高度赞扬日本对加强菲律宾国防能力建设的重要贡献，并强调菲日需要就访问部队协议达成一致结果，为两国开展更广泛的军事演习做好准备。真布朗在会上表示日本非常愿意与菲律宾开展信息交流和转让国防设备，深化两国的防卫合作，并表示愿意要为菲律宾、印度尼西亚和马来西亚在共同海洋领域打击海盗和恐怖主义的三边合作提供支持。[①] 10 月，日本防卫大臣小野寺五典（Itsunori Onodera）与菲律宾国防部长洛伦扎纳举行国防部长级会议。小野寺五典指出，日本和菲律宾是拥有共同原则和目标的战略伙伴，欢迎两国推动防务合作，并希望两国的国防部门进一步加强合作和交流。会议期间双方达成协议，将日本原定以租借形式向菲律宾提供的TC－90教练机改为无偿转让。[②] 2018 年 6 月，菲日防长在新加坡参加香格里拉对话期间举行会谈，谈话焦点放在双方有共同利益关切的朝鲜问题上。小野寺五典表示要利用美朝会晤的契机推动朝核问题和朝鲜绑架日本人案件取得实质性进展，洛伦扎纳则回应称希望朝鲜放弃核武器。双方一致认为要推动两国各个领域的防务合作。[③]

---

① "Japan Willing to Fight Piracy, Terrorism, with Philippines," https://www.philstar.com/headlines/2017/02/15/1672286/japan－willing－fight－piracy－terrorism－philippines，最后访问日期：2018 年 12 月 20 日。

② Ministry of Defense of Japan, "Japan－Philippines Defense Ministerial Meeting (Summary)," http://www.mod.go.jp/e/d_act/exc/admm/04/attachment_5.html，最后访问日期：2018 年 12 月 20 日。

③ Ministry of Defense of Japan, "Japan－Philippines Defense Ministers' Meeting (Summary)," http://www.mod.go.jp/e/d_act/exc/iiss/pdf/17th_jp_ph_e.pdf，最后访问日期：2018 年 12 月 20 日。

（二）日本加快向菲律宾转让防卫装备

日菲防务合作的另外一项重要内容是装备转让。2016 年，在老挝举行东盟峰会期间，安倍晋三承诺将会给菲律宾提供两艘 90 米级别的大型海岸巡逻舰，以增强菲律宾海岸警卫队搜救和渔业保护能力。这是日本首次向其他国家提供这种级别的大型巡逻舰。[①] 2017 年 3 月，日本正式将两架海上自卫队 TC－90 教练机移交给菲律宾。在交付仪式上，菲律宾国防部长洛伦扎纳指出这些飞机对于菲律宾海军执行维护海洋安全和保卫领土的任务上具有关键性作用。出席仪式的日本防务副大臣若宫健嗣致辞称，菲律宾位于日本的海上通道上，同时日菲在亚太地区包括在南中国海，共同面临许多安全问题，因此，菲律宾对于日本而言具有重要政治意义，与菲律宾在区域安全与稳定方面的合作显得愈发重要。[②] 5 月，日本通过了《自卫队法》的修改，允许日本自卫队向他国免费或低价转让所持二手防卫装备。10 月，日本宣布将向菲律宾无偿捐助 5 架 TC－90 教练机，之前抵达菲律宾的两架租赁飞机将于 2018 年 3 月与另外 3 架 TC－90 飞机一起正式移交给菲方。这是日本在新的《自卫队法》下首次向他国免费转让防卫装备，充分彰显了日本和菲律宾稳固的战略伙伴关系。日本日益将军事外交作为抗衡中国在东南亚不断增强的政治和经济影响力的新手段，日本此举是要与中国争夺对包括菲律宾在内的南海地区国家的影响力。2018 年 3 月，日本举行 TC－90 教练机交付仪式，仪式举行前，日本国防部议会副部长福田达夫与菲律宾国防部长德尔芬·洛伦扎纳举行双边会谈，福田达夫表示，在“自由开放的印太战略”下，日本希望与菲律宾保持密切合作。双方同意进一步加强日菲的联系。8 月，日本国际协力机构向菲律宾海岸警

---

① Asia Maritime Transparency Initiative, “President Duterte Maintains Philippine – Japan Partnership as He ‘Pivots’ to China,” https://amti.csis.org/president – duterte – maintains – philippine – japanese – partnership – pivots – china/，最后访问日期：2018 年 12 月 20 日。

② “Philippines ‘Politically Important Nation for Japan’,” https://www.rappler.com/nation/165367 – japan – philippines – security – south – china – sea，最后访问日期：2018 年 12 月 20 日。

卫队交付最后两艘大型多用途快速反应艇（MRRV），同时还宣布要在接下来几年内再为菲律宾建造和交付两艘 90 米长大型巡逻船。[①] 11 月，日本再次宣布向菲律宾空军转让直升机零件，以便帮助菲律宾保持 UH－1H 直升机的运行能力。12 月 8 日，日本媒体指出日本有意向菲律宾出售日本独立研发的防空雷达装备，用于探测和追踪他国战斗机，如果该协议达成，这将是日本自 2014 年解除长达 50 年的武器出口禁令以来首次向国外出口军事装备。[②]

（三）军舰互访与联合演习

近两年日本军舰频繁访问菲律宾，而日菲双方开展联合演习也是双方防务合作的重要内容。2017 年 6 月，日本最大军舰、出云号准航母和涟号护卫舰对菲律宾进行为期 4 天的友好访问。菲律宾总统杜特尔特亲自登舰参观，成为第一位登上出云号的外国首脑。杜特尔特在参观完出云号后表示，“菲律宾与日本的联系由来已久，菲律宾将一直和日本站在一起”。[③] 出云号的到访意在向菲律宾展示日本强大的军事力量，表明日本在地区安全问题上仍然占据重要地位，是地区安全问题的积极参与者。耐人寻味的是，出云号的到访选在了杜特尔特政府积极寻求与中国合作的时期，想要向中国传达菲日安全伙伴关系依然牢固的信号。2018 年以来，日本护卫舰更为频繁地访问菲律宾。截止到 9 月份，日本军舰已经对菲律宾进行了 5 次沿途到港停靠。

在军事演习方面，菲日军事演习逐渐增多，以双边、三边演习为主，演习项目聚焦海上安全。2017 年 1 月，日本海上自卫队与菲律宾海军在苏比

---

① JICA，“JICA Hands Over Last Two Multi－Role Response Vessels to PCG as Support to PH Maritime Security and Safety，” https：//www. jica. go. jp/philippine/english/office/topics/news/180823. html，最后访问日期：2018 年 12 月 20 日。

② “Philippines Sounded Out by Japan on Air－Defense，” *NIKKEI Asian Reviews*，https：//asia. nikkei. com/ Economy/Philippines－sounded－out－by－Japan－on－air－defense－radar，最后访问日期：2018 年 12 月 20 日。

③ Frances Mangosing，“Duterte on Japan：I Know We Will Be with Them for All Time，” https：//globalnation. inquirer. net/157611/duterte－aboard－japan－warship－know－will－time，最后访问日期：2018 年 12 月 20 日。

克湾沿岸举行军事演习，日本派遣了两艘护卫舰参与演练，包括执行《海上意外相遇》规则和训练两方通信联络等演习科目。上条南淳舰长表示，此次演习是要在南中国海践行自由通航原则。① 2018 年 10 月，日本参与了菲律宾与美国为期 10 天，代号为“毒液”的联合军演。在此次演习中，日本的陆上自卫队登上菲律宾海岸，是日本第二次世界大战以来首次在外国土地上使用装甲军车。② 除了两国常规海军演习，被称为“第二海军”的海岸警卫队也开始频繁互动。2017 年 1 月，安倍晋三访菲期间，日本海岸警卫队和菲律宾海岸警卫队签署了谅解备忘录，同意通过联合演习，军舰互访和能力建设加强两国的海上合作。③ 基于此，5 月，日菲海岸警卫队开展了第一次联合海上演习，以打击海盗和海上武装抢劫为主要目标，并提出要在一个月内再次举行联合训练。④ 2018 年 11 月，日本和菲律宾海岸警卫队再次在马尼拉沿海举行联合演习，这次演习主要集中于打击海盗和救援行动。总的来说，日本和菲律宾具有广泛的安全共同利益，两国安全防务合作范围日益扩大，合作力度不断加深，安全防务合作迅猛推进。

四　杜特尔特上台后菲日关系发展的动因

从领导人对话、经贸关系、防务合作三方面来看，杜特尔特上台继续推动日菲关系向前发展。这种举措背后有深刻而复杂的现实利益考量。

---

① Allan Macatuno, “PH, Japan Navies Hold War Games,” https://globalnation.inquirer.net/151310/ph-japan-navies-hold-war-games，最后访问日期：2018 年 12 月 20 日。

② “Japan Military Joins Historic PH-US War Games,” https://news.abs-cbn.com/news/10/06/18/japan-military-joins-historic-ph-us-war-games，最后访问日期：2018 年 12 月 20 日。

③ Phiippine News Agency, “Duterte, Abe Agree to Enhance Maritime, Security Cooperation,” http://www.canadianinquirer.net/2017/01/12/duterte-abe-agree-to-enhance-maritime-security-cooperation/，最后访问日期：2018 年 12 月 20 日。

④ Philippine Daily Inquirer, “PH, Japanese Coast Guards to Hold Drills in June,” https://globalnation.inquirer.net/156559/ph-japanese-coast-guards-hold-joint-drills-june，最后访问日期：2018 年 12 月 20 日。

从菲律宾的角度看，菲律宾“拉拢”日本是为了将其作为实施大国平衡战略的调和剂。自摆脱美国殖民统治以来，菲律宾长期与美国保持亲密的同盟关系。阿基诺三世执政期间，在南海争端上采取强硬态度，使得中菲关系急剧恶化。菲律宾采取了“一边倒”的“联美制华”外交政策，将自身与美国的亚太战略捆绑在一起。然而，这种外交政策并没有给菲律宾带来太多利益，反而使菲律宾沦为美国亚太战略中的一个棋子，并且导致菲律宾在经济发展、战略安全和周边外交方面承受巨大压力，反美情绪在国内快速蔓延。因此，杜特尔特上台以来，提倡独立自主的外交政策，不再唯美国马首是瞻，与美国保持一定的距离，并且扬言要美国军队撤出菲律宾基地以及停止与美国进行军事演习和南海巡航，强烈反对美国干涉菲律宾内政，清晰传达了要与美国亚太战略拉开距离的信号。然而菲律宾也清楚意识到，自己的安全保障建设与美国密不可分，菲律宾不可能与美国切断军事联系，这种“独立”更多体现在外交层面而非军事合作层面。在与美国“疏远”的同时，杜特尔特积极调整对华政策，寻求与中国改善关系，在经济上提升与中国的合作。在双方政府的努力推动下，中菲关系全面转圜，进入“黄金时期”。尽管菲律宾与中国的经贸联系日益密切，但双边仍受南海问题的影响。在这样的背景下，杜特尔特与日本保持良好关系，能够借助日本与美国亲密的同盟关系，缓和与美国的矛盾，同时利用中日之间争夺亚洲影响力的较量，从而为自己谋取更多的经济利益。

从日本的角度看，日本将菲律宾视为提升自己在亚太地区特别是东南亚地区影响力的重要一环。2016 年，日本首相安倍晋三在第六届东京非洲发展国际会议提出“自由、开放的印太战略”构想，旨在以自由开放的印度洋和太平洋为媒介，加强非洲与亚洲的互联互通。“印太战略”是日本塑造印太地区秩序的重要主张，随后，日本将此战略构想作为新的外交政策写入 2017 年版日本《外交蓝皮书》。[①]“自由开放的印太战略”强调东

① Minister for Foreign Affairs of Japan, *Diplomatic Bluebook 2017*, https://www.mofa.go.jp/policy/other/bluebook/2017/html/index.html，最后访问日期：2018 年 12 月 20 日。

盟国家是连接印度洋和太平洋的枢纽，要加强与东盟的合作，进一步推动与东盟国家的基础设施建设、贸易和投资，改善经营环境和人才培养状况，从而更好发挥东盟的连接性作用，将东盟的成功辐射到如中亚和非洲等其他地区。作为东盟的重要成员国，菲律宾是日本推进印太战略的重要一环。日本是美国在亚太地区最重要的盟友，也是美国亚太战略忠实的追随者和坚定的支持者。但是这种角色定位在为日本带来经济、政治和军事红利的同时，也使得日本受到美国的战略制约，在对亚太国家的外交中只能起相对辅助和助势的作用。随着日本追求政治和军事大国的意愿增强，日本想要提升自己在亚太地区的话语权，谋求更为自主的外交，在海洋秩序建设方面发挥主导作用。中国正在快速崛起，改变了日本作为亚洲“优等生”的地位。中国经济增长速度远高于日本，在世界和亚洲的政治影响力日益提升，中日军事力量对比也正在发生有利于中国的变化。中国提出“一带一路”倡议，将周边外交置于外交全局首要地位的行为都被日本视为中国想要重塑亚太秩序的威胁。同时，日本是一个海洋国家，从南海延伸到中东的广阔海域是其海上生命线。中国国家实力增强和坚定维护在南海领土主权和海洋权益的意愿使日本担心中国会控制南海，切断日本的经济生命线。为了提升在亚太地区的影响力和抗衡中国，日本积极推进“自由开放的印太战略”，重新塑造日本的地区角色。东盟国家是亚太地区的重要行为者，是日本推行“自由开放的印太战略”主要拉拢对象。因此，日本希望通过强化与菲律宾的关系，赋予日本外交更多“自主性”的意味，提升日本在东盟国家的影响力；同时，菲律宾是南海争端的声索国，利用菲律宾对中国在南海的行动进行牵制。出于这两方面的原因，菲律宾和日本的利益互补性强，需求紧密，在可预见的未来，菲日关系将会继续保持平稳发展。

中菲专题报告

B.9
中菲渔业纠纷与海上安全治理*

赵 岚　郑先武**

摘　要： 中国与菲律宾之间的海上渔业纠纷本是两国在渔业资源开发的过程中出现的争议，然而随着南海问题的不断扩大，渔业纠纷逐渐与主权争议以及海洋权益结合在一起，成为“泛化”的安全议题。杜特尔特总统上台之后，中菲关系出现缓和，渔业问题也因其在菲律宾国内经济中的重要作用而受到重视，中菲关系逐渐回归理性，两国渔业纠纷也走上了“去安全化”进程。本文以安全化理论为切入点，通过梳理和审视中国与菲律宾在渔业纠纷问题上的“安全化”和去安全化

* 本文系2014年度国家社科基金重大项目“总体国家安全观下的中国东南周边地区安全机制构建研究”(14ZDA087)的阶段性成果。

** 赵岚，中国人民大学国际关系学院博士研究生；郑先武，南京大学国际关系研究院教授、博士生导师，中国南海研究协同创新中心研究员。

进程，探索进一步缓和中菲安全困境的具体路径。

关键词： 渔业纠纷　海上安全　南海　中菲关系

南海海域是世界上渔业资源最为丰富的地区之一，南海周边国家具有悠久的海洋捕捞历史，海洋捕捞一直是南海周边国家经济发展的重要来源。然而随着各个国家海洋权益观念的觉醒，对于南海资源竞争日益激烈，南海渔业资源迅速枯竭，国家间跨境捕鱼、非法捕鱼事件频发，由渔业纠纷而引起的暴力事件、外交冲突、国家对立已经成为关乎东南亚安全与稳定的一个突出议题。

近些年来，菲律宾与中国的海上安全关系不断变化。菲律宾在南海的权益主张与中国的历史性权利重叠，两国海上安全问题成为影响南海地区安全的焦点。中菲两国在南海争议海域频频发生的渔业纠纷逐渐在域内外复杂的地缘政治因素影响下，不断被"安全化"为一个安全议题，成为两国海洋权益竞争中的重要组成部分。自杜特尔特总统 2016 年上台后，重新定义了中菲两国关系，逐渐改变了包括渔业纠纷在内的一系列海上安全争端的处理方法，为中国和菲律宾两国安全合作创造了有利的条件。渔业纠纷逐渐进入了"去安全化"轨道。本文以"安全化"理论为视角，通过分析中菲之间的渔业纠纷逐渐被升级为国家安全问题的动因及过程，探寻菲律宾与中国海上关系"安全化"的进程，以推动中菲安全关系进一步缓和、推动中国与东南亚共建利益与命运共同体为目标，探索进一步缓和中菲安全困境的具体路径。

一　权力博弈与资源竞争：渔业纠纷新思维

（一）资源短缺成为海上安全新议题

渔业资源短缺是包括中国和菲律宾在内的所有南海周边国家所共同面临

的安全新议题。自 20 世纪 80 年代以来，随着南海沿岸国家经济发展水平的持续提高，海洋意识的逐步觉醒，海洋开发力度进一步增大，近海渔业资源迅速萎缩，越来越多的沿岸国家选择进行远洋捕捞，南海海域成为渔业纠纷的高发区，渔业纠纷伴随着国家主权冲突的激化逐渐升级。逐步升级的渔业纠纷加剧了南海资源的迅速萎缩，这种资源萎缩的状况一直持续至今。目前，整个南海海域中除中沙群岛和南沙群岛附近部分海域还有丰富的渔业资源外，其余海域传统的渔业资源数量和质量相较 20 世纪中叶都已经大幅度下降。① 过度捕捞和产能过剩已经构成南海渔业资源长期可持续发展的巨大威胁。

对于菲律宾而言，海洋资源的需求更为十分迫切。海洋经济对国民经济发展的重要性在菲律宾国内具有普遍共识。渔业资源关乎国计民生，超过一半的菲律宾人依靠水产品为主要动物蛋白质来源。② 作为一个农业大国，超过 70% 的菲律宾人居住在农村；农业产业中，渔业对农业的贡献率约 20%，是农业人口就业的重要渠道之一。③ 菲律宾全国有超过 87 万渔民，其中超过 85% 的渔民从事远洋捕鱼。④ 然而菲律宾却被称为是“渔民收入最低的渔业生产国”。⑤ 菲律宾渔民仍然是国家最贫困的群体⑥，甚至被称为国内“穷人中的穷人”。⑦ 南海渔业资源的加速衰减对于菲律宾渔民而言无疑是雪上加霜。

---

① 鞠海龙：《南海渔业资源衰减相关问题研究》，《东南亚研究》2012 年第 6 期，第 52 页。

② 陈思行：《渔民收入最低的渔业生产国：菲律宾》，《中国渔业报》2004 年 9 月 27 日。

③ 林勇新：《菲律宾渔业发展态势研究》，《南海学刊》2015 年第 1 期，第 107 页。

④ SEAFDEC, “Southeast Asian State of Fisheries and Aquaculture,” p. 17, http://www.seafdec.org/download/southeast-asian-state-fisheries-aquaculture-2017，最后访问日期：2018 年 12 月 27 日。

⑤ 陈思行：《渔民收入最低的渔业生产国：菲律宾》，《中国渔业报》2004 年 9 月 27 日。

⑥ Velvet Staff, “Philippines Statistics Authority: Farmers, Fishermen Remain Poorest,” July 3, 2017, https://www.velvetiere.com/2017/07/03/philippines-statistics-authority-farmers-fishermen-remain-poorest，最后访问日期：2018 年 12 月 27 日。

⑦ Ding Cervantes, “Filipino Fisherfolk among the ‘Poorest of the Poor’,” February 19, 2012, *the Philippine star*, http://www.philstar.com/agriculture/778532/filipino-fisherfolk-among-poorest-poor，最后访问日期：2018 年 12 月 27 日。

从中国的角度来看，渔业资源衰竭的危机更加直接。沿海地区工业化、城市化的进程加快，使中国周边海洋生态遭到严重破坏，近海渔业生物资源不断减少并面临枯竭的危险，传统渔民生存的资源空间随着近海渔业生物资源的不断减少而被削弱。① 在部分近海海域，渔民面临着“无鱼可捕”的困境，渔业资源的过度开发导致海洋资源枯竭已经是不争的事实。因此在中菲两国看来，渔业资源已经是一个需要进行保护的战略物资。②

（二）民族情绪触发渔业纠纷导火索

随着中国的崛起，地区权力结构开始有所松动，包括菲律宾在内的周边国家受到外部因素和国内因素的双重驱动，民族主义情绪被不断激发，并影响到包括领土、资源、历史问题等多个方面，成为影响中国周边国家外交的重要变量。中菲逐步升级的渔业纠纷在民族情绪助燃下，不断激化着两国已经十分紧张的安全冲突。从这个方面来看，中菲两国之间发生的渔业纠纷，是在民族主义情绪勃兴下的一个缩影。

在国际关系语境下，民族主义应该是对国家在国际体系中的地位和利益关系密切的意识形态。③ 作为民族的最终代理人，国家在应对外交事务中，利用民族主义情绪聚集力量，动员人民，从而保证国家在国际竞争中能够规避不良影响，进而摆脱由于竞争而带来的民族危机感。在这个过程中，国家利益是民族主义最核心的内容。④ 民族主义生来具有竞争性，这种竞争性来源于民族形成过程中为民族中的个体所赋予的民族尊严。作

---

① 邱昌情：《中国与周边国家的渔业纠纷及其对中国周边外交的影响》，《社会主义研究》2013 年第 3 期，第 149 页。

② Alan Dupont and Christopher G. Baker, “East Asia's Maritime Disputes Fishing in Troubled Water,” *The Washington Quarterly*, Vol. 37, No. 1, Spring 2014, p. 78.

③ 韦民：《民族主义与地区主义的互动：东盟研究新视角》，北京大学出版社，2005，第 10 页。

④ 王军：《民族主义与国际关系》，浙江人民出版社，2009，第 259 页。

为民族中一分子的个体尊严，使得每一个成员热衷于维护民族集体尊严。[①]

尽管南海渔业的争端与开发是动态性与连续性的统一[②]，民族情绪无法全面解释中国与菲律宾频频发生的渔业纠纷，然而却是分析中菲渔业纠纷中不可忽视的一个重要变量。民族主义在现代政治中所发挥的功能远远超出领土纷争、种族对抗的单一范畴。[③] 正是对于民族尊严的渴望以及由此而产生的在国家竞争中对其他国家的敏感，成为菲律宾政府“安全化”渔业纠纷的工具。传统菲律宾因历史上的殖民统治而引起的反美情绪，正随着菲律宾政府的有关措施以及负面舆论的引导下逐渐转变为一种“反中”情绪。对于菲律宾来说，一旦在争议海域渔业纠纷上进行妥协，可能会意味着软弱可欺，接受在中菲海洋权益竞争中的不利形势。而这种消极信息的传递影响了两国之间在应对包括渔业纠纷在内的诸多外交争议时的政策选择。由于受到偏颇的民族主义情绪的误导，两国在应对矛盾过程中难以形成有效的信任，导致行为误判，甚至激化矛盾。

（三）争议海域成为渔业纠纷的场域

目前，中国与菲律宾之间渔业纠纷频发的一个最重要的原因就是两国海洋划界争端。两国的渔船在这些争议海域进行捕鱼时都受到各方不同程度的阻挠干扰，这不仅影响了双方渔业的发展，更对双方渔民的生命财产安全构成严重威胁。海域的划界争议恶化了渔业纠纷的发展态势，而渔业纠纷的激化也加剧了双方在海洋主权上的博弈，在一定程度上，渔权的争夺已经成为海权的争夺战。

中菲两国的争议海域是传统渔场。随着中菲两国的海洋争议不断扩

---

① Liah Greenfeld, “The Globalization of Nationalism and the Future of the Nation - State,” *International Journal of Politics*, Vol. 24, No. 1 - 2, 2011, p. 6.

② 徐小怡：《南海渔业资源争端的冲突分析》，《中国渔业经济》2014 年第 3 期，第 26 页。

③ 梁雪村：《被“围攻”的民族主义与自由国际秩序的道德贫瘠》，《外交评论》2016 年第 1 期，第 110 页。

大，任何在争议海域的渔业行为都有可能被视为一种宣示国家主权、展示国家实力的标志性行为，因而为渔业纠纷赋予了更多政治因素。与此同时，在争议海域履行执法权，对渔船进行登船检查等，成为国家实际管控海域的象征。海域的管辖权之争议往往会使得海洋活动频繁的渔业行动成为各种行动的有力伪装。在南海问题中，菲律宾武装渔船已经在南海争议海域行驶多年，在一定情况下，执法人员会扮成渔民身份进行工作。[①] 2014 年 5 月，菲军曾在南海乘坐渔船抓捕并扣押 11 名中国渔民，引起中国的不满。[②]

以争夺资源为本质的渔业纠纷已经不仅是经济与外交议题，更加关乎国家的海洋主权，成为一场政治博弈。在地缘政治环境的影响下，渔业纠纷不断恶化，直至成为地区安全议题并引起国际社会的普遍关注。

二　渔业纠纷安全化与去安全化：国家利益再定义

哥本哈根学派认为，安全是一种自我指涉（self - reference）的实践。[③] 一旦某个议题被看作一种“存在性威胁”，即使其并不具备迫切性，也可以通过安全行为体的言语行为而说服受众，使其获得采取紧急措施予以应对的权利，从而上升为一种客观威胁。使用安全标签来说明议题不仅仅反映了一个问题是否是安全议题，同时也是一种政治选择，一种以特殊方式进行概念化的决定。[④] 将渔业资源议题安全化的过程的是一种“战术型安全化”，将渔业问题此类低级政治议题与国家生存、领土主权等高级政治议题联系在一

① Hongzhou Zhang, and Sam Bateman, “Fishing Militia, the Securitization of Fishery and the South China Sea Dispute,” *Contemporary Southeastern Asia*, Vol. 39, No. 2, August 2017, pp. 288 - 317.

② 覃博雅、肖红：《组图：返乡中国渔民称菲军警扮渔民持枪抓人》，人民网，http://world.people.com.cn/n/2014/0517/c1002-25029647.html，最后访问日期：2018 年 12 月 27 日。

③ Rita Floyd, *Security and the Environment: Securitisation Theory and US Environmental Security Policy*, New York: Cambridge University Press, 2010, p. 33.

④ Ole Waver, “Securitization and Desecuritization,” in Ronnie D. Lipschutz, *On Security*, Columbia University Press, 1995, p. 65.

起，从而提升对于该议题的公众认知，增强议题的重要性、紧急性，从而获取更多的资源和资金加以应对。[①]

在过去的十年间，中菲两国之间的海上安全关系经历了一个由冲突到缓和的动态过程。从菲律宾联合越南等国家加紧海洋争夺，到引起包括东盟在内的国际社会介入中菲黄岩岛争端，“南海仲裁案”及其后续将两国之间的海上安全与外交关系推向冲突高潮，在杜特尔特上台后，菲律宾国内政局、国际形势发生了一系列的改变，中菲关系逐渐缓和。中菲渔业纠纷作为海上争端的前哨被推向外交战场的前沿，渔业纠纷的安全化与去安全化过程也正是菲律宾在冲突面前重新分析地区结构并适时对国家利益进行再定义的过程。

（一）渔业纠纷安全化：公共议题升级

自 1975 年中菲建交以来，中国与菲律宾在经贸关系上取得了持续发展。除了 1995 年美济礁事件之外，海上安全关系一直没有成为两国关系的焦点和重点。[②] 而随着菲律宾在南海问题上的态度日益强硬，中菲两国之间的渔业纠纷作为一个外交侧面成为两国海上安全政策态势的放大镜。

2011 年 10 月 18 日，中国一艘渔船在南海礼乐滩附近进行渔业活动时遭到了菲律宾炮艇的撞击。时任菲律宾外交部发言人劳尔·赫尔南德斯（Raul Hernandez）就此事面对媒体时回应“不会向中方道歉”，认为致歉“完全没有必要”。[③] 作为菲律宾的盟友，美国在这个问题上态度更加直白，他们指责受到撞击的中国渔船在菲律宾海域内非法捕鱼，此举引起了中国的

① Itay Fischhendler, “The Securitization of Water Discourse: Theoretical Foundations, Research Gaps and Objectives of the Special Issue,” *International Environmental Agreements*, Vol. 15, No. 3, March 2015, p. 247.

② 鞠海龙：《中菲海上安全关系的突变及其原因与影响》，《国际安全研究》2013 年第 6 期，第 71 页。

③ Joseph Santolan, “Philippine Gunboat Rams Chinese Fishing Vessel in South China Sea,” Oct. 25, 2017, https: //www. wsws. org/en/articles/2011/10/scsd – o25. html，最后访问日期：2018 年 12 月 27 日。

严正抗议。[①] 2012 年，菲律宾南海政策走向极端化，菲律宾海上执法人员试图非法扣押在黄岩岛附近捕鱼的中国渔民，与中国巡航船发生了冲突，这一事件迅速恶化了两国的安全关系。[②] 以这次渔业纠纷为导火索，菲律宾单方面提请南海争端强制仲裁。此后中菲之间的渔业问题被上升为一个安全议题，渔船出海捕捞已经不仅仅为了捕捞作业，而是成为国家主权斗争的一部分。2016 年 7 月“南海仲裁案”结审，菲律宾提请非法的仲裁庭对中国“纵容”渔民在“菲律宾专属经济区”内破坏珊瑚礁的行为、危险的捕鱼行为以及捕获濒危物种的行为进行裁决，非法仲裁庭单方面对中国进行了裁决，认为中国在黄岩岛附近的渔业行为违反了海洋法公约第 192 条及第 194 条。[③]

与此同时，菲律宾国内也采取了一系列措施加强渔业问题的关注度。一方面，菲律宾政府鼓励渔民赴南海捕鱼作业，大力发展国内的渔业经济。另一方面，通过加强渔业资源开发，菲律宾政府逐步加强对南海岛礁的控制。[④] 2011 年，在菲律宾颁布的《国家安全政策（2011 ~ 2016）》中，菲律宾宣布要加大海上警卫队的监控和巡逻能力，甚至将巡逻范围扩展到中菲存在海上纠纷的经济专属区。[⑤] 在 2016 年 2 月，菲律宾召开了第一次渔业产业峰会，菲律宾渔业及水产资源局发布了雄心勃勃的《菲律宾五年渔业计划（2016 ~ 2020）》，以未来五年将建立“更具有全球竞争力”的渔业为目

---

① Pia Lee - Brago, “Beijing Urges Manila to Return Chinese Vessels,” October 25, 2011, *The Philippine Star*, http://www.philstar.com/headlines/740597/beijing - urges - manila - return - chinese - vessels，最后访问日期：2018 年 12 月 27 日。

② “2012 South China Sea Developments,” https://www.globalsecurity.org/military/world/war/south - china - sea - 2012.htm，最后访问日期：2018 年 12 月 27 日。

③ PCA Case, “The South China Sea Arbitration (The Republic of the Philippines vs The People's Republic of China),” July 12, 2016, https://www.pcacases.com/web/sendAttach/2086，最后访问日期：2018 年 12 月 27 日。

④ 韩杨等：《中国南海周边国家和地区海洋捕捞渔业发展趋势与政策》，《世界农业》2016 年第 1 期，第 106 页。

⑤ Philippines National Security Council, “National Security Policy 2011 - 2016,” p. 30, http://www.nsc.gov.ph/index.php/national - security - policy - 2011 - 2016，最后访问日期：2018 年 12 月 27 日。

标，加大对渔民远洋捕鱼的补贴力度，[①] 同时增派海洋执法海警的数量，试图在海上渔业纠纷中占据优势。菲律宾采取的一系列措施使得中菲之间的渔业纠纷不断被安全化，成为引起冲突的一个重要表现侧面。

（二）渔业纠纷去安全化：利益再定义

2016 年 6 月 30 日，杜特尔特正式宣誓成为菲律宾第 16 任总统。在此之后，中菲海上安全关系出现了转机。他改变了前任政府对南海争议的处理方式，宣布暂时搁置“南海仲裁”的结果，以修补与中国的关系。[②] 对菲律宾来说，“渔业纠纷”安全化路径除了使菲律宾获得了国际社会空洞的“外交同情”之外，并未实现菲律宾在南海海域的利益诉求，而不断激化的海上安全冲突已经使得菲律宾面临巨大的国内压力。与此同时，国内恐怖主义事件频发、武装海盗猖獗、民生危机爆发等都是杜特尔特政府面临的巨大挑战。面对严峻的国内现实，“务实政治家”杜特尔特对国内经济利益的判断以及菲律宾国际形势进行了再定义，为菲律宾与中国的关系改善营造了新机遇。渔业问题上的“去安全化”趋势便是其中的主要体现。这种应对渔业纠纷逐渐缓和的态度体现在两个方面，第一个方面是低调务实地处理在争议海域中菲两国之间的渔业纠纷，将冲突在可以调整的范围内进行协商；第二个方面是与中国在包括渔业捕捞方面进行多方面的合作与协商。

首先是妥善解决中国与菲律宾之间的渔业纠纷。在《南海仲裁案》最终结果颁布之后，杜特尔特总统采取了“不挑衅、冷处理、缓和局势、建立互信”的政策基调[③]，随后在 2016 年 8 月派出菲律宾前总统拉莫斯开启“破冰之旅”。在这个过程中，尽管菲律宾仍称“黄岩岛是菲律宾的专属经济区”，但是表示愿意恢复传统捕鱼权，恢复 2012 年之前的“原状”。准许

---

① James Donstantin Galvez, “PH Fisheries Industry Rushes 5 – yr Plan,” *The Manila Times*, January 7, 2016, http://www.manilatimes.net/ph – fisheries – industry – rushes – 5 – yr – plan/238286, 最后访问日期：2018 年 12 月 27 日。

② 李金明：《杜特尔特经济学：与中菲关系的改善》，《东南亚研究》2017 年第 6 期，第 137 页。

③ 李忠林：《菲律宾杜特尔特政府的南海政策及前景》，《太平洋学报》2018 年第 6 期，第 64 页。

菲律宾渔民到黄岩岛海域捕鱼，是杜特尔特总统最关切的问题之一。[①] 而在杜特尔特于同年10月20日访问中国之前，再次表达希望就中国与菲律宾在黄岩岛上的捕鱼问题进行商谈，为此愿意搁置黄岩岛争议。[②] 在杜特尔特回国后，菲律宾渔民重新登上黄岩岛进行捕鱼，中国与菲律宾海警在黄岩岛捕鱼问题上达成妥协。

其次，中国与菲律宾之间的渔业合作则是在一系列协商谈判中逐渐深入。2017年4月26日，中国与菲律宾在马尼拉召开了第二次中菲渔业联委会。这次联委会是根据2004年9月在北京签署的《中国农业部和菲律宾农业部关于渔业合作的谅解备忘录》要求，继2005年在马尼拉举行第一次中菲渔业联委会以来首次恢复召开。[③] 2017年11月16日，在习近平主席访问菲律宾后，中菲两国签署《中华人民共和国政府和菲律宾共和国政府联合声明》，确定了进一步加强两国之间的渔业合作。[④] 随着中国与菲律宾之间的关系逐步缓和，中国与菲律宾之间的渔业合作进一步加强，2018年4月，习近平主席在海南会见杜特尔特总统，进一步承诺愿意加强在渔业、执法、安全等领域的合作。[⑤] 2018年11月21日，中国与菲律宾再次发表联合声明，进一步落实渔业合作，并建立全面战略合作伙伴关系。[⑥] 在海洋纠纷“去安全化”的道路上中国与菲律宾共同付出了努力。

---

① Jaymee T. Gamil, “FVR, Pals Talk about Fishing in Shoal,” August 14, 2016, https://globalnation.inquirer.net/142737/fvr-pals-talk-about-fishing-in-shoal，最后访问日期：2018年12月27日。

② Charmaine Deogracias, “Fishery Accords during Duterte China Visit Way Forward in SCS Dispute,” October 19, 2016, http://verafiles.org/articles/fishery-accords-during-duterte-china-visit-way-forward-scs-d，最后访问日期：2018年12月27日。

③ 《第二次中菲渔业联委会在菲律宾马尼拉召开》，新华网，http://news.xinhuanet.com/politics/2017-04/28/c_129580527.htm，最后访问日期：2018年12月27日。

④ 《中华人民共和国政府和菲律宾共和国政府联合声明》，http://www.fmprc.gov.cn/web/ziliao_674904/1179_674909/t1511205.shtml，最后访问日期：2018年12月27日。

⑤ 侯丽军、李金红：《习近平会见菲律宾总统杜特尔特》，新华网，http://www.xinhuanet.com/2018-04/10/c_1122662669.htm，最后访问日期：2018年12月27日。

⑥ 《中华人民共和国与菲律宾共和国联合声明》，外交部，https://www.fmprc.gov.cn/web/ziliao_674904/1179_674909/t1615198.shtml，最后访问日期：2018年12月27日。

三　中菲渔业安全治理的前景与挑战

（一）中菲渔业安全治理的可能性

从菲律宾国内经济角度来看，渔业是菲律宾国民经济的重要产业之一，而近年来中国与菲律宾发生的渔业纠纷不仅对中国造成了严重的经济损失，更是给菲律宾渔民带来了巨大的经济压力。黄岩岛事件影响了中国与菲律宾渔民间的传统友谊，影响到了菲律宾沿海渔民在南海海域的捕鱼作业。对于菲律宾而言，争议海域渔业与海洋资源的联合开发是其核心利益之一。① 因此对于重视国家经济发展、以改善民生为施政重点的杜特尔特总统而言，推动与中国的渔业合作是推动经济发展、减少贫富差距的应然之策。

从地区安全角度来看，化解中菲渔业纠纷是中国和菲律宾之间进行合作的重要途径。菲律宾越来越认识到，中国的积极合作是地区海洋治理的关键所在。② 时任菲律宾外交部长艾伦·彼得·卡耶塔诺（Alan Peter Cayetano）在2017年6月访问中国时称："南海乃至整个地区的和平与稳定是中菲关系缓和的重要成果"。③ 中国和菲律宾在南海安全问题上，尽管存在诸多利益分歧，但是同样也存在相同的利益认知。因此，避免渔业纠纷扩大化、维护地区和平成为中菲两国共同面对的议题。从地区资源安全的角度来看，面对南海渔业资源大幅度衰竭的现实，以及非法捕鱼情况在争议海域的日益恶化，中国和菲律宾在南海资源安全问题上面临着相同的"公地悲剧"。因此，推动中国和菲律宾在南海海域加强渔业安全治理是维护地区稳定以及资

---

① Victor N. Corpus, "A Win - Win Solution in PH Sea Dispute with China," *The Manila Times*, April 20, 2017, http://www.manilatimes.net/win-win-solution-ph-sea-dispute-china/323075，最后访问日期：2018年12月27日。

② 刘艳峰：《中菲海上安全关系缓和：动因与前景》，《南海学刊》2017年第3期，第32页。

③ Christian Shepherd, " China Hail 'Golden Period' in Relations with Philippines," *The US News*, June 29, 2017, https://www.usnews.com/news/world/articles/2017-06-29/china-hails-golden-period-in-relations-with-philippines，最后访问日期：2018年12月27日。

源安全的需要。而中国提出的“一带一路”倡议为中国和菲律宾渔业安全合作提供了更多机会与平台，为两国进一步开展渔业合作铺平了道路。

与此同时，国际形势发生了有利于中菲深化安全治理的变化。杜特尔特上台之后，采取了“疏美亲中”的战略，不再甘心做奥巴马“亚太再平衡”战略中的马前卒。而美国总统特朗普在就职之后重新定义了亚太在美国全球战略中的作用，用雄心勃勃的“印太战略”取代“亚太再平衡”，继续通过介入南海问题继续维护美国所主导的亚太安全态势，利用《南海仲裁案》不断通过强调“基于规则的秩序”以制约中国。然而，特朗普“美国优先”的方向使其在东南亚逐渐失去盟国信任。而美国对杜特尔特包括反腐、禁毒等一系列国内政策的批评也使得美菲关系逐渐冷却。在这样的背景下，中国的重要性有所提升。盲目与中国对峙不利于菲律宾国家利益的实现。中国与菲律宾之间的海上安全合作可能性进一步提升。

（二）中菲渔业安全合作面临的挑战

尽管在杜特尔特总统上台之后，中国与菲律宾海上安全冲突不断缓和并建立了“全面战略合作伙伴关系”。然而不可否认的是，中国与菲律宾之间的渔业安全合作仍然面临着巨大的挑战。中国与菲律宾之间难以消除的政治互信赤字制约着两国在海上安全合作中的深远发展。从菲律宾国内政治情况来看，尽管杜特尔特采取了一系列措施缓和与中国的关系，但是菲律宾国内仍有许多“对华强硬”的声音存在。杜特尔特的政敌利玛（Lima）不断批判杜特尔特在对华问题上的妥协态度，要求调查中菲签署的一系列协议。[①] 而前任总统阿基诺三世的影响依旧不可小觑。因而对于杜特尔特总统而言，依旧面临着国内反华势力对其“出卖菲律宾‘主权’”的指责，这必将会影响菲律宾和中国在南海问题上包括渔业安全治理在内的诸多合作。

① Jefferson Antiporda，“De Lima Seeks Probe on Chinese Firms in PH Deals，” October 28，2016，https：//www. manilatimes. net/de – lima – seeks – probe – chinese – firms – ph – deals/293518，最后访问日期：2018 年 12 月 27 日。

与此同时，海洋主权争议仍然是掣肘两国渔业安全共同治理的重要原因。在南海仲裁案的裁决结果出炉之后，菲律宾的海上利益认知逐渐发生转移，更加关注专属经济区的权益，并试图与中国开展一系列有利于中菲海上安全合作的谈判。尽管菲律宾应对南海仲裁案结果的态度低调务实，然而并未放弃争取黄岩岛的海洋主权，对于海洋主权争议，两国并未达成任何实质性①的妥协。就目前而言，两国持“南海争议并不是中菲关系的全部”的态度，然而两国对于黄岩岛主权争议仍存在着不同的利益认知，因而海洋主权争议仍不容忽视。

（三）中菲渔业安全治理前景

随着两国关系的改善，在南海问题上建立行之有效的规范规则成为中菲两国以及南海各国共同面临的新议题。推动南海渔业安全治理是两国开展合作、共同应对南海问题的有力抓手。暂时搁置两国领海争议，通过双边磋商应对中菲两国渔业纠纷，进行有效谈判将成为两国共同应对渔业纠纷的最佳途径。在《联合国海洋法公约》的框架下通过双边条约划定共同捕捞区，对渔业资源进行有效保护，共同管制在渔业捕捞区内的渔业安全治理，以实现南海渔业资源的可持续利用。

与此同时，中国政府提出的“一带一路”倡议为加强菲律宾与中国之间的渔业安全合作提供了桥梁。2016 年菲律宾通过《菲律宾五年渔业计划（2016～2020）》，决定扩大对渔业生产的投资比重，在沿海地区建设超过 500 家的社区渔业登陆中心，为促进渔业经济发展提供更完善的基础设施。②杜特尔特上台之后，进一步将加强基础设施建设列为菲律宾发展的重中之

① 《中华人民共和国与菲律宾共和国联合声明》，https：//www. fmprc. gov. cn/web/ziliao_674904/1179_ 674909/t1615198. shtml，最后访问日期：2018 年 12 月 27 日。

② “Philippines to Launch 5 – Year Fisheries Plan,” January 12, 2016, http：//www. worldfishing. net/news101/industry – news/philippines – to – launch – 5 – year – fisheries – plan，最后访问日期：2018 年 12 月 27 日。

重，被称为“杜特尔特经济学”。[①] 渔业经济是菲律宾第一产业中的基础生产部门，是基础设施建设中的重要组成部分。2017 年 5 月 12 日，杜特尔特总统代表菲律宾和东盟赴北京参加“一带一路”国际合作高峰论坛，他表示“期待通过与中国持续对话，东盟国家特别是菲律宾与中国之间的互联互通能够得到加强”。[②] 2017 年中国分别向菲律宾巴拉望和达沃地区捐赠 10 万尾东星斑鱼苗，2018 年，中国继续捐赠 10 万尾东星斑鱼苗，并在 2018 年 11 月《中华人民共和国与菲律宾共和国联合声明》中承诺于 2019 年初捐赠 1.5 万尾淡水鱼苗。[③] 中国与菲律宾通过加强在渔业方面的合作，通过“一带一路”倡议为两国海上安全合作提供动力，推动菲律宾渔业生产实现产业结构逐步升级，改变以牺牲渔业资源为代价的远洋捕捞，降低中菲海洋渔业纠纷发生的频率，为两国渔业安全治理减少阻力。

此外，通过在渔业领域的多边合作机制规范有关国家渔业行为也成为减少中国与菲律宾海上渔业纠纷的重要措施。2017 年 11 月 14 日，中国与东盟国家正式宣布启动下一步文案磋商。周边国家有望通过加强协商谈判建立海洋秩序，进一步推动地区合作。其中多边渔业合作是落实《南海行为准则》，启动海洋资源开发的其中一个部分。与此同时，菲律宾同中国在 2017 年 11 月 17 日共同发表了继续推进“南海行为准则”磋商谈判的共同声明，其中提到“加强双方的农渔业合作，中国愿为菲律宾农渔业发展提供资金和技术支持”。[④]

因此，对于中菲两国而言，在多边机制的范围内加强双边渔业合作，增强国家间渔业发展纽带，逐步减少信任赤字，势必成为促进中国与菲律宾海上合作的重要方面。

---

① 李金明：《“杜特尔特经济学”与中菲关系的改善》，《东南亚研究》2017 年第 6 期，第 150 页。

② 张明：《菲律宾总统杜特尔特谈自己对“一带一路”的看法和期待》，中国新闻网，http：//www. chinanews. com/gj/2017/05 - 11/8221596. shtml，最后访问日期：2018 年 12 月 27 日。

③ 《中华人民共和国与菲律宾共和国联合声明》，外交部，https：//www. fmprc. gov. cn/web/ziliao_ 674904/1179_ 674909/t1615198. shtml，最后访问日期：2018 年 12 月 27 日。

④ 《中华人民共和国政府和菲律宾共和国政府联合声明》，外交部，http：//www. fmprc. gov. cn/web/ziliao_ 674904/1179_ 674909/t1511205. shtml，最后访问日期：2018 年 12 月 27 日。

四　结语

安全化理论认为，安全化操作使得议题成为一种特殊的紧急政治模式，对于议题进行讨价还价的空间就会因此而受到限制，并将一种军事思维模式带入议题之中。而去安全化的过程则是将一个问题从紧急模式转移到常规政治模式。[①] 对于中菲之间海上安全关系而言，“去安全化”是破解渔业纠纷困局和缓解两国紧张外交关系的有效方法。尽管中菲之间仍然存在海洋主权争议，但是中菲两国应尽快摆脱零和思维看待海洋争端，在合作中寻求共同发展，实现两国的共同发展，为区域共建提供持续动力。推动渔业纠纷回归特定领域，促进其去安全化发展，将成为缓和两国海上安全关系的重要途径。加强渔业资源安全、推进渔业合作，有利于中菲共同打造政治互信、经济融合、文化并重的利益共同体、责任共同体和命运共同体，成为地区稳定与繁荣的助推器。

① Columba Peoples and Nick Vaughan - Williams, *Critical Security Studies*: *An Introduction*, New York: Routledge, 2010, p. 83.

B.10

杜特尔特执政以来菲律宾主流媒体中的中国形象*

——以《马尼拉时报》《菲律宾星报》《每日询问者报》为例

冯 雷 邱银芝**

摘 要： 本文通过分析《马尼拉时报》《菲律宾星报》《每日询问者报》三份报纸自杜特尔特执政之后两年间（2016 年 7 月 1 日到 2018 年 7 月 31 日）的涉华报道，归纳出菲律宾主流媒体中的中国国家形象：不可缺少的经济合作伙伴、有担当的区域大国、“需要提防”的邻居、“野心勃勃”的军事强国，形成这些形象的原因主要有：两国之间存在领土争端、民族主义情绪的激发、两国军事和经济力量的差距、美国的影响等，并在此分析的基础上提出中国的应对之策。

关键词： 中国 国家形象 菲律宾媒体

随着中国的崛起，中国的国际地位不断提高，在亚洲的影响力也日益增强，作为一个亚洲的发展中国家，菲律宾在发展过程中也搭上了中国的“顺风车”，在经济发展等领域对中国有很强的依赖性，但与此同时，“中国

---

* 本文系国家社科基金一般项目“‘一带一路’倡议在东南亚实施的安全环境研究”（项目编号：18BGJ068）的阶段性成果。

** 冯雷，中山大学国际关系学院博士，中山大学“一带一路”研究院研究员；邱银芝，中山大学国际关系学院研究助理。

威胁论”在包括菲律宾在内的东盟国家一度盛行，有些人对中国的军事以及科技实力的发展感到不安。

在“南海仲裁案”发生之后，中菲两国的关系因为南海问题陷入僵局，2016 年 6 月，菲律宾新一任总统杜特尔特执政之后调整了对华政策，使两国的关系缓和，中菲关系回到正常轨道。中菲两国官方与民间往来日益频繁，菲律宾对于中国崛起的态度影响着两国之间的交流与合作，而在这过程中，中国在菲律宾国内的国家形象影响着菲律宾民众对中国的认知。

国家形象是有关国家的信息通过媒介传递后在受众脑中形成的[①]，传递过程的首要媒介就是大众传媒，而报纸正是大众传媒中的重要手段之一。正如亚历山大·利斯（Alexander Liss）所说：“如果我们要观察一国的公民对另外一个国家的一般印象，我们必须通过对广泛的媒体，比如对报纸进行分析。一些大的报业集团的报纸在全国范围内发行，它广泛而又深远地影响着它的读者，这是我们不能忽视的。主流媒体对某一个主题、某一个国家的描绘，能对两国的国际关系与双方社会的相互关系的形成，起到深刻的影响。”[②] 由此可见，菲律宾国内主流媒体对于中国在菲律宾的国家形象建构发挥着重要的作用。这些主流媒体不仅是菲律宾国内民众了解中国的重要途径，也是反映杜特尔特执政之后菲律宾民间对中国态度的重要渠道。

本文选择研究的对象为《马尼拉时报》、《菲律宾星报》和《每日询问者报》，自杜特尔特执政之后两年间，也就是 2016 年 7 月 1 日到 2018 年 7 月 31 日间的关于中国的报道。选择这三份报纸作为研究对象是因为这三份报纸在菲律宾国内有着较大的影响力。《马尼拉时报》（*Manila Times*）创刊于 1898 年，是设在马尼拉的全国性报纸，发行历史悠久，是菲律宾的老牌英文报纸之一，也是菲律宾全国发行量最大的报纸，该报的报道通常代表官方的观点和立场。《马尼拉时报》所报道的内容包括每日头条新闻，商务，

---

① 刘继南、周积华、段鹏等：《国际传播与国际形象——国际关系的新视角》，北京广播学院出版社，2002，第 283 页。

② Alexander Liss, “*Images of China in the American Print Media*: A survey from 2000 to 2002,” *Journal of Contemporary China* (*2003*), 129 (35), 299 – 318.

生活，体育，地区和国际新闻等。[1]《菲律宾星报》（*Philippine Star*）创立于1986年，与《马尼拉时报》相比历史较短，总部也位于马尼拉，是菲律宾主流英文报纸，也是菲律宾最大的报纸之一，该报也在中国香港和沙特阿拉伯同时发行。《菲律宾星报》主要提供菲律宾国内外最新资讯和评论，包括政治、经济、石油、文化、娱乐、体育、生活等，该报的目标是确保菲律宾人无论其身在何处，随时了解菲律宾发生的大事件，并保持与时代趋势和需求同步，与世界其他地方保持联系，在菲律宾众多英文报纸中受众较广，比较具有代表性。该报报纸上有一句格言：真理必胜（“Truth Shall Prevail”），这也反映出星报两面性的社论政策，报道也相对比较客观。[2]《每日询问者报》（*Philippine Daily Inquirer*）创立于1985年，其前身是《菲律宾询问者周报》（*Weekly Philippine Inquirer*），是菲律宾最早创建的私人报纸之一。总部位于马尼拉的马卡迪区，在菲国内拥有4个地区分社，是菲律宾流传最广、阅读人数最多、影响力最大的报纸。在本国270万读者中，其占据了50%以上的市场份额。它是所有领域和年龄层的读者最为接受的读物，也是关于重大新闻事件报道的消息来源最为人们所信任的渠道。[3]

本文的研究问题是自杜特尔特执政之后，在这两年间（2016年7月1日到2018年7月31日）《马尼拉时报》、《菲律宾星报》和《每日询问者报》三份报纸的涉华报道中所反映出的中国形象是怎么样的，这背后的原因又是什么，以及中国应如何应对。本文使用的研究方法是内容分析法，文章将通过对杜特尔特执政之后《马尼拉时报》、《菲律宾星报》和《每日询问者报》于2016年7月1日到2018年7月31日间发表的涉华报道进行阅读、归类和分析，结合其他相关文献进行解读，通过对新闻报道的研究解读菲律宾媒体在菲律宾国内的中国国家形象建构过程所起的作用。在阅读三份报纸的报道之后，本文把报道归为六种：政治类报道、经济类报道、体育类报道、社会类报道、文化类报道、旅游类报道，并结合报道的文本进行分析。

---

① 马尼拉时报官网，http：//www. manilatimes. net/about – us/，2018年6月29日。

② 菲律宾星报官网，https：//www. philstar. com/about – us，2018年6月29日。

③ 每日询问者报官网，https：//www. inquirer. com. ph/about – us –2/，2018年6月29日。

一 菲律宾主流媒体涉华报道议题分布

从三份报纸涉华报道的总体来看，主要可分为以下五种议题：政治类报道、经济类报道、体育类报道、社会类报道、文化类报道（见图1、图2、图3），从报纸各种类别报道的占比可以看出菲律宾媒体对于中国的关注集中在哪个领域，从而分析相关领域的报道，分析菲律宾媒体中中国形象的建构偏向。

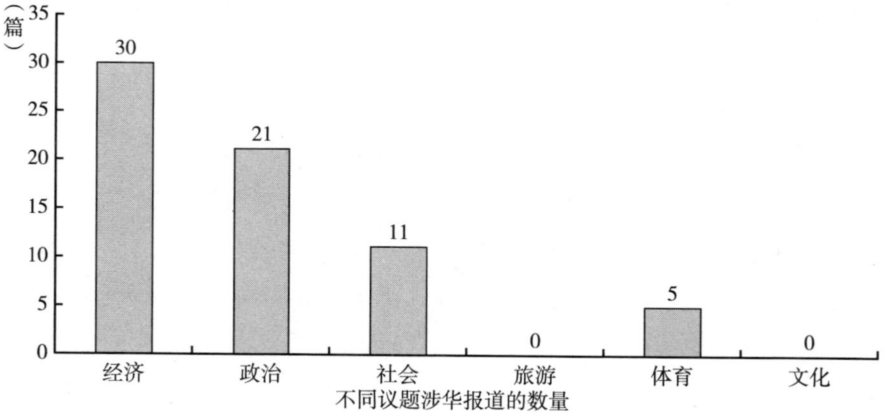

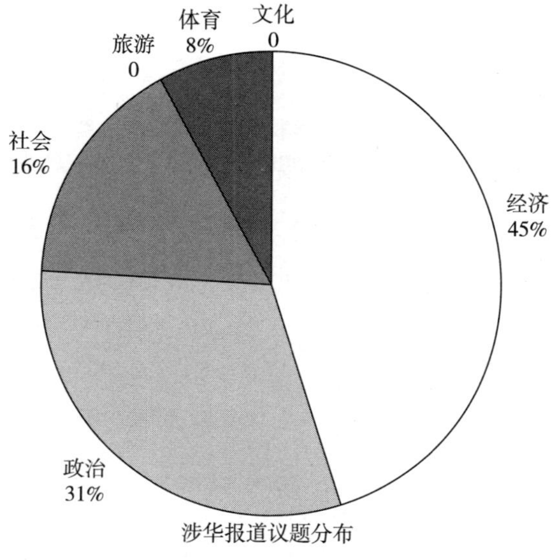

图1 《马尼拉时报》2016年7月1日到2018年7月31日不同议题涉华报道数量及分布

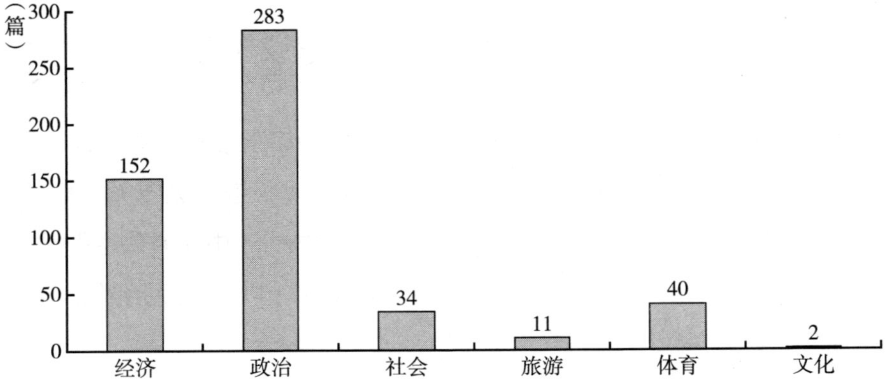

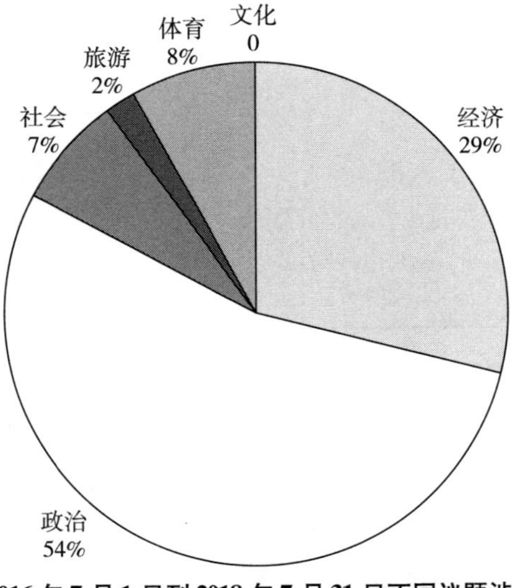

图2　《菲律宾星报》2016年7月1日到2018年7月31日不同议题涉华报道数量及分布

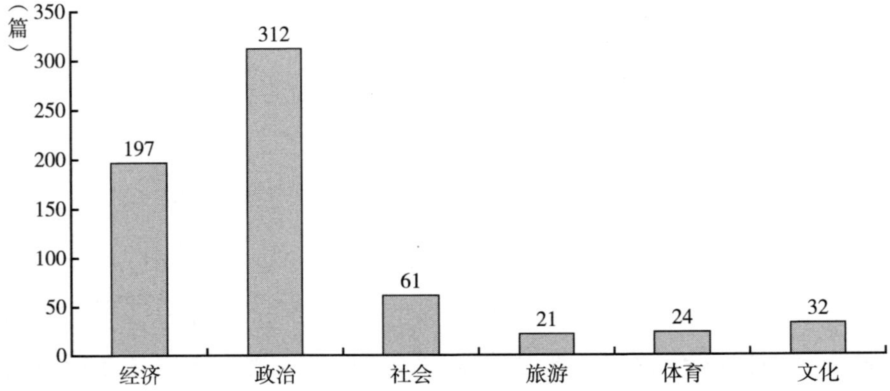

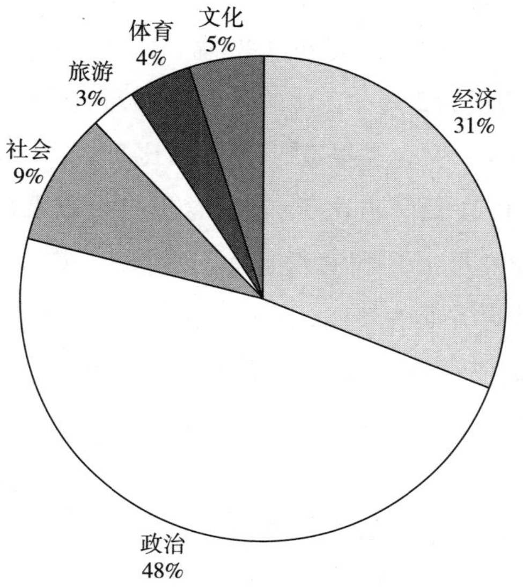

图 3　《每日询问者报》2016 年 7 月 1 日到 2018 年 7 月 31 日不同议题涉华报道数量及分布

从图 1、图 2、图 3 三张图可以直观地看到，2016 年 7 月 1 日到 2018 年 7 月 31 日这两年间《马尼拉时报》、《菲律宾星报》和《每日询问者报》三份报纸中的涉华报道里，政治类报道与经济类报道的数量最多，占比远远高于其他类别的新闻。其中《马尼拉时报》的政治类报道为 21 篇，占比 31%，经济类报道为 30 篇，占比 45%；《菲律宾星报》的政治类报道为 283 篇，占比 54%，经济类报道为 152 篇，占比 29%；《每日询问者报》的政治类报道为 312 篇，占比 48%，经济类报道为 197 篇，占比 31%。

由此也可以看出，尽管三份报纸对中国的报道量差异如此之大，它们对于中国的关注点是大概一致的，都比较关注政治类和经济类的报道。

除了占比特别大的经济类和政治类报道，还有文化、体育、旅游与社会类报道。其中《马尼拉时报》的社会类报道是 11 篇，占比 16%；体育类报道是5篇，占比8%；无旅游与文化类的报道。《菲律宾星报》的社会类报道为34篇，占比7%；体育类报道为40篇，占比8%；旅游类报道11篇，占比2%；文化类报道为2篇，占比约0.3%。《每日询问者报》的社会类报道是61篇，占比9%；文化类报道32篇，占比5%；体育类报道24篇，占比4%；旅游类报道21篇，占比3%。从这里也可以看出这三份报纸的不同，相比起《菲律宾星报》和《每日询问者报》，《马尼拉时报》比较不关心中国的文化教育方面的新闻，《菲律宾星报》和《每日询问者报》要多一些娱乐类的报道，其中可以明显看出《每日询问者报》报道议题的选择更多样化。选取这些定位有些许差异的报纸也有益于增强本文研究结果的说服力。

从上文三张饼状图可以直观地看出，《马尼拉时报》、《菲律宾星报》和《每日询问者报》三份报纸中的涉华报道中政治类报道与经济类报道占比十分大，而这两类报道也可以再进行细分。其中政治类报道可细分为：中国国内政治新闻、中国与菲律宾的外交新闻、中国与其他国家的外交新闻或多边外交新闻；经济类报道可分为：中国与菲律宾的经济贸易报道、国际贸易等。

从图4、5、6三张图可以直观地看到，2016年7月1日到2018年7月31日这两年间《马尼拉时报》、《菲律宾星报》和《每日询问者报》三份报纸的涉华政治报道里，关于中国与菲律宾外交关系的报道数量最多，数量和占比远远高于其他政治类别的新闻。

其中《马尼拉时报》的中菲外交关系报道是19篇，在政治类报道中占比为90%；《菲律宾星报》的中菲外交关系报道为190篇，在政治类报道中占比67%；《每日询问者报》的中菲关系报道为260篇，在政治类报道中占比83%。此外，中国与其他国家的外交关系报道也有相对大的占比，《马尼拉时报》中报道数量较少，只有2篇，占比为10%，其他两份报纸此类报道较多，《菲律宾星报》中报道数量为88篇，占比为31%，《每日询问者报》中报道数量为50篇，占比16%。

三份报纸都不太关心中国国内的政治新闻，《马尼拉时报》在这两年里更是没有报道过中国国内的政治新闻，《菲律宾星报》报道了 5 篇，占比 2%，《每日询问者报》只报道了 2 篇，占比 1%。可见在政治议题里，三份报纸都着眼于中国的国际政治新闻，尤其是与菲律宾相关的。

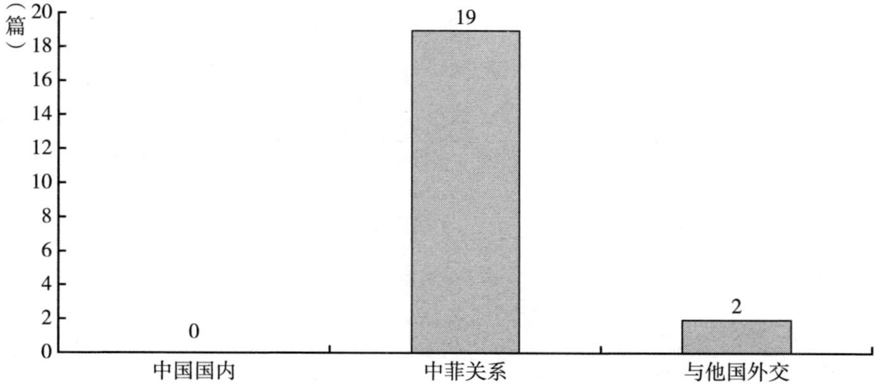

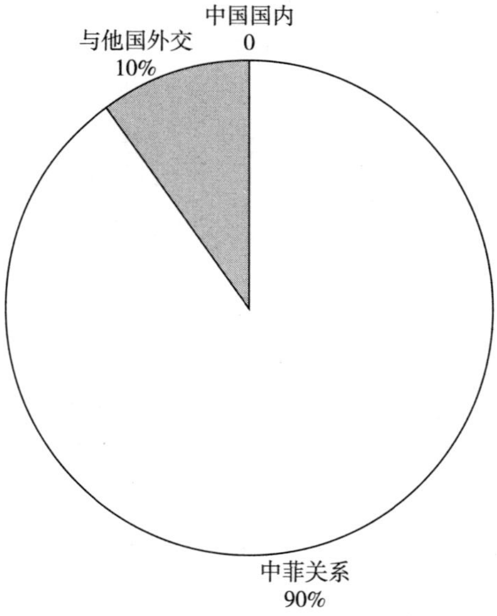

图 4 《马尼拉时报》2016 年 7 月 1 日到 2018 年 7 月 31 日涉华政治类报道细分数量及占比

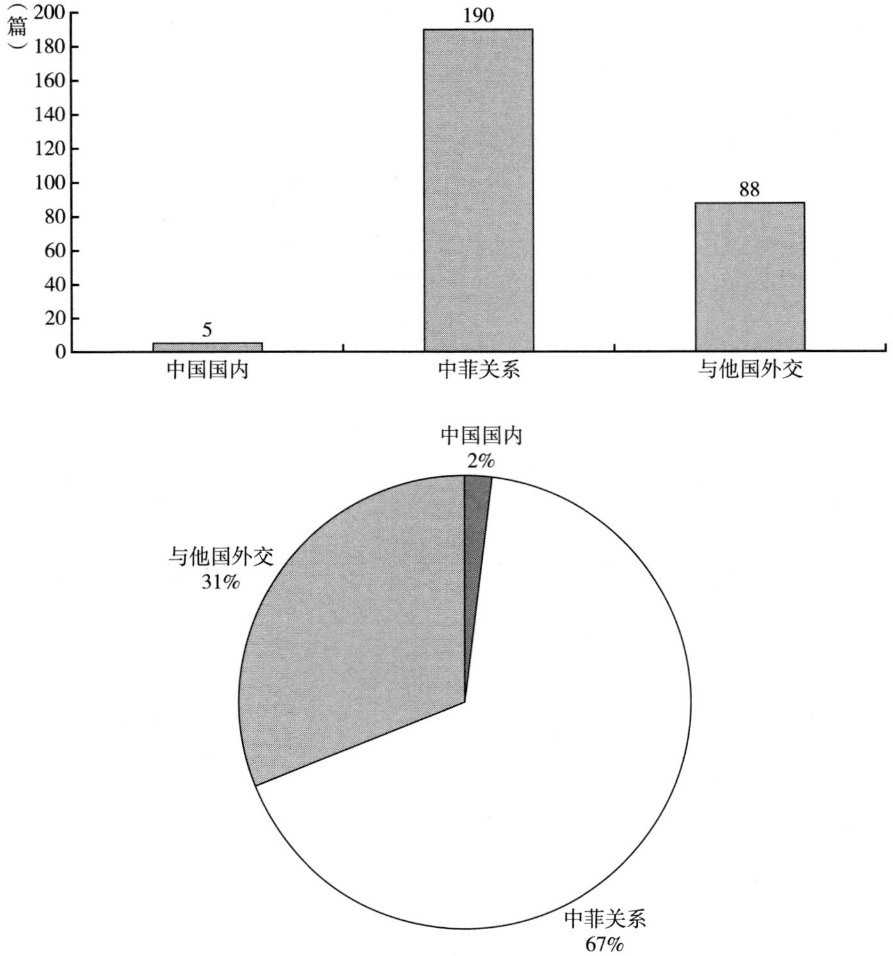

图5　《菲律宾星报》2016年7月1日到2018年7月31日涉华政治类报道细分数量及占比

从图7、8、9可以直观看出，2016年7月1日到2018年7月31日这两年间《马尼拉时报》、《菲律宾星报》和《每日询问者报》三份报纸中的涉华经济报道里，关于中国与菲律宾贸易往来的报道数量最多，占比远远高于其他类别的新闻。

其中《马尼拉时报》的中菲贸易报道是17篇，在经济类报道中占比为57%；《菲律宾星报》的中菲贸易报道为120篇，在经济类报道中占比为

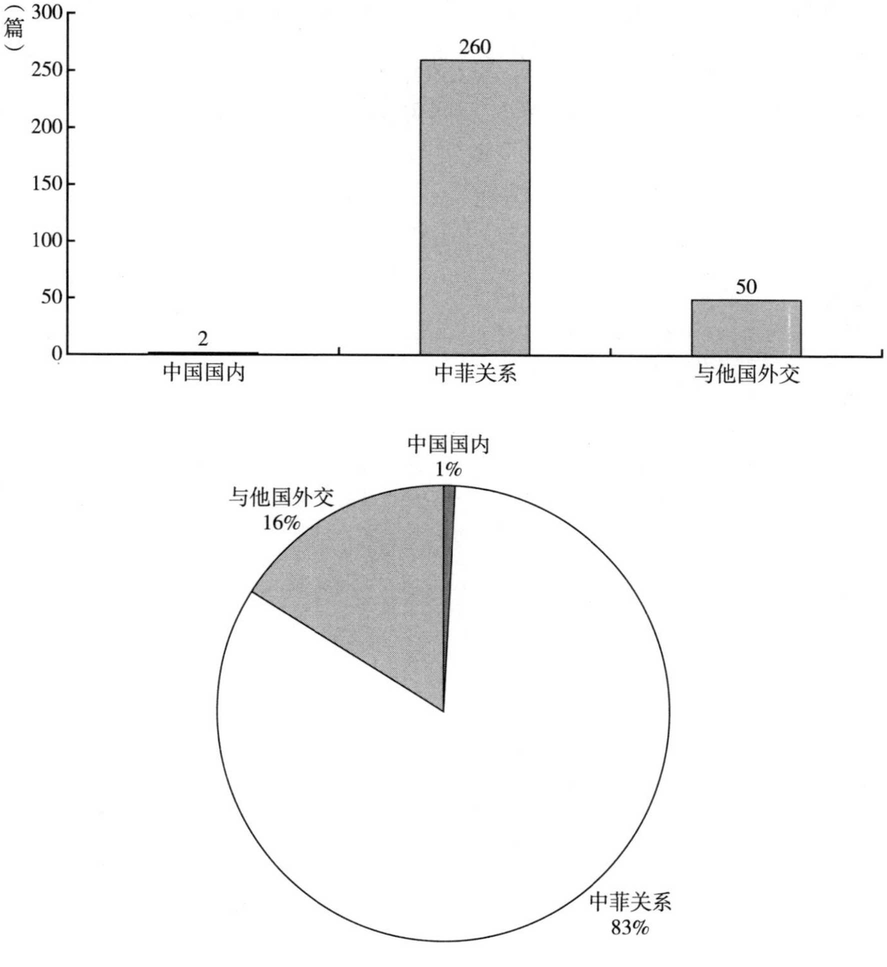

图 6　《每日询问者报》2016 年 7 月 1 日到 2018 年 7 月 31 日涉华政治类报道细分数量及占比

79%；《每日询问者报》的中菲贸易报道为 175 篇，在经济类报道占比为 89%。此外，《马尼拉时报》中国际贸易的报道数量为 9 篇，占比为 30%，关于中国国内的经济类报道数量为 4 篇，占比 13%；《菲律宾星报》中的关于国际贸易的报道数量是 26 篇，占比为 17%，关于中国国内的经济类报道是 6 篇，占比为 4%；《每日询问者报》中关于国际贸易的报道数量是 16 篇，占比为 8%，关于中国国内经济的报道为 6 篇，占比 3%。

从图中也可以看出，三份报纸对于中国参与的国际贸易以及中国国内经济都不是很关注，报道的篇数不多，所占的比例也不高，相比之下《菲律宾星报》对有中国参与的国际贸易新闻关注度较高，报道数量最多。

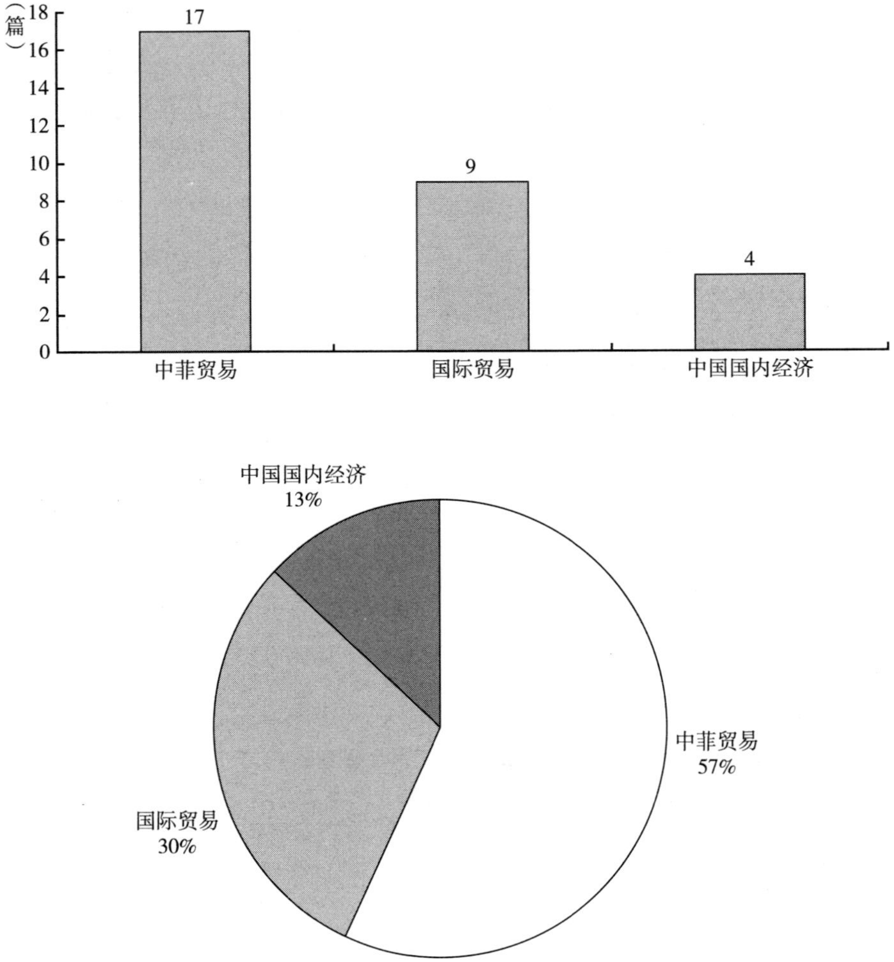

图 7　《马尼拉时报》2016 年 7 月 1 日到 2018 年 7 月 31 日涉华经济类报道细分数量及占比

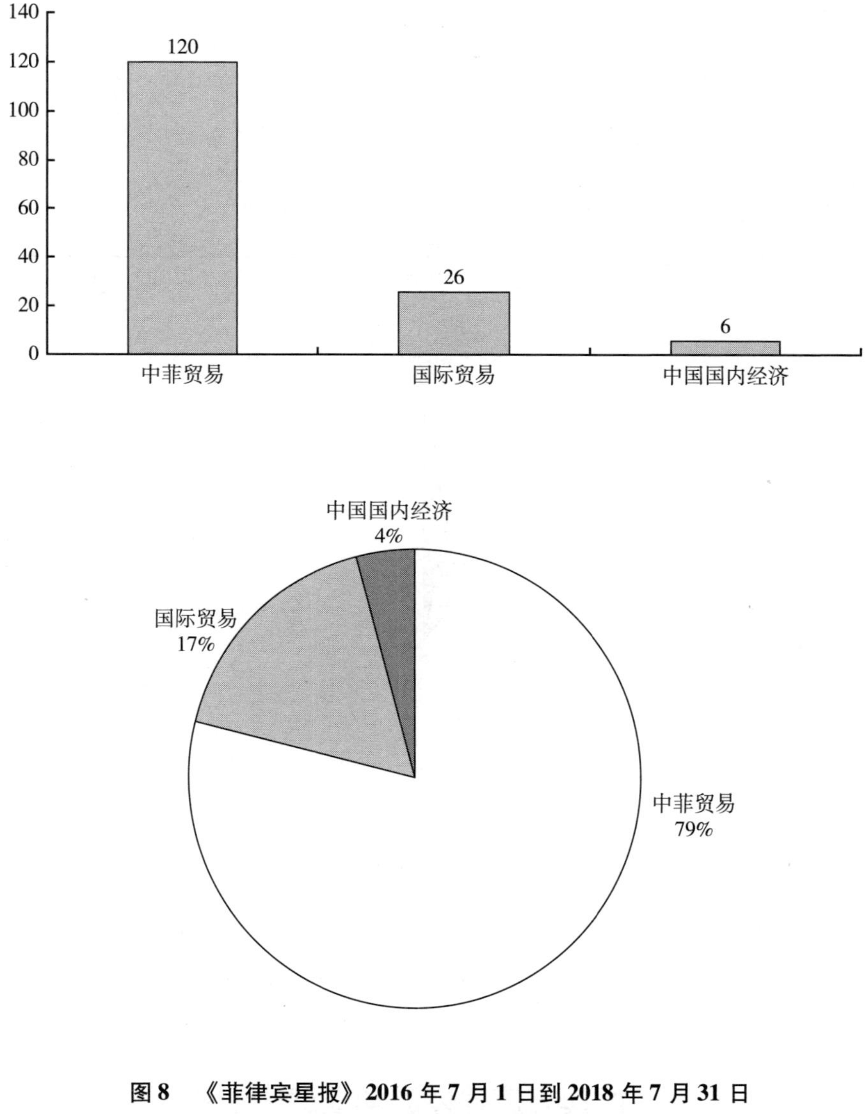

图 8　《菲律宾星报》2016 年 7 月 1 日到 2018 年 7 月 31 日涉华经济类报道细分数量及占比

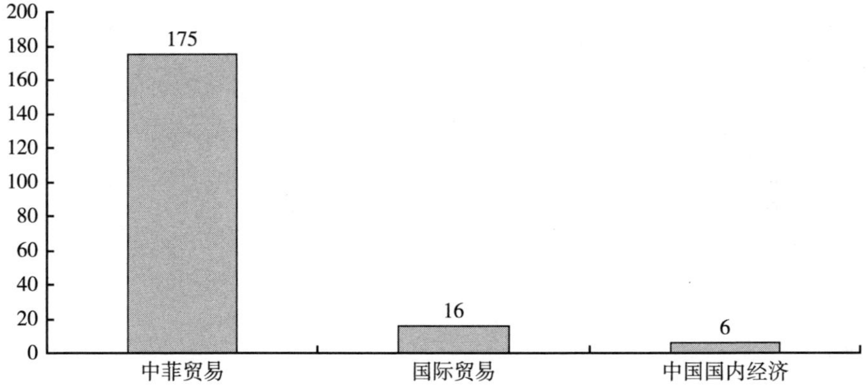

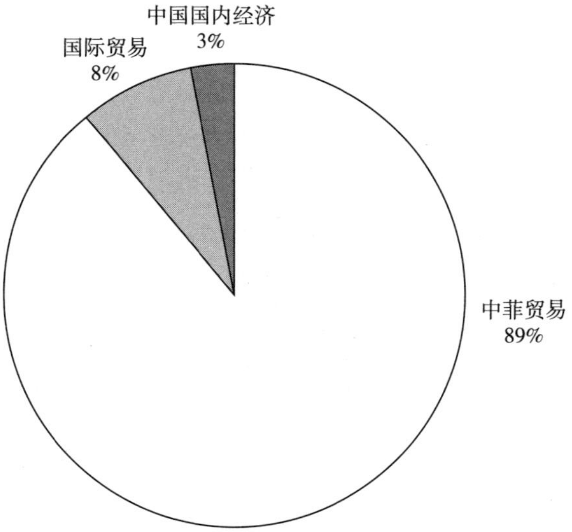

图9 《每日询问者报》2016年7月1日到2018年7月31日涉华经济类报道细分数量及占比

二 菲律宾主流媒体涉华报道中的中国形象的特点及原因分析

上文通过对三份报纸的涉华报道分布情况的总结，可以看出自杜特尔特执政后的两年间，菲律宾民众对中国的关注焦点主要集中在以下两个方面：中国与菲律宾的外交动向，以及中国与菲律宾之间的经济交流状况。下文将通过分析这两方面的报道的文本内容以及特点，来解析中国在菲律宾的国家形象，以及背后原因。

（一）不可缺少的经济合作伙伴

菲律宾经济在 20 世纪 50 ~60 年代取得较快的发展，甚至一度成为东南亚工业化水平和经济发展程度最高的国家。然而，在马科斯统治时期，菲律宾的经济发展由繁荣走向衰弱。到 80 年代中期，与东南亚一些主要国家相比，菲律宾的经济在东南亚处于一个比较落后的水平。即使菲律宾在 20 世纪 80 年代中期开始实施经济改革，使得经济发展有所好转，但经济发展中长期存在的问题使得菲律宾的经济发展并不如其所期望的那么顺利。同样是在 80 年代，当时的中国开始改革开放，经济发展迅速，如今已经取得了一系列辉煌成就，而菲律宾如今的经济发展却不是特别理想。和其他东盟国家一样，菲律宾经济对中国经济的依赖性较强，两国之间的贸易往来在菲律宾经济中占据重要地位。

正因为如此，菲律宾公众对两国之间的经济贸易有着很大的关注度，菲律宾各主流媒体也都把很大篇幅用在经济类报道上。两国之间的经济类报道主题多是中国对菲律宾的援助、菲律宾贷款、中国企业投资合作等。

在这类报道中的中国形象是比较正面客观的，往往是一个经济发展迅速、乐于提供“便车”给其他国家、科研实力强并且值得合作的国家形象。

比如 2017 年 1 月 26 日《马尼拉时报》发表的文章——《菲律宾提交 40 个中国融资项目，进行可行性研究》①，文中指出两国之间的项目合作以及中国给予菲律宾的投资，中国对菲律宾经济发展的影响等。菲律宾公众也比较关注中菲之间新能源的合作，比如《马尼拉时报》在 2017 年 2 月 9 日

① “PH Submits 40 Projects for China Financing, Feasibility Studies,” *The Manila Times*, Philippines, Jan. 26, 2017.

发表的文章——《哥打巴托市着眼于太阳能、风力路灯》[1]，以及《菲律宾星报》在2017年7月27日发表的《MRC Allied公司与中国合作开发可再生能源》。[2] 在一系列关于中国经济的相关报道中，三份报纸都倾向于报道两国合作后带来的好处，报道国际经济新闻更是离不开说到中国，甚至在报道本国经济状况时也会偶尔与中国作对比，比如《菲律宾星报》于2016年11月20日发表的文章——《重心转向中国有利于2017年的国内生产总值》[3]，文章中提出，虽然美国仍然是菲律宾最重要的外资来源，但中国优惠的融资也将有助于金融投资的兴起。在一些报道中也提到特朗普执政后对菲律宾经济的影响，报道刊载了国际评级机构惠誉（Fitch Ratings）旗下国际商业资讯研究（BMI Research）的报告结果，称特朗普的“美国第一”政策可能会导致菲律宾的经营环境更具挑战性。[4] 这也是中国与菲律宾经济进一步合作发展的契机。在《每日询问者报》2016年10月16日的报道——《中国投资盛宴》中，提到杜特尔特访华之后会带来大量的中国投资项目，比如在铁路领域，会给菲律宾的经济带来巨大的效益。[5] 在《每日询问者报》2017年6月21日的报道——《中国贸易倡议有益于菲律宾》中就写道菲律宾能从中国的“一带一路”倡议中受益，尤其是基建相关的部分。[6]

通过对各篇经济类报道的分析可以看出，在菲律宾主流媒体中，中国的国家形象是一个经济科技实力强大，在亚太区域内具有重要经济地位的国家，尤其是当美国对其经济产生负面影响的时候，中国更是菲律宾经济的“支柱”。

---

① “Cotabato City Eyes Solar, Wind-powered Streetlights,” *The Manila Times*, Philippines, Feb. 9, 2017.

② “MRC Allied Exploring Renewable Energy with Chinese Partner,” *The Philippine Star*, Jul. 27, 2017.

③ “Pivot to China Seen Positive for 2017 GDP,” *The Philippine Star*, Nov. 20, 2016.

④ “Group Sees Better PH – US Relations,” *The Manila Times*, Philippines, Nov. 28, 2017.

⑤ “Investment Bonanza for China,” *Philippine Daily Inquirer*, Oct. 16, 2016.

⑥ “China Trade Initiative Seen to Benefit PH,” *Philippine Daily Inquirer*, June 21, 2017.

（二）有担当的区域大国

中国是亚太区域的大国，对亚太经济起着带头作用。尤其是近年来中国发展过程中对地区发展的带动，使周边国家均有获益。在杜特尔特执政之后，中菲两国合作项目增多，尤其是中国在菲的投资项目，以及中菲两国企业之间的合作增多。在《马尼拉时报》、《菲律宾星报》和《每日询问者报》这两年报道中，关于中菲经贸方面以及政府合作方面的报道是占较大比例的。在这些报道中，中国的国家形象是比较正面的，多是一个负责任、有担当的区域大国形象，积极带动周边国家发展，帮助其他国家进行基础设施建设。比如在《马尼拉时报》2016 年 12 月 20 日的报道——《AIIB 共同资助防洪、公交系统基础设施项目》中报道称“中国主导的亚洲基础设施投资银行（AIIB）共同资助的马尼拉洪水管理和 EDSA 的快速公交系统项目与其他多边贷款机构”。[①] 在《菲律宾星报》2017 年 5 月 4 日的报道——《安全理事会关于菲律宾 - 中国军事演习的提案》中提到国家安全顾问 Hermogenes Esperon Jr. 回应记者在法庭中两国“赢得了友谊，温暖了两国关系，促进了经济发展”。还提及中国帮助菲律宾重建马尼拉与比科尔岛之间的铁路系统。[②]《菲律宾星报》2017 年 6 月 21 日的报道——《多明格斯引用了中国的“一带一路”倡议》中，报道称菲律宾财政部长卡洛斯·多明格斯（Carlos Dominguez）表示，菲律宾将从中国建设的海上丝绸之路中受益，该计划将与杜特尔特政府的基础设施建设计划相吻合。[③] 有些报道也有展现中国区域大国的风范，比如在周边国家遭遇自然灾害时，中国提供的人道主义援助。在《每日询问者报》2016 年 11 月 29 日的报道——《中国注资阻

---

① “AIIB to Co - finance Flood Control, Bus Transit System Infra Projects,” *The Manila Times*, Philippines, Dec. 20, 2016.

② “Security Council Studying Proposal on Philippines - China Military Drills,” *The Philippine Star*, May 4, 2017.

③ “Dominguez Cites Gains from China's One Belt, One Road Initiative,” *The Philippine Star*, Jun. 21, 2017.

止马金丹瑙洪水》中就展现了这一点。[①]

从以上可以看出，在涉及经贸以及政府间合作基础设施建设的报道中，中国的国家形象是十分正面的，是一个相当负责任、带动他国共同发展、有大国担当的形象。

（三）“需要提防”的邻居

本文分析的是自杜特尔特执政之后《马尼拉时报》、《菲律宾星报》和《每日询问者报》这三份报纸的涉华报道，时间范围为 2016 年 7 月 1 日到 2018 年 7 月 31 日，这个时间段里，对中菲两国关系影响最大的事件就是“南海仲裁案”。2013 年 1 月 22 日，菲律宾阿基诺三世政府单方面就中菲两国在南海的有关争议提起仲裁。在 2013 年 6 月，不顾中国政府强烈反对，成立了由 5 名人员组成的中菲南海争议仲裁庭。在这之后的 2013 年 7 月，也就是临时仲裁庭成立的第二个月，他以人力和资源有限为由，把秘书服务正式“外包”给常设仲裁法院，具体服务内容包括协助查找和指定专家，发布信息和新闻稿，组织在海牙和平宫举行听证会，支付仲裁员和其他人员的费用等，也就是选定常设仲裁法院作为案件的书记处。在 2015 年 7 月 7 日，法院首次举办了听证会。同年 10 月 29 日，非法的仲裁庭做出管辖权和可受理性问题的裁决。在 2016 年 7 月 12 日，非法的海牙常设仲裁法院对南海仲裁案做出“最终裁决”，判菲律宾“胜诉”，并否定了“九段线”，还宣称中国对南海海域没有“历史性所有权”。

“南海仲裁案”使中菲关系陷入冰点，而杜特尔特执政的时候，正好处于“最终裁决”即将出台的时间点，因此《马尼拉时报》、《菲律宾星报》和《每日询问者报》这三份报纸在这两年中的涉华政治类报道里，“南海”是一个热点词语。这些报道的主要内容主要分为三种。

一是围绕着“法庭的裁决”展开，比如在报道中写明国际社会对“南海争端”的看法，以及报道中国在南海附近的政治与军事活动，给菲律宾

---

① “China Pours Funds to Stop Maguindanao Floods,” *Philippine Daily Inquirer*, Nov. 29, 2016.

民众造成中国在南海甚至是在菲律宾附近的其他海域十分活跃，菲律宾“需要提防”的印象。

比如2016年7月12日，《马尼拉时报》就发表了一篇文章——《法庭将支持哪个国家?》。文章里登出了不同专家对“南海仲裁案”的看法，分析师Ramon Casiple指出中国表示不会承认“裁决”，而另一些人表示“裁决”会有利于菲律宾，菲律宾前副外长罗萨里奥·马纳洛则直接指出，中国已经在有争议的地区建造了海岛，法庭的判决来得太晚。[①]《菲律宾星报》也在2016年7月11日发表关于南海的文章——《南海舆论世界》，文章写明了各国对“南海仲裁案”的态度，并直接点明“不可能就常设仲裁法院达成共识”。[②]《每日询问者报》也于2016年7月10日发表报道——《中国处于战争状态》[③]，在2018年7月25日的报道——《国防部学中国说话并不正确》[④]。

二是在涉及“南海问题”的报道中，塑造菲律宾“受害者”形象以及中国的“需要提防”的霸主形象。这类报道常常从“维护菲律宾领土主权”和“菲律宾渔民利益”两个角度出发，在报道中不断强调中国在南海建设人工岛屿是对其领土的侵犯，而中国在南海的巡逻和对渔民的驱逐会损害到渔民的利益。[⑤]

三是围绕中菲两国在南海问题的谈判和合作展开。报道杜特尔特关于和中国共同开采南海能源的讲话。[⑥] 此外还有报道专家关于两国合作对于菲律宾是否有利的讨论，在讨论中有认为这对菲律宾发展有利的，也有认为

---

① “Which Country Will Tribunal Favor?”, *The Manila Times*, Philippines, Jul. 12, 2016.

② “A World of Opinions on South China Sea,” *The Philippine Star*, Jul. 11, 2016.

③ “With the China Threat out, Who Needs the US?,” *Philippine Daily Inquirer*, Jul. 12, 216.

④ “DND Parroting China ‘Unusual’,” *Philippine Daily Inquirer*, Jul. 25, 2018.

⑤ “China Should Not Set Terms on Scarborough, Say PH Fishers,” *Philippine Daily Inquirer*, Oct. 20, 2016; “China Offers Aquaculture, But Fishers Won’t Bite,” *Philippine Daily Inquirer*, Nov. 14, 2016; “Zambales Mayor Asks Duterte to Stop China from Bullying Fishermen,” *The Philippine Star*, *June* 14, 2018.

⑥ “Duterte Open to Deals in South China Sea,” *Philippine Daily Inquirer*, May 17, 2016.

“没有免费午餐”，需要提防中国的报道。[①]

关于南海的问题一直是中菲外交报道中的热点，也是菲律宾民众比较敏感的问题，这种热度甚至延伸到其他海域，在 2017 年 3 月 25 日和 3 月 30 日，《马尼拉时报》就发了两篇关于宾汉隆起的文章，文章指出中国在宾汉隆起进行海底探测，并强调宾汉隆起是菲律宾大陆架的一部分。[②] 在 2017 年 7 月 31 日，《菲律宾星报》也发表了关于中国在南海填海的相关文章。[③]

（四）“野心勃勃”的军事强国

在《马尼拉时报》、《菲律宾星报》和《每日询问者报》的报道中，关于中国军事实力的直接报道较少，大多是在“南海争端”的相关报道中提到中国的军事实力，还有报道中国与美国之间的军事冲突。

在《菲律宾星报》2017 年 5 月 27 日的报道——《美国：2 架中国飞机对海军飞机进行不安全拦截》中直接引用美国的言论，在报道中写到“两架中国飞机对美国进行了一次不专业的拦截”。[④] 在这篇报道中，《菲律宾星报》站在美国的立场上，对中国抱着抵抗的态度，把中国塑造成一个不顾安全，不专业的“狙击者”。在《菲律宾星报》2017 年 3 月 25 日的报道——《中国的百年马拉松》中，菲律宾记者直接写道，“他们已经走上了成为绝对统治者的长期计划”，指出中国的秘密战略是要取代美国成为全球超级大国。[⑤] 在《每日询问者报》2016 年 11 月 3 日的报道——《以中国为轴心的新计划》中，表示“中国在南海的扩张主义源于帝国主义强国的崛起”。[⑥] 在《每日询问者报》2017 年 1 月 17 日的报道——《菲律宾对中国

---

① “No Freebies in China Deals,” *Philippine Daily Inquirer*, Oct. 31, 2016.

② “Defense Chief: Navy to Patrol Benham,” *The Manila Times*, Philippines, Mar. 25, 2017; “DFA Twice Denied China's Bid to Explore Benham Rise,” Mar. 30, 2017.

③ “No Unified Asean Stand vs China's Reclamation in SCS,” *The Philippine Star*, Jul. 31, 2017.

④ “US: 2 Chinese Jets Conduct Unsafe Intercept of Navy Aircraft,” *The Philippine Star*, May 27, 2017.

⑤ “China's ‘100 – year Marathon’,” *The Philippine Star*, Mar. 25, 2017.

⑥ “New Game Plan for Pivot to China,” *Philippine Daily Inquirer*, Nov. 3, 2016.

在人造岛上的武器表示抗议》，在文中菲律宾对“中国在岛上部署武器”表示抗议，大肆渲染中国的“侵略者”形象。[①]《菲律宾星报》在2018年6月14日的报道——《导弹系统在中国控制的珊瑚礁上再现》中称中国在该岛礁上的轰炸机作战范围可以到达马尼拉以及美军在菲的五个军事基地，并称中国引发了“国际恐慌”[②]，在这之后《菲律宾星报》及《每日询问者报》都发过多篇关于中国轰炸机和导弹系统的文章。从上文可以看出，在菲律宾媒体看来，中国是一个军事大国，它们对中国日益强大的军事实力感到恐慌。

一国的国家形象在其他国家的主流媒体中的呈现往往是反映了其他国家对该国的印象，这种印象基于该国的国家实力以及社会现实，但一般会带有偏见、较为片面，不可能完全客观。《马尼拉时报》、《菲律宾星报》和《每日询问者报》中的中国形象呈现一定程度上反映了菲律宾对中国的认知与诉求，而所呈现的上述中国形象的原因大概可以分为以下几点。

（一）菲律宾经济发展的客观需求使其不得不依赖中国。随着经济全球化与信息媒介的发展，国家与国家之间的联系越发密切，中国在自身发展的同时也带动了亚太地区的发展，带动了世界的发展。在如今西方国家经济普遍低迷的情况下，世界经济的发展离不开中国，国际经济格局也正在发生改变。菲律宾经济发展一直处于比较缓慢的状态，中国是其重要的投资国家之一，中国的资金及技术注入会使菲律宾的经济焕发活力，在2017年中国已经成为菲律宾第一大贸易伙伴，双边贸易额超过500亿美元，而在投资方面，中国对菲律宾新增投资5384万美元，同比增长67.2%。作为一个迫切希望发展自身实力的中等国家，菲律宾不得不依赖于中国，这也使得在经济相关的报道中，中国的国家形象一直是比较正面客观的。

（二）美国对菲律宾的影响。美国在国际社会有着巨大的影响力，掌握着国际社会的话语权，各国对于中国国家形象的理解都会或多或少受到美国

① “PH Protests China Weapons on Man - made Isles,” *Philippine Daily Inquirer*, Jan. 17, 2017.

② “Missile Systems on Chinese - controlled Reef ‘Reappeared’,” *The Philippine Star*, June 14, 2018.

的影响。菲律宾曾经是美国的殖民地，受美国的影响深远。即使在杜特尔特执政之后，菲律宾有“疏美亲中”的倾向，但菲律宾与美国之间的关系仍然十分亲密。美国一直是菲律宾重要的经济与军事合作伙伴，对菲律宾影响深远。菲律宾借助美国的力量发展自身的经济与军事实力，美国把菲律宾视为其亚太战略的重要基地。两国之间的文化交流也十分频繁，菲律宾民众对美国的主流价值观接受度较高，菲律宾民众对中国的看法也受此影响，这在主流媒体的报道中也有所体现，比如《每日询问者报》这两年间的涉华报道中就有59篇是转载自西方媒体（美联社和法新社），占其涉华报道总数量的9%。

（三）中国的崛起使中菲两国实力差距越发悬殊。随着中国综合实力的增强，在像菲律宾这样与中国有着领土争端的中等国家，中国强大的军事实力以及经济实力使他们备感压力。中国军事实力日益增长，在两国有着领土争端的前提下，菲律宾政府与民众对中国军备的更新与发展十分关注，把中国的军事发展视为威胁。

（四）中菲两国存在领土争端。南海问题是菲律宾国家安全的重要内容，中菲两国围绕南沙群岛主权归属问题多年来争执不断，正面冲突的情况也不在少数，甚至发生过小规模的军事冲突，菲律宾也曾多次撞沉中国渔船。在“南海仲裁案”发生之后中菲关系一度陷入冰点，这使得菲律宾一些民众对中国有着负面印象，对两国的领土争端问题十分敏感。这在菲律宾主流媒体的报道中就可以看出，“南海”是中菲关系中的热点词。

（五）菲律宾国内民族主义倾向的影响。菲律宾是一个中等国家，在面对中国这样一个经济、军事实力远超于它的国家，民众会抱有弱者、受害者心态。菲律宾主流媒体在报道中也难免呈现出这种倾向。当菲律宾认为国家受到不平等待遇、国家利益受损的情况下，就会刺激全体民众争取平等权利的意识。[①] 这种情绪令媒体倾向以消极方式报道中国。

---

① 王乐萍：《菲律宾主流媒体中的中国国家形象呈现与动因——以〈马尼拉时报〉为分析样本》，《传媒观察》2015年11月。

三　提升中国在菲律宾国家形象的对策建议

自2016年6月杜特尔特执政以来，中国在菲律宾的国家形象不断好转，两年来习近平主席与杜特尔特多次会晤，两人不断巩固共识，增进友谊，合力将中菲关系在“转圜”“巩固”“提升”进程中逐步从低谷中托出。特别是在2018年11月20日至21日，习近平主席对菲律宾进行了首次国事访问，这也是中国国家元首13年来对菲律宾进行的首次国事访问，具有历史性意义。在此次访问中，中菲两国元首一致决定建立中菲全面战略合作关系。为此，中国仍需要在元首会晤之后推进与菲律宾各领域的合作，为促进东南亚地区的发展以及维护地区和平努力，塑造良好的中国国家形象，为此可以有以下应对措施。

第一，在现有合作领域开展更深层次多方位的合作。自杜特尔特执政以来，中菲两国在经济、政治等领域都有合作，尤其是在贸易往来、基础设施建设、打击犯罪方面的合作都得到中菲两国和国际社会上的肯定，而随着中菲两国关系的重新定位，推进更深层次的合作也是必然选择。

（1）在经济合作领域，两国政府可以提供更多的政治保障及政策支持，开展更多的合作业务。在近两年的报道中也可以看出中国为菲律宾基建项目提供的帮助受到菲律宾社会的肯定和感激，“中国制造”成为菲律宾基建的重要部分，“中国投资”成为其项目工程的成功保障，“中国速度”使菲人民惊叹，中国在投资基建工程的同时也为菲律宾提供了就业岗位。经济领域的互补使两国的经济合作具有重大的潜力，不论是菲律宾熊猫债券的发行还是中国在菲进行的招聘英语教师等活动，都是两国经济合作双赢的证明。与此同时，中国的各大企业也纷纷开辟菲律宾市场，旅游业成为经济和文化往来的重要部分。

（2）在打击贩毒、网络赌博等犯罪行为方面两国也取得了一定的成就。在杜特尔特执政以来，菲律宾国内禁毒力度不断加大，与中国在禁毒方面取得了共识，中国援建的戒毒中心也表明中国对菲律宾禁毒的支持[①]；在打击非法网络赌博团伙上也是如此，两国执法部门合作侦破多起跨国网络赌博案，比如在2017年4月就合作抓获了99名涉案人员，涉案金额达7000余万元[②]，这些都在这三份报纸的报道中也有所体现，对中国的国家形象塑造有重要意义。因此两国应趁关系重新定位的良机继续保持并推动各领域的深层次合作。

第二，增加两国之间官方与民间的接触，促进双方相互了解。国家形象的呈现受多种因素影响，他国媒体的报道无法做到完全客观，想让菲律宾主流媒体在各类涉华报道中做到相对客观和真实，需要促进两国之间的进一步交流，具体措施可以分为以下四点。

（1）增加各大主流媒体记者了解中国的渠道。记者是新闻传播中重要的角色，报道一般是出自记者之手。如果菲律宾记者不了解中国的实际国情，那在报道中肯定会有所偏差。鼓励记者团来中国访问，可以让他们近距离接触到中国的方方面面，实地考察，加深其对中国国家形象的理解，解除不实的误会；或者给记者到两国合作建设的工程实地考察的机会，使其了解两国合作的现实意义和价值。

（2）增加两国大学生交流机会，在假期增加访学项目的设置。大学生是国家未来建设的主力军，而一国的教育水平也体现了一国的建设程度。增加菲律宾大学生来华访问的机会，有利于增进菲律宾民众对中国的准确理解，也促进了两国的文化交流。目前已有类似的项目，比如菲律宾国内的汉语课堂、海南师大与菲贝内迪克托学院的人文交流协议、西安航空职业技术学院与菲律宾八打雁省之间的战略合作备忘录。

（3）定期在驻菲律宾大使馆开办中国主题展览，多角度多层次地展示中国的风土人情，或请驻菲律宾大使参加一些公开的演讲活动，尤其是在高

① 驻菲律宾经商参处：《中国援建萨兰加尼戒毒中心提前竣工，凸显中国速度》，http：//ph. mofcom. gov. cn/article/todayheader/201812/20181202817840. shtml，2018年12月28日。

② 《公安部指挥破获一起特大跨国网络赌博案　抓获涉案人员99名》，新华社2017年4月26日报道，http：//m. xinhuanet. com/2017－04/27/c_ 1120881040. htm，2018年12月28日。

校和主流媒体中开展一些讲座活动，解答菲律宾媒体人及民众对中国现状的疑惑。

（4）鼓励各领域的民间组织的友好交流。除了官方交流，民间组织的交流也十分重要，民间组织是社会参与的重要主体之一，两国民间组织的友好来往不仅可以交换管理运营经验，也是两国普通民众交流理解的重要渠道。

第三，创新中国的文化输出渠道，建设新型国际形象传播方式及机制。一国国家形象在他国的呈现也受本国的传媒能力的影响。中国应该借鉴他国（比如美国）的经验，创新国家形象传播的渠道，结合政府和民间的力量，把中国的文化、中国的理念传播到世界各国，建设具有中国特色的传媒机制，把真实的中国展现出来，在国际社会上塑造良好的中国国家形象。具体应对措施可分为以下四点。

（1）官方要设立专门的应对机制，对国际社会上关于中国的不实谣言及时加以辟谣和反馈，避免谣言的传播。当今世界信息化发展迅速，信息的传播速度十分快，如果政府对不实谣言不及时辟谣，在误解造成之后就很难改变他国民众对国家的不良印象。

（2）在各大主流社交网络平台设立官方账号，上传关于中国国情的讯息，用比较容易被网民接受的方式发表关于中国的科普，改变在他国民众心目中刻板的中国国家形象。

（3）发展我国的旅游业，在某些时期给予外国人优惠，吸引外国人到中国，实地感受中国的文化特色。

（4）发展中国特色的影视行业。政府对具有中国文化特色电影、电视剧、歌曲加大扶持力度，让中国文化“走出去”。影视业雅俗共赏，比较能被大众接受，在发展影视业的同时让他国民众潜移默化地接受我国文化理念，有助于他国民众对我国“和谐”文化的理解，对我国政策的理解。

第四，推进“一带一路”建设，推动构建“人类命运共同体”。十九大报告中提出新中国的外交目标是推动构建新型国际关系，推动构建人类命运共同体。如今中菲两国已签署共同推进“一带一路”建设谅解备忘录，在此基础上应推动深化两国各领域互利合作，推动“命运共同体”在东南亚地区的建设，在增强中国的自身实力的同时，加强与菲律宾以及其他东南亚国家的经济合作、政治交往、安全合作以及文化交往。只有各个国家共同发展，世界才会进步，才能重新焕发活力，才能促进“人类命运共同体”的构建。

B.11

2017 ~2018年中菲南海岛礁争端新动向

沈予加　万永昊*

摘　要：　菲律宾和中国在南海岛礁归属问题上长期存在分歧。这些分歧一度掩盖了两国合作的广阔前景，甚至使两国关系极度紧张。2016 年 6 月，杜特尔特总统上台执政，他对菲律宾在阿基诺三世时期向美国一边倒的外交政策做出一定调整，积极采取种种举措改善同中国的关系。2017 ~2018 年，中菲岛礁争端趋于缓和，但由于受到域外大国介入和历史、观念等因素的影响，中菲两国能否进一步管控分歧、增进互信、深化合作、拓展交流还有待进一步观察。

关键词：　南海问题　岛礁争端　中菲关系

一　中菲南海有关争议的背景

（一）历史背景

中国对南海诸岛的主权在 20 世纪以前没有遭遇过任何挑战。20 世纪 30 ~40 年代，法国和日本先后以武力非法侵占南沙群岛部分岛礁，当时民国政府采取了一系列捍卫南沙群岛主权的措施。1949 年中华人民共和国成

* 沈予加，博士，中山大学国际关系学院、中山大学“一带一路”研究院副研究员；万永昊，中山大学国际关系学院研究助理。

立后，中国政府多次重申并采取立法、行政设置、外交交涉等措施进一步维护对南海诸岛的主权和在南海的相关权益。中国政府于1958年9月发布《中华人民共和国政府关于领海的声明》，该声明明确规定中国领海宽度为12海里，采用直线基线方法划定领海基线，规定适用于包括东沙群岛、西沙群岛、中沙群岛、南沙群岛以及其他属于中国的岛屿在内的中华人民共和国的一切领土。

1935年《菲律宾共和国宪法》第一条“国家领土”明确规定：“菲律宾的领土包括根据1898年12月10日美国同西班牙缔结的《巴黎条约》割让给美国的该条约第三条所述范围内的全部领土，连同1900年11月7日美国同西班牙在华盛顿缔结的条约和1930年1月2日美国同英国缔结的条约中包括的所有岛屿，以及由菲律宾群岛现政府行使管辖权的全部领土。”① 1946年，菲律宾第三共和国成立，菲律宾获得独立。1953年，菲律宾颁布宪法，也并未将南沙群岛纳入版图。

1956年，菲律宾马尼拉航海学校校长克洛马率40名船员先后登上了北子礁、南子礁、中业礁、南钥岛、西月岛、太平岛、敦谦沙洲、鸿庥岛、南威岛等9个南沙岛屿，擅自将其称为“自由地”。克洛马的活动得到了时任菲律宾副总统兼外长加西亚的支持。② 最终，在中国的坚决反对下，菲律宾外交部表示，菲律宾政府事先对克洛马的举动并不知情，也未同意。③ 1961年，菲律宾公布第3046号法案，围绕菲律宾群岛最外缘岛屿划出80条直线基线，并将此直线基线以外、美西《巴黎条约》所规定的经纬线以内的海域称为菲律宾领海。④

自20世纪70年代起，菲律宾先后武力侵占中国南沙群岛部分岛礁，并

① 中华人民共和国外交部：《中华人民共和国政府关于菲律宾共和国所提南海仲裁案管辖权问题的立场文件》，2014年12月7日，https：//www.fmprc.gov.cn/nanhai/chn/snhwtlcwj/t1368888.htm。

② 李金明：《南海波涛：东南亚国家与南海问题》，江西高校出版社，2005，第48页。

③ 中华人民共和国国务院新闻办公室：《中国坚持通过谈判解决中国与菲律宾在南海的有关争议》，人民出版社，2016，第18页。

④ 陈庆鸿：《菲律宾南海政策的调整及其原因》，《国际资料信息》2011年第10期，第15页。

提出非法领土要求。1970年8月、9月，菲律宾非法侵占马欢岛和费信岛；1971年4月，菲律宾非法侵占南钥岛和中业岛；1971年7月，菲律宾非法侵占西月岛和北子岛；1978年3月和1980年7月，菲律宾非法侵占双黄沙洲和司令礁。[①] 1978年，菲律宾总统马科斯签署第1596号总统法令，将南沙群岛的33个岛、礁、沙、洲，面积达64976平方海里的海域声称为"菲律宾领土的一部分，并对之实施行政管理"。[②] 自20世纪80年代起，菲律宾在非法侵占的中国南沙群岛有关岛礁上大兴土木、部署武器装备，不断修建和升级改造机场、码头、兵营、高脚屋、学校等设施。[③]

（二）国际背景

中菲岛礁争端有深刻而复杂的国际背景，特别是2009年以后，以美国为首的美、日、澳、印度等域外大国对南海问题的关注和介入程度都有了显著提升。这些国家既非南海沿岸国家，也非南海岛礁争端直接当事方和主权声索方，但都在南海问题上扮演着重要角色。

美国曾在中华人民共和国成立后相当一段时间，出于敌视"共产党中国"的考虑，主张中国台湾、菲律宾、南越政权分治南海[④]，但在冷战结束后至美济礁事件发生期间，美国总体上对南海问题持中立立场。1995年美济礁事件后，美国对南海问题的关注程度不断加深。从2009年开始，南海问题开始成为美国全球事务和亚太事务的关注重点之一。2010年，美国将战略重心由中东转移至亚太地区，当年7月时任国务卿希拉里在未与中国沟通的情况下发表河内讲话，做出关于南海问题的声明，提出对中国在南海行为的正式指责。自此，美国的南海政策发生了实质性改变，由"观察"变

---

① 中华人民共和国国务院新闻办公室：《中国坚持通过谈判解决中国与菲律宾在南海的有关争议》，人民出版社，2016，第18页。

② 李金明：《南海波涛：东南亚国家与南海问题》，江西高校出版社，2005，第51页。

③ 中华人民共和国外交部：《外交部发言人华春莹就菲律宾炒播南海问题纪录片答记者问》，2015年6月29日，https：//www. fmprc. gov. cn/web/wjdt_ 674879/fyrbt_ 674889/t1276711. shtml。

④ 张晓明：《美国南海政策的起源及演变》，《美国研究》2016年第1期，第34页。

为“干预”。到 2011 年，南海成为中美关系中最激烈争执的地区。[①] 2018 年，中美双方舰只围绕“航行自由行动”的对抗强度显著升级，美国出动军舰的频率和力度有所增加，战略轰炸机群飞临南海上空的频次也创下近年来新高。[②]

日本是国土狭窄、资源匮乏的岛国，一直对资源丰富而地缘位置重要的南海有很深的情结。2009 年，随着南海局势的升温，日本开始谋求跟随其盟友美国全面介入南海争端，构建日美联合干预机制。政治上，日本大肆鼓吹“中国威胁论”，全面反对中国对南海的领土主权及政策主张，并试图利用东盟地区论坛（ARF）、东亚峰会（EAS）等多边机制，推动南海争端多边化和国际化；军事上，日本通过联合军事演练、武器装备输出等方式加强与东盟的海上安全合作，拉拢东盟联合制华；经济上，日本积极向东南亚国家提供政府发展援助，并加强与东盟的资源开发合作。[③] 2018 年，日本积极参与美国在南海地区主导的军事演习和联合巡航，继续高调介入南海。

澳大利亚是美国在亚太地区的重要盟友。对澳大利亚而言，南海不仅在很大程度上关乎其国家安全和海上贸易，还可能成为其重要的战略资源来源地，具有安全、战略和经济价值。同时，作为美国的重要盟友和自命不凡的“中等强国”，澳大利亚希望通过在南海问题上支持美国来巩固美澳同盟，获得美国更多回报并掌握地区事务话语权。2018 年，澳大利亚继续强化其在南海的存在。[④] 10 月，澳大利亚联合英国、新西兰、新加坡、马来西亚五国深入南海敏感海域，进行了为期三周的“五国团结”海上联合演习。

印度作为亚太地区的域外国家，在南海问题上并没有直接利益。然而，随着实力的不断增长，印度希望能通过介入南海问题，提高其在东南亚地区

---

① 周琪：《冷战后美国南海政策的演变及其根源》，《世界经济与政治》2014 年第 6 期，第 35～36 页。

② 朱锋：《2018 年南海大国博弈新动向》，《世界知识》2018 年第 24 期，第 47 页。

③ 杨光海：《日本南海政策的历史演变及其启示》，《亚太安全与海洋研究》2015 年第 4 期，第 26～33 页。

④ 冯雷、喻常森：《论澳大利亚的南海战略目标及政策选择》，《国际观察》2016 年第 6 期，第 128～130 页。

的影响力，并使其势力进入西太平洋地区，实现战略扩张。印度插手南海问题的动作主要包括加强同争端国在联合军演、军事互访、武器输出等方面的军事合作，参与南海油气等战略资源的开发，同外围国家热炒南海问题等。[①] 2018 年 3 月，印度在靠近南海的地区，主导了一场事实上针对中国的大规模多国海上军演——“米兰 2018”。印度也邀请菲律宾参加此次军演，但遭到拒绝。

20 世纪 90 年代，菲律宾继续在非法侵占的中国南沙群岛有关岛礁修建机场和海空军基地，以中业岛为重点，持续在相关岛礁建设和修整机场、兵营、码头等设施。菲律宾还蓄意挑衅，频繁派出军舰、飞机侵入中国南沙群岛五方礁、仙娥礁、信义礁、半月礁和仁爱礁，肆意破坏中国设置的测量标志。[②]

菲律宾企图通过多种方式，扩大对南沙群岛部分岛屿的侵占。1999 年 5 月 9 日，菲律宾海军派出 57 号坦克登陆舰“马德雷山”号，借口技术故障搁浅，在仁爱礁非法“坐滩”。对此，中国持续进行严正交涉。起初，菲律宾方面称该舰因缺少零部件而无法拖走；后来，菲律宾方面再三表示无意在仁爱礁修建设施，承诺撤走该舰却始终拖延不动；最后，菲律宾方面进一步采取挑衅行为，不断对该舰实施加固，向舰上人员运送补给，并于 2014 年 3 月 14 日发表声明，公然宣称菲律宾当年的仁爱礁“坐滩”行为，就是为了“将该军舰作为菲律宾政府的永久设施部署在仁爱礁”，企图以此为借口达到侵占仁爱礁的目的。2015 年 7 月，菲律宾公开声明，菲方正对在仁爱礁“坐滩”的军舰进行内部整固。[③]

南海地区油气资源丰富，自 20 世纪 70 年代开始，菲律宾先后侵入礼乐滩、忠孝滩等地，进行非法油气钻探，并就有关区块进行对外招标。进入

① 韦健锋：《印度介入南海问题——中国视角下的地区安全思考》，《南亚研究》2013 年第 3 期，第 32～35 页。

② 中华人民共和国国务院新闻办公室：《中国坚持通过谈判解决中国与菲律宾在南海的有关争议》，人民出版社，2016，第 31 页。

③ 中华人民共和国国务院新闻办公室：《中国坚持通过谈判解决中国与菲律宾在南海的有关争议》，人民出版社，2016，第 32～33 页。

21世纪后，菲律宾不断扩大对外招标范围，大面积侵入中国南沙群岛有关海域。南海地区渔业资源丰富，菲律宾长期不断袭扰中国渔民和渔船正常生产作业，手段包括枪击、抢劫、抓扣、追赶等，严重侵犯中国渔民生命和财产安全。

中菲南海有关争议包括菲律宾非法侵占中国南沙群岛部分岛礁而产生的领土问题和海洋划界争议，其中菲律宾非法侵占中国南沙群岛部分岛礁而产生的领土问题是中菲南海有关争议的核心。[①] 中菲岛礁争端中，黄岩岛争端颇受注意。在1997年之前，菲律宾从未对黄岩岛属于中国提出异议，亦从未对黄岩岛提出领土要求。然而，1997年4月，菲律宾一改其立场，对中国民间组织在黄岩岛的探险活动进行跟踪、监视和干扰，并声称因黄岩岛位于菲律宾所主张的200海里专属经济区内，故黄岩岛是菲律宾领土。[②] 1999年11月3日，菲方借口507号坦克登陆舰"德尔毕拉尔"号"机舱进水"，企图在黄岩岛东南入口处北侧实施非法"坐滩"，半个多月后迫于中国强大军事、外交压力，不得不派船将该舰拖走。[③] 2009年2月2日，菲律宾众议院以177票赞成、3票反对，通过了"菲律宾领海基线法案"，把中国的黄岩岛和南沙群岛部分岛礁划入菲律宾版图，以国内法加强对南海地区的声索。2月17日，菲律宾国会通过了该法案。[④] 3月10日，时任菲律宾总统阿罗约不顾中国的强烈反对，正式签署"菲律宾领海基线法案"。

阿基诺三世于2010年6月当选菲律宾总统后，菲律宾在南海问题上的姿态愈发强硬，进一步强化对南海主权的立场，加快南海地区的油气开采，推动南海问题国际化，"联美制华"态势明显[⑤]，中菲双边关系急转直下。

---

① 中华人民共和国国务院新闻办公室：《中国坚持通过谈判解决中国与菲律宾在南海的有关争议》，人民出版社，2016，第17页。

② 中华人民共和国国务院新闻办公室：《中国坚持通过谈判解决中国与菲律宾在南海的有关争议》，人民出版社，2016，第35页。

③ 刘延华：《菲律宾军舰搁浅半月礁：又一次占领企图?》，《世界知识》2018年第19期，第32页。

④ 李金明：《南海问题的最新动态与发展趋势》，《东南亚研究》2010年第1期。

⑤ 陈庆鸿：《菲律宾南海政策的调整及其原因》，《国际资料信息》2011年第10期，第17～18页。

二　南海仲裁及其对南海局势的影响

2013年1月22日，菲律宾外交部照会中国驻菲律宾大使馆称，菲律宾依据1982年《联合国海洋法公约》第二百八十七条和附件七的规定，就中菲有关南海“海洋管辖权”的争端递交仲裁通知，提起强制仲裁。[①] 这意味着菲律宾违背中菲之间达成并多次确认的通过谈判解决南海有关争议的共识，违反菲律宾政府在2002年《南海各方行为宣言》中就通过谈判协商解决有关争议做出的郑重承诺，单方面提起南海仲裁案，试图借此否定中国在南海的领土主权和海洋权益。[②] 菲律宾此举，单方面关闭了与中国通过谈判解决南海有关争议的大门，并违背双方达成的关于管控分歧的共识，导致中菲关系和南海局势的急剧恶化。[③]

2013年2月19日，中国政府退回菲律宾政府的照会及所附仲裁通知。中国政府多次郑重声明，中国不接受、不参与菲律宾提起的仲裁。2013年6月，不顾中方强烈反对，由分别来自加纳、法国、波兰、荷兰和德国的5名人员组成的南海仲裁庭成立，其后选定常设仲裁法院作为案件的书记处。

2015年7月，南海仲裁案的首次开庭在荷兰海牙常设仲裁法院总部“和平宫”举行。菲方派出由60多人组成的庞大代表团出席庭审，成员包括总检察长、外交部长、司法部长、国防部长、最高法院法官、国会议员、大使、律师、法律顾问、技术专家等。中方未派代表出庭。[④]

---

① 中华人民共和国外交部：《中华人民共和国政府关于菲律宾共和国所提南海仲裁案管辖权问题的立场文件》，2014年12月7日，https://www.fmprc.gov.cn/nanhai/chn/snhwtlcwj/t1368888.htm。

② 中华人民共和国国务院新闻办公室：《中国坚持通过谈判解决中国与菲律宾在南海的有关争议》，人民出版社，2016，第2页。

③ 中华人民共和国外交部：《中华人民共和国外交部关于坚持通过双边谈判解决中国和菲律宾在南海有关争议的声明》，2016年6月8日，https://www.fmprc.gov.cn/nanhai/chn/snhwtlcwj/t1370477.htm。

④ 叶强：《“南海仲裁案”仲裁庭在挑战什么》，《世界知识》2015年第23期，第36页。

2015年10月29日，仲裁庭对菲律宾单方提起的仲裁请求做出了关于管辖权与可受理性问题的裁决。[①] 对此，中方明确表示，仲裁庭做出的裁决是无效的，对中方没有拘束力。[②]

2016年7月12日，南海仲裁庭公布最终裁决，侵犯了中国领土主权和海洋权益。[③] 对此，中国外交部郑重声明，中国不接受、不承认该裁决，中国在南海的领土主权和海洋权益在任何情况下不受仲裁裁决影响。[④]

南海仲裁案的最大影响，在于南海问题被进一步复杂化。菲律宾如果接受仲裁结果，尽管表面上赢得了胜利，但事实上沦为了域外大国的棋子，在南海问题上将进一步丧失自主权，加剧中菲关系的紧张局势。

三　杜特尔特上台后菲在南海问题政策上的变化

杜特尔特就任菲律宾总统后多次表达了妥善处理南海问题、恢复双边对话、改善双边关系的意向。[⑤] 中菲两国围绕南海问题，在政治和军事方面展开了一系列直接或间接互动，以缓解紧张局势。

（一）政治上的转变

2016年7月12日，南海仲裁案最终裁决公布。而面对看起来有利于菲律宾的仲裁结果，菲律宾外交部却异常低调地发布声明，在对仲裁结果表示

---

① 何田田：《菲律宾南海仲裁案管辖权与可受理性裁决书评析——以事实认定和证据使用为角度》，《国际法研究》2016年第2期，第40页。

② 中华人民共和国外交部：《中华人民共和国外交部关于应菲律宾共和国请求建立的南海仲裁案仲裁庭关于管辖权和可受理性问题裁决的声明》，2015年10月30日，https://www.fmprc.gov.cn/nanhai/chn/snhwtlcwj/t1310470.htm。

③ 叶强：《为何说“南海仲裁案”破坏了世界海洋秩序》，《世界知识》2016年第15期，第20页。

④ 中华人民共和国外交部：《中华人民共和国外交部关于应菲律宾共和国请求建立的南海仲裁案仲裁庭所作裁决的声明》，2016年7月12日，https://www.fmprc.gov.cn/nanhai/chn/snhwtlcwj/t1379490.htm。

⑤ 李忠林：《菲律宾杜特尔特政府的南海政策及前景》，《太平洋学报》2018年第6期，第57页。

欢迎的同时，希望各方保持克制冷静，这被外界解读为杜特尔特新政府并不认可前任政府在南海问题上的政策。

2016年7月25日，杜特尔特发表了任上的首次国情咨文。在这份国情咨文中，他将重点放在了国内问题上，对于南海问题则异常低调，一笔带过。尽管他明确表态将“坚决肯定并尊重常设仲裁法庭的判决，并将此作为和平解决、管理冲突的重要促进”，但他同时强调，将“和平解决争端”。相比阿基诺三世的强硬态度，杜特尔特明显温和了很多。[①] 此后，他多次对媒体表示将搁置南海仲裁裁决，不会向中方强加任何东西，不准备对抗中国。他的这一系列表态，获得了国际社会的广泛关注，也获得了中方的欢迎和赞赏。中国外交部明确表态，认为其在南海仲裁案问题上的政策符合中菲两国和两国人民的根本利益，体现了双方不断加深的互信和友好感情。[②]

上任仅三个月后，2016年10月18～21日，杜特尔特便对中国进行了为期四天的国事访问，中国国家主席习近平等领导人亲切会见了杜特尔特总统。两国于10月21日发表了《中华人民共和国与菲律宾共和国联合声明》，该声明重申了争议问题不是中菲双边关系的全部，强调了不诉诸武力或以武力相威胁，而是由直接有关的主权国家通过友好磋商和谈判，以和平方式解决领土和管辖权争议。[③]

中菲两国经济互补性强，互利共赢发展空间巨大。“联合声明”中强调争议问题不是中菲双边关系的全部，意味着杜特尔特有意从菲律宾现实需要的角度出发，淡化南海争端对中菲关系的影响，转而通过与中国开展一系列合作而使菲律宾实现经济发展和社会进步。而强调不诉诸武力或以武力相威胁，通过友好磋商和谈判的方式来解决领土和管辖权争议问题，意味着在中

---

① 环球网：《菲总统国情咨文低调提南海　杜特尔特：和平解决争端》，2016年7月26日，http：//world. huanqiu. com/exclusive/2016－07/9225401. html。

② 中华人民共和国外交部：《2016年12月19日外交部发言人华春莹主持例行记者会》，2016年12月19日，https：//www. fmprc. gov. cn/web/wjdt＿674879/fyrbt＿674889/t1425293. shtml。

③ 中华人民共和国外交部：《中华人民共和国与菲律宾共和国联合声明》，2016年10月21日，https：//www. fmprc. gov. cn/web/ziliao＿674904/1179＿674909/t1407676. shtml。

菲关系发展的大方向上，两国已经达成了友好协商的共识，菲律宾否定了通过曲解和滥用国际法将南海问题国际化，寻求域外大国干预而谋求有利于自己结果的做法，回到了通过与中国展开双边谈判妥善解决问题的道路上。

制度设计层面，2017 年 1 月，中菲举行了第 20 次外交磋商，双方同意建立中菲南海问题双边磋商机制，就双方关切的问题及促进海上合作和海上安全进行商讨。[①] 2017 年 5 月 18 日，中国与东盟成员国落实《南海各方行为宣言》第 14 次高官会审议通过了“南海行为准则”框架。紧接着，19 日，中国—菲律宾南海问题双边磋商机制第一次会议在贵州省贵阳市举行。在此次会议中，中菲双方同意继续商谈建立信任措施，并承诺在南海保持自我克制。[②] 通过建立问题磋商机制解决南海争端问题，无疑是中菲关系发展的一大进步。然而，双方在会后并没有宣布对黄岩岛争端等具体问题达成共识，发表的联合声明中既没有提到油气等领域的新合作，也没有提及仲裁案，这在一定程度上意味着首次磋商会议成果非常有限。[③] 截至 2018 年 12 月，中菲南海问题双边磋商机制已进行了三次会议，双方业已达成的共识日益巩固，长期存在的分歧也得到了较好的管控。

2017 年 7 月 24 日，杜特尔特发表任内第二次国情咨文，特别感谢中国在基础设施建设方面给予菲律宾的帮助，表示中菲关系得到缓解。他还明确表示，菲律宾人民可期待中菲之间的南海联合石油勘探活动。对于菲律宾的传统盟友美国，杜特尔特却毫不客气地要求美军归还一个多世纪前在菲律宾东部萨马岛巴兰吉加小镇抢走的 3 座教堂大钟。[④] 这一国情咨文继续表明杜特尔特政府对华政策的大方向依然是友好的，先前达成的各项共识将进一步

---

① 中华人民共和国外交部：《2017 年 3 月 28 日外交部发言人华春莹主持例行记者会》，2017 年 3 月 28 日，https：//www. fmprc. gov. cn/web/wjdt_ 674879/fyrbt_ 674889/t1449431. shtml。

② 中华人民共和国外交部：《中国—菲律宾南海问题双边磋商机制第一次会议联合新闻稿》，2017 年 5 月 19 日，https：//www. fmprc. gov. cn/web/wjb_ 673085/zygy_ 673101/liuzhenmin_ 673143/xgxw_ 673145/t1463536. shtml。

③ 《中菲就南中国海问题展开首次双边磋商》，《联合早报》2017 年 5 月 19 日，http：//www. zaobao. com/realtime/china/story20170519 – 762039。

④ 《杜特尔特国情咨文：高调批美国　感谢中国投资》，人民网，2017 年 7 月 25 日，http：//world. people. com. cn/n1/2017/0725/c1002 – 29426772. html。

推进。

2017 年 8 月 6 日，在菲律宾召开的中国—东盟外长会上，“南海行为准则（COC）”框架草案获得一致通过。[①]“南海行为准则”的磋商进程在没有外部干预的情况下取得了突破性进展，作为主要争端国，菲律宾在其中所起到的积极作用不容小觑。

中国国务院总理李克强于 2017 年 11 月 15～16 日对菲律宾进行正式访问。两国政府于 11 月 16 日发表了《中华人民共和国政府和菲律宾共和国政府联合声明》。关于南海问题，该联合声明指出，两国建立了中菲南海问题磋商机制，同意继续积极推进“南海行为准则”磋商谈判，确保全面、有效、完整落实《南海各方行为宣言》。该联合声明再次强调，海上争议问题不是中菲关系的全部，对于领土和管辖权争议，不诉诸武力或以武力相威胁，而是通过友好磋商谈判，以和平方式加以解决。双方承诺在南海保持自我克制，不采取使争议复杂化、扩大化及影响和平与稳定的行动。[②] 这一声明，进一步巩固了中菲友好协商的共识，也意味着先前建立的中菲南海问题磋商机制将继续推进。

然而值得注意的是，2017 年以来，中菲关系在政治层面的不确定性因素依旧突出。2017 年 12 月，菲众议院自然资源委员会全票通过一项法案，将“卡拉延群岛”（被菲占据的中国南沙群岛部分岛礁）认定为用于农业、住宅和商业开发的“可转让和可自由使用土地”。菲方希望通过此举，允许民众和投资者购置土地，从而鼓励国民在“卡拉延群岛”上“永久居住”。[③] 这一法案不仅损害了中国的利益，遭到中国政府的抗议，而且和杜特尔特政府在南海问题上采取的一系列政策存在明显矛盾。尽管杜特尔特极力谋求改善与中国的关系，但国内始终有一些亲美反华的政治势力在极力影

① 中华人民共和国外交部：《王毅谈中方如何看待东盟外长会联合公报》，2017 年 8 月 8 日，https：//www. mfa. gov. cn/web/zyxw/t1483058. shtml。

② 中华人民共和国外交部：《中华人民共和国政府和菲律宾共和国政府联合声明》，2017 年 11 月 16 日，https：//www. fmprc. gov. cn/web/ziliao_ 674904/1179_ 674909/t1511205. shtml。

③ 《菲媒：菲众议院鼓励国民“永久居住”南海岛礁》，海外网，2017 年 12 月 29 日，http：//opinion. haiwainet. cn/n/2017/1229/c345415－31221278. html。

响政府决策，军政两界和民间舆论不时出现批评他对华“软弱”的声音，这直接影响到中菲两国关系的发展。从政治制度和历史沿袭的角度来看，菲律宾总统对国会、军队、媒体的影响力和控制力较为有限，中菲关系因种种历史原因具有特殊性和复杂性，总体而言是抵触、制衡多于接触、合作。[①]不论是杜特尔特在国内亲美派政治势力的压力下改变对华态度和政策选择，抑或是菲律宾发生领导人更迭，亲美派领导人上台执政，都会对中菲来之不易的良好关系带来巨大冲击。

2018 年 7 月 23 日，杜特尔特发表任内第三次国情咨文表示，中菲关系改善不代表菲放弃南海权益，双方正通过双边和多边渠道友好处理分歧。事实上，中菲两国对南海的根本诉求存在明显差异。中方更在意捍卫国家主权和领土完整，保证最主要的海外贸易通道特别是能源进口通道不受威胁；菲方更在意南海地区油气、矿产、渔业等资源的开发利用，但对上述资源的开发利用能力相当有限。因此，中菲完全可以通过适当方式展开合作，从而达到双赢的效果。[②] 杜特尔特对菲律宾南海权益的内容及实现方式，都不同于阿基诺三世，但同时需要意识到，菲国内对他在南海问题处理方式上的质疑声音依然很大，这也直接影响他的决策和表态。

中国国家主席习近平于 2018 年 11 月 20 ~21 日对菲律宾进行国事访问，这是习近平主席首次对菲律宾进行国事访问，亦是中国国家元首时隔 13 年再次到访菲律宾。两国于 11 月 21 日发表了《中华人民共和国与菲律宾共和国联合声明》。该联合声明指出，两国元首一致决定在相互尊重、坦诚相待、平等互利、合作共赢基础上建立中菲全面战略合作关系。[③] 中菲两国在南海问题上业已达成的共识，随着全面战略合作关系的建立而得以巩固，双

---

① 陈庆鸿：《菲律宾对华对冲战略评析》，《当代亚太》2015 年第 6 期，第 140 页。

② 《杜特尔特回应有关中菲关系质疑，外交部：睦邻友好是正确方向》，凤凰网，2018 年 7 月 24 日，http：//finance. ifeng. com/a/20180724/16402917_ 0. shtml。

③ 中华人民共和国外交部：《中华人民共和国与菲律宾共和国联合声明》，2018 年 11 月 21 日，https：//www. fmprc. gov. cn/web/ziliao_ 674904/1179_ 674909/t1615198. shtml。

方各领域的合作也日趋深入完善。[①] 这意味着中菲两国关系由“转圜”“巩固”提升到了一个新的更高层次的发展阶段，中菲各领域合作得到了全面加强，南海问题方面的分歧和争端得到了妥善处理。

（二）军事上的摇摆

杜特尔特自2016年上任以后，菲律宾在南海的军事活动大量减少，他多次表示将叫停美菲联合军事演习。2016年9月28日，在杜特尔特访华一个月前，他甚至声称为照顾中国情绪，菲律宾会终止与美国进行联合军事演习，10月进行的美菲军事演习将是他任期内的最后一次。此前他也曾公开表示，不允许菲律宾政府军与外国军队在与中国存在争议的水域进行联合巡逻。[②] 尽管后来他并未真的取消全部美菲军演，但其态度可见一斑。美菲两国原本每年定期举行“肩并肩”“战备与训练合作”“菲律宾两栖登陆演习”三大联合军演，然而，在杜特尔特访华回国一个月后，菲律宾军方表示，将不再继续与美军举行后两项涉及领土防御训练的联合军演。很快，杜特尔特就以实际行动落实其声明。美菲两国长期保持军事同盟关系，针对中国，始于1991年的“肩并肩”联合军事演习是美菲年度例行大型联合演习，也是美菲间最重要的军事演习。2017年5月，该联合军演的规模大幅减小，参演部队仅5400人，不到上年人数的一半。这次军演，首次放弃将南海作为军演场所，而是转至菲律宾北部的吕宋岛地区和中部的米沙鄢群岛地区，演习内容也由对中国挑衅意味浓厚的国土防卫转为人道主义援助、救灾和反恐。杜特尔特此举，意在在延续美菲同盟的基础上，修正前任总统阿基诺三世奉行的向美国一边倒的外交政策，进一步改善菲律宾同中国的关系。

---

① 中华人民共和国中央人民政府：《外交部就中菲双方一致同意将双边关系提升为全面战略合作关系等答问》，2018年11月22日，http：//www. gov. cn/xinwen/2018－11/22/content_5342602. htm。

② 《最后一次！杜特尔特称将终止美菲军演：因为中国不愿看到》，环球网，2016年9月29日，http：//world. huanqiu. com/exclusive/2016－09/9498962. html。

2017年8月，菲律宾武装部队总参谋长阿诺称，中菲两国存在联合军演的可能性，菲律宾国防部门在和中方商谈双边合作协议等事项，并希望能尽快达成。[①] 2018年10月，中国与东盟十国的首次联合军演“海上联演—2018”在广东湛江举行，借此机会，菲律宾军方首次与中国军队一起演习。而菲律宾此前还拒绝参加美军南海、台海军演，向中国展示了足够的诚意。2018年11月，中国外交部发言人表示，中国已在南沙有关岛礁启用岛礁海洋观测中心、气象观测站、南沙国家环境空气质量监测站等，菲律宾国内一些媒体借机炒作，要求菲政府表态。菲律宾国防部长12月4日接受媒体采访时称，即使中国在南海岛礁建设了气象站，菲律宾也无须担心[②]，这一表态向中国释放了充分的善意。

然而，在中菲关系全面转圜、持续改善的趋势下，也不能否认，菲律宾军方的一些行为却更为激进、摇摆、反复。不同于政治上一直向对华友好方向转变，菲律宾在军事上所采取的行动，更多是摇摆和反复。2017年4月6日，杜特尔特在访问一个军营时称，已下令菲武装部队占领“所有属于菲律宾的南海岛礁”，并计划在6月12日菲律宾独立日当天登上中业岛并升起国旗。[③] 后来，杜特尔特又改口称自己在中国的建议下，决定取消登岛行动，甚至表态会考虑把菲律宾在南海的岛屿“卖”给中国。[④] 然而，2017年4月21日，菲律宾国防部长洛伦扎纳乘坐军用飞机登上南沙中业岛，在岛上，他宣布菲律宾政府将对中业岛投资16亿比索，将该岛建成一个旅游目的地和海洋研究中心。他还表示，菲律宾政府将对岛上的飞机跑道进行维修，同时还要修建渔港、广播电台、发电站等设施。随洛伦扎纳一同登岛的

---

① 《从“共同开发”到联合军演，中菲在南海关系全面转圜》，央视网，2017年8月1日，http：//news. cctv. com/2017/08/01/ARTIJHH88xL6ddHTftb64Afc170801. shtml。

② 环球网：《菲防长：不担心中国在南海岛礁建气象站》，2018年12月5日，https：//m. huanqiu. com/r/MV8wXzEzNzIwNjUzXzEzOF8xNTQzOTUzNjAw。

③ 海外网：《登中业岛升国旗，杜特尔特真的是喂不饱的狼吗》，2017年4月7日，http：//opinion. haiwainet. cn/n/2017/0407/c351062 -30845072. html。

④ 腾讯网：《菲总统：我不去中业岛升旗是采纳了中国的建议》，2017年4月14日，https：//new. qq. com/cmsn/20170414/20170414008752。

不仅有武装部队总参谋长等军方高官，还有包括西方媒体记者在内的40多名记者，炒作意图非常明显。中国外交部就此事表示严重关切和不满，并向菲方提出交涉。而菲总统府当天为该国国防部长登上中业岛的行为进行辩护，称此行为完全合乎国际法。①

2018年以来，中美关系出现波折，菲律宾与美国在军事上依然保持合作。2018年5月，美菲举行“肩并肩”联合军事演习。此次演习与2017年的演习相比，规模再次扩大，被砍掉或缩减规模的、对美菲两国共同防御具有重要意义的两栖登陆、实弹演习等科目，又得以恢复。此次演习的菲方指挥官，是菲律宾负责黄岩岛海域作战行动的北吕宋司令部司令，而演习中两栖登陆和实弹射击科目的演练地点靠近黄岩岛，这在一定程度上表明美菲双方防务关系尽管遇到一定挑战，但并未受到实质性损害。② 演习结束几天后，菲律宾政府证实，正对中业岛上的机场跑道进行翻修。③ 此外，2018年，菲律宾军舰及飞机依然高频率闯入南海并收到中国无线电驱离警告。④ 2018年7月9日，在美国打响贸易战第一枪几天后，菲美低调展开为期8天的“齐心协力”海上联合军演，此次军演地点在全是面向南海的省份。⑤ 尽管这场军演未遭到中国政府反对，也未在中国官方媒体广泛报道，但从演习时机和地点可以看出，菲律宾此举显然一定程度上伤害了中国的感情。2018年7月16日，菲澳两国海军在菲律宾西南部的苏禄海海域展开为期10天，旨在提高打击恐怖主义及海上劫持活动的小型联合军演。⑥ 尽管这次军

① 《菲总统府为防长登中业岛辩护　称完全合乎国际法》，中国新闻网，2017年4月24日，http://www.chinanews.com/gj/2017/04-24/8207246.shtml。

② 刘琳：《2018美菲“肩并肩”传达怎样的信号》，《世界知识》2018年第12期，第30页。

③ 《菲律宾官方证实正翻修南海中业岛军机跑道》，凤凰网，2018年5月28日，http://news.ifeng.com/a/20180528/58474887_0.shtml。

④ 《菲律宾军方：舰机经过南海每次都收到中国驱离警告》，网易新闻，2018年8月14日，http://news.163.com/18/0815/08/DP857REJ0001899N.html。

⑤ 《菲美低调展开海上演习》，菲信网，2018年7月10日，http://www.feixinph.com/local/4513.html。

⑥ 《菲律宾与澳大利亚在苏禄海展开联合军演》，新华网，2018年7月17日，http://m.xinhuanet.com/mil/2018-07/17/c_129914649.htm。

演无论从地点上还是从人数上都未对中国构成威胁和挑战，中国政府也并未表态反对，但结合当时澳大利亚特恩布尔政府的对华不友好的态度及政策可以推测，这势必会对中菲关系造成一定的负面影响。2018 年 9 月 26 ~ 27 日，菲美军方高层就菲美联盟关系、菲美关系对印太地区稳定的重要性等问题进行交谈，并同意明年增加包括大规模双边军演在内的菲美军事交流与往来。[①] 这一举措事实上是菲律宾为了维护美菲同盟所采取的措施，表明杜特尔特并不敢或是不能按照他之前所说的那样叫停美菲联合军事演习。

不过，这一系列事件并未从根本上改变中菲关系迅速好转的总体趋势，可解读为菲律宾政府为应对盟友美国及菲律宾国内亲美派政治势力压力而采取的权宜措施。特别是在中菲建立全面战略合作关系后，迄今为止，菲律宾尚未在南海问题上采取任何不利于中国的实际行动。

总而言之，自杜特尔特上台以来，中菲关系全面转圜，发展势头良好，南海局势也日益趋稳向好[②]，但不能否认，南海问题仍存在诸多不确定性因素，菲律宾的南海政策再度发生摆动的可能性是现实存在的。尽管杜特尔特对美菲同盟的可靠性公开表示怀疑，但菲律宾仍然是美国在东南亚地区的重要盟友和战略支点，美国也仍将是菲律宾唯一的盟友。美菲同盟会继续存在。目前，菲律宾对华政策的本质依然是对冲策略，这既源于菲律宾国内政治的限制，也出于现实主义的战略考量。杜特尔特政府的外交政策只是在两个大国之间寻求平衡，而不是与一方合作并针对另一方[③]，不能排除菲政局变动而使中菲关系再度恶化的可能性。在当前中美关系存在较大变数的情况下，中菲关系会走向何处还有待进一步观察。

---

① 《菲美军方同意明年增加军事交流》，《马尼拉公报》2018 年 9 月 29 日，http://mbcn.com.ph/2018/09/29/%E8%8F%B2%E7%BE%8E%E8%BB%8D%E6%96%B9%E5%90%8C%E6%84%8F%E6%98%8E%E5%B9%B4%E5%A2%9E%E5%8A%A0%E8%BB%8D%E4%BA%8B%E4%BA%A4%E6%B5%81/。

② 中华人民共和国驻菲律宾共和国大使馆：《赵鉴华大使在庆祝建国 69 周年招待会上的讲话》，2018 年 9 月 29 日，https://www.fmprc.gov.cn/ce/ceph/chn/sgxx/dsjh/t1600727.htm。

③ 李途：《美菲同盟对中菲南海争端的影响论析》，《东南亚研究》2018 年第 5 期，第 71 ~ 74 页。

因此，中国必须抓紧时间大力推进与东盟国家的“南海行为准则”磋商取得新进展，切实推进中菲海上务实合作，将合作构想和项目落到实处并使之机制化、常态化，强化各方共同利益，在南海建立起规则主导的危机管控机制和海上秩序，规范相关方的海上行动，为南海局势筑牢稳定的基本盘。①

① 刘延华：《菲律宾军舰搁浅半月礁：又一次占领企图?》，《世界知识》2018 年第 19 期，第 33 页。

B.12
中国企业在菲律宾面临的知识产权保护风险分析*

张宇权　吴杏天子**

摘　要： 菲律宾目前已经建立了相对完善的法律保护体系和行政保护体系来提高自身的知识产权保护水平，但开拓菲律宾市场的中国企业仍然面临着恶意注册商标和专利侵权等行为的威胁。多数在菲中国企业对当地知识产权保护情况了解甚少，又缺乏专业人士保驾护航，致使它们难以及时申请商标和专利，也难以应对复杂的知识产权诉讼。为了有效规避此类知识产权保护风险，应该在加强对菲律宾知识产权保护现状的研究的同时建立开放的信息平台，为在菲中国企业提供更加专业的知识产权保护服务。

关键词： 知识产权保护　菲律宾　中国企业

在“一带一路”背景之下，中国与菲律宾之间的经贸往来与技术合作日益密切，中国同菲律宾进出口总额整体呈增长趋势，2015 年，中国与菲律宾双边贸易总额 456.5 亿美元，其中，中国向菲律宾出口机电产品 104 亿

---

* 本文为中共广东省委宣传部海上丝绸之路研究课题“广东企业在海上丝绸之路沿线国家的知识产权保护研究”（课题编号：2016A10）阶段性成果。

** 张宇权，博士，中山大学国际关系学院副教授，“一带一路”研究院研究员，博士生导师；吴杏天子，硕士，中山大学“一带一路”研究院研究助理。

美元，占比39%。[①] 杜特尔特担任菲律宾总统以来，两国经贸关系更是发展迅速，2017年上半年，中国首次成为菲律宾最大贸易伙伴。[②] 这对保护在菲中国企业的知识产权提出了更高的要求。但目前国内对菲律宾知识产权保护机制的研究缺乏时效性、系统性、针对性和实用性：其一，知识产权出版社2014年4月出版的《菲律宾知识产权法典》（以下简称《法典》）中文译本是国内现行的最新版本，并未体现菲律宾共和国第10372号法案对《法典》的修正；其二，在中国网站上可以查询到的相关信息十分零散，主要是分类介绍菲律宾的知识产权保护制度[③]、对菲律宾知识产权办公室网站的专利检索功能进行说明[④]以及跟进菲律宾的知识产权保护动态[⑤]；其三，即使有相对系统的研究也只是在论述东盟国家的知识产权制度和泛北部湾经济合作区知识产权法律协调机制时略有提及[⑥]，忽略了东盟诸国知识产权保护水平高低不一现状，缺乏针对性和实用性，难以深入研究中国企业在菲律宾面临的知识产权保护风险。因此本报告在对菲律宾的知识产权保护制度进行研究的

---

① 中华人民共和国商务部：《2015年中菲贸易数据》http：//www. mofcom. gov. cn/article/tongjiziliao/fuwzn/ckqita/201608/20160801382507. shtml，最后访问日期：2017年7月6日。

② 《外交部：2017年以来中菲贸易逆势上扬》，中国新闻网，http：//finance. ifeng. com/a/20170630/15501235_ 0. shtml，最后访问日期：2017年7月6日。

③ 参见以下网站及文献：《菲律宾商标制度简介》，中国知识产权网论坛，http：//bbs. cnipr. com/forum. php？ mod = viewthread&tid = 16388，最后访问日期：2017年3月18日；《“一带一路”国家知识产权概况——菲律宾篇（上）》，https：//sanwen8. cn/p/14fL5Ny. html，最后访问日期：2017年2月10日；谭雅琦：《浅谈菲律宾提交商标使用声明制度的修订》，《中国发明与专利》2015年第3期，第82页；纪明明：《菲律宾商标异议程序介绍》，《中华商标》2013年第8期，第32页。

④ 臧亚丽：《菲律宾知识产权局网站专利检索简介》，《中国发明与专利》2014年第9期，第74~75页。

⑤ 参见以下网站：《菲律宾制定五年行动计划完善反假冒措施》，中国保护知识产权网，http：//www. ipr. gov. cn/article/gjxw/zfxd/yzzsxd/201611/1897449. html，最后访问日期：2017年3月1日；《菲律宾、日本签订知识产权保护合作协议》，中华人民共和国商务部网站，http：//www. mofcom. gov. cn/article/i/jyjl/j/201505/20150500989755. shtml，最后访问日期：2017年3月10日；国家知识产权局：《菲律宾将在3月筹建版权局》，http：//www. sipo. gov. cn/wqyz/gwdt/201401/t20140110_ 896988. html，最后访问日期：2017年2月22日。

⑥ 此类研究可参见以下文献：刘秋芷、梁旋：《泛北部湾经济合作区知识产权法律协调机制之浅析》，《法制博览》2016年第4期，第35~37页；高敏：《简述中国与部分东盟国家专利法律制度之比较》，《使命与发展——第四届西部律师发展论坛论文集》。

基础上，通过具体的案例分析中国企业在菲律宾所面临的知识产权风险与成因，最后对中方可以采取的规避措施进行探讨。

一　菲律宾的知识产权保护现状

从菲律宾知识产权保护的法律层面来说，现行的《菲律宾知识产权法典》（Intellectual Property Code of the Philippines）于 1997 年获得通过[①]、1998 年正式生效，由 1947 年通过的《专利法》和随后制定的一系列相关法律汇编而成，是菲律宾知识产权法律保护的集中体现，主要内容如下。

第一，规定知识产权办公室（The Intellectual Property Office，IPO）的功能、组织架构以及经费用途。“法典”指出，菲律宾知识产权办公室的创设是“为了管理和实施本法案所阐明之国家政策”，负责与知识产权相关的审查与注册工作、技术转让合同的备案工作、专利信息的收集与传播工作；同时既有责任加强机构间合作、妥善保管资料档案，也有权对知识产权争议事项进行行政裁决。[②]

为了更好地适应现实需要，2013 年 3 月 4 日颁布的“菲律宾共和国 10372 号法案”对知识产权办公室的组织结构进行了调整，体现出对版权和邻接权的重视、强调了知识产权保护工作的重要性。修正案在专利部、商标部、法务部、文件与信息技术转让部、信息管理系统和电子数据处理部，以及行政、财务和人事部的基础上增设了版权及其他邻接权部（The Bureau of Copyright and Other Related Right）[③]，同时一并规定了该部门的具体职能和上

① The Intellectual Property Code of the Philippines (Republic Act. No. 8293, as amended), 2015 Edition, https://drive.google.com/file/d/0B2or2OrWYpIfN3BnNVNILUFjUmM/view?ts=58057027，最后访问日期：2017 年 7 月 18 日。

② The Intellectual Property Code of the Philippines (Republic Act. No. 8293, as amended), Section5, 2015 Edition, https://drive.google.com/file/d/0B2or2OrWYpIfN3BnNVNILUFjUmM/view?ts=58057027，最后访问日期：2017 年 7 月 18 日。

③ The Intellectual Property Code of the Philippines (Republic Act. No. 8293, as amended), Section6, 2015 Edition, https://drive.google.com/file/d/0B2or2OrWYpIfN3BnNVNILUFjUmM/view?ts=58057027，最后访问日期：2017 年 7 月 18 日。

诉权利。[①] 此外，修正案还增设条款规定菲律宾国家警察、国家调查局、海关、地方政府等有关部门应当支持知识产权办公室的强制行动。总的说来，知识产权办公室的管辖范围要超过1987年合并专利局和技术转让委员会而设立的“专利、商标和技术转让局”。菲律宾更加强调部门之间的密切配合，通过法律规定强化了知识产权办公室在知识产权保护工作中的核心地位，进而提高了知识产权办公室的履职能力。

第二，汇编既有的《专利法》、《商标、服务商标及商号法》与《版权法》，分别就专利、商标和版权的定义、获得、转让、救济、侵权处罚等事项做出了具体细致的规定。其中，《专利法》和《商标、服务商标及商号法》经过多次修订，现行版本较为成熟。相比之下，1997年制定的《版权法》较不完善，2013年进行的大规模修订涉及30多条款项：在术语定义方面，法案重新定义了“向公众传播”“复制”两个相关术语，增加了对“技术手段”和“权利管理信息”两个术语的定义，以迎合科技时代的发展趋势、应对新的传播方式与技术手段可能带来的版权风险；在版权转移和转让方面，法案增加了对许可方及版权所有者的权利的规定；在版权限制行为方面，法案限制了教学用出版物的数量并调整了图书馆影音复印、计算机软件复制等活动的版权规定。[②] 可以看出，科学技术的创新发展不断向知识产权保护提出新的挑战，尽管菲律宾一直以来试图通过修订法律来适应时代发展，但在产品更新换代周期越来越短的今天，法律保护固有的滞后性同样应当引起足够的重视。

第三，对菲律宾加入的国际知识产权保护公约、条约及协定的适用情况做出规定。《法典》第三条明确指出，与菲律宾加入同一知识产权公约、条

---

① The Intellectual Property Code of the Philippines (Republic Act. No. 8293, as amended), Section7、9, 2015 Edition, https://drive.google.com/file/d/0B2or2OrWYpIfN3BnNVNILUFj UmM/view?ts=58057027，最后访问日期：2017年7月18日。

② The Intellectual Property Code of the Philippines (Republic Act. No. 8293, as amended), Section171、181、183、184、188、190、191、198、203、204、208、212、216、217、220、226、230, 2015 Edition, https://drive.google.com/file/d/0B2or2OrWYpIfN3BnNVNILUFjUmM/view?ts=58057027，最后访问日期：2017年7月18日。

约或者协定的成员国，或是反不正当竞争条约的成员国，或是国内法规定互惠权利延及菲律宾公民的国家，其公民、定居者以及真实有效的工业机构除了享有公约、条约和互惠法所规定的权利外，还享有本法典所规定的其他权利，而法典第237条则指出菲律宾应适当满足《伯尔尼公约》（1971年巴黎文本）附录中所提出的条件，以充分利用其中涉及发展中国家的特殊条款。[①]

菲律宾宪法第十三条规定："国家保护和保障科学家、发明家、艺术家和其他有才能的公民的知识产权和发明创造——特别是有利于人民的知识产权和发明创造——的专用权，保护期限由法律规定。"[②] 正是在宪法精神的引领之下，菲律宾除《法典》之外还制定了《菲律宾技术转让法》《菲律宾植物新品种保护法》等主要知识产权法以及诸多与知识产权相关的法律，[③]形成了一个较为完备的知识产权法律保护体系。我国企业在进军菲律宾市场时应当做好准备，一方面能够避免卷入不必要的法律纠纷，另一方面也能够适时运用法律来维护自身的合法权益。

从菲律宾知识产权保护的行政层面来说，菲律宾知识产权办公室（IPOPHL）是行政保护的主要机构，其工作分为三种类型：第一，负责处理有关发明专利、商标、地理标志以及集成电路布图设计的注册和申请，向申请者提供简洁明了的申请流程说明和相关法律参考，并建立高效的非诉讼解决机制（Alternative Dispute Resolution，ADR）；第二，负责发布与知识产权保护相关的法律资料、统计资料和会议资料，建立可供查询的知识产权数据库和案例库；第三，加强与政府部门及私营机构的合作，具体包括定期与美国贸易代表办公室（United States Trade Representative，USTR）进行沟通，

① The Intellectual Property Code of the Philippines（Republic Act. No. 8293，as amended），Section3、237，2015 Edition，https：//drive. google. com/file/d/0B2or2OrWYpIfN3Bn NVNILUFjUmM/view? ts = 58057027，最后访问日期：2017年7月18日。

② Constitution of the Philippines（1987），Section 13，http：//www. lawphil. net/consti/cons1987. html，最后访问日期：2017年7月18日。

③ World Intellectual Property Organization，Philippines（158 texts），http：//www. wipo. int/wipolex/en/profile. jsp? code = PH，最后访问日期：2017年1月17日。

向 USTR 递交菲律宾知识产权情况报告并转发 USTR 每年公布的“特别 301 报告”，依据世界知识产权组织（WIPO）的通知及时发布各国、各种类专利审查费用的调整情况，同时注重与菲律宾国税局、警察局、陆上运输特许经营及管理会等机构的合作，采取行动保护知识产权。

此外，菲律宾国家知识产权委员会（NCIPR）同属知识产权保护法的执行机关，也有权对侵犯知识产权的行为进行行政干涉，其成员包括：菲律宾知识产权办公室、司法部、国家调查局、海关局、警察局、光学媒体局、国家通讯委员会、国家图书发展局、食品及药品管理局、内政部和地方政府、跨国犯罪特使办公室和贸易与工业部。自美国的“特别 301 报告”将菲律宾列入盗版观察名单中以来，NCIPR 的工作重心一直是打击假冒商品。2013 年，菲律宾加大了对假冒商品的打击力度，取得了很大的成效，有效地遏制了假冒商品的流通。[①] 2015 年，菲律宾在美国政府的协助下开展了六次座谈会，充分讨论了假冒商品——尤其是假冒药品——的危害，同一时期还在各医科大学中举行了多次研讨会，促使医学生引以为戒。

2016 年 10 月 24 日 IPOPHL 成功举行了第六届菲律宾反假冒、反盗版峰会，会议对 2015 年的工作进行了总结，提及 IPOPHL 的案件受理量及解决量：2013～2015 年间向 IPOPHL 提交的争端逐年递增，增长率为 4%，而争端解决的数量虽然有小幅上升，但增长率仅为 2%，反映出 IPOPHL 的争端解决效率已经无法应对日益增多的知识产权争端（参见图 1）。

从菲律宾的知识产权保护社会层面来说，在菲律宾，包括亚太经合组织知识产权专家组（IPEG）、菲律宾工商协会（PCCI）在内的民间组织也会对知识产权保护进行宣传教育，并不断督促政府做好知识产权保护工作，从而为经济、科技和社会的发展营造一个良好的环境。另外，通过 IPOPHL 的网站，菲律宾普通民众可以下载到《实质性审查程序指南》及相关出版物、通过知识产权基础教程了解到知识产权的各类实用型知识以及查找到所有相

① 相关情况可看《2013～2015 年菲律宾对假冒商品的收缴情况》，见 IPOPHL “Statistics (2013－2015),” http://www.ipophil.gov.ph/ip－enforcement－menu/statistics，最后访问日期：2017 年 1 月 17 日。

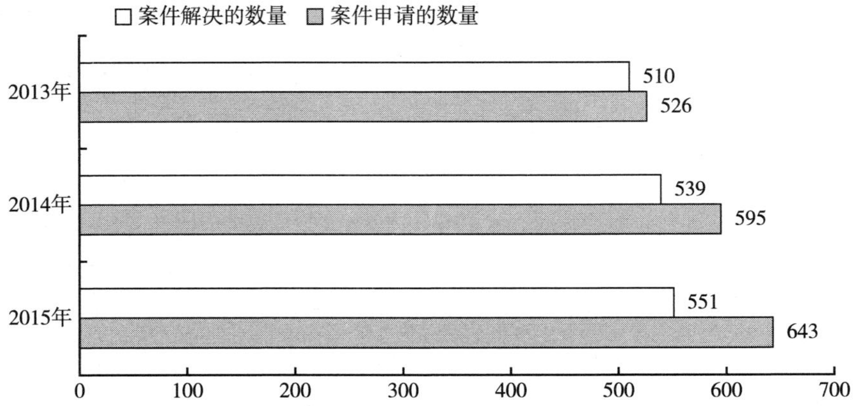

图 1　2013～2015 年提交至 IPOPHL 解决的知识产权案件

资料来源：IPOPHL：6th Phil. Anti - Counterfeiting And Piracy Summit，http：//www. ipophil. gov. ph/ip - knowledge2/6th - phil - anti - counterfeiting - and - piracy - summit，最后访问日期：2017 年 1 月 17 日。

关机构的地址及联系方式。2007 年成立的知识产权研究与培训学院则致力于为不同需求的人群提供相应的知识产权教育资源，以教育研究活动培养公众知识产权保护意识，推动国家知识产权不断向专业化发展。由此可见，菲律宾对知识产权的行政保护并不局限于行政裁决和收缴行动，也注重培养公民的知识产权保护意识、减少申请者和申诉者的时间成本与经济成本，为知识产权的保护提供必要的软性支持。

综上所述，菲律宾知识产权的行政保护具有如下特点。第一，注重与美国贸易代表办公室之间的合作与交流，与美国形成了较为稳定的合作伙伴关系。第二，菲律宾对知识产权的保护日趋精细化和专业化，包括专设知识产权法庭，由 IPOPHL 对历年的案例进行汇总并创设可供线上查询的案例库；加强对知识产权保护工作者的专业技能培养，注重对知识产权保护进行深入研究；与先进国家进行合作，及时跟进合作伙伴国的知识产权行政管理措施。第三，菲律宾对知识产权的保护越发侧重于影响人民生活和社会稳定的领域，无论是严厉禁止生产假药和劣质食品，还是对电子商务和网络安全进行严格管理，又或是加大对假冒商品的打击力度，都是为了保护人民的生命财产安全、保障市场的正常运行。第四，菲律宾解决知识产权纠纷的能力较为欠缺，IPOPHL 受理的申诉案件增速很快，但解决案件的效率较低，长此以往有可能出现纠纷解决周期变长甚至暂时搁置的情况。

二　中国企业在菲律宾的知识产权纠纷

与“海上丝绸之路”沿线的其他国家相比，菲律宾的知识产权保护水平较高，但其保护体系内仍然存在着一些漏洞，还需要引起中国企业的重视。根据 IPOPHL 的案例库显示，中国企业在菲律宾曾卷入多起知识产权纠纷，2013 ~2016 年约有六件，分别是2013 年4 月15 日裁定的威士国际组织（VISA International Service Association）反对北京千代福信息技术有限公司（Beijing Qian Dai Fu Information & Technology Company Limited）申请商标一案;[①] 2013 年4 月23 日裁定的广州白云山奇星药业有限公司（Guangzhou Baiyunshan Qixing Pharmaceutical Co. , Ltd. ）反对 ATC 医疗保健国际责任公司（ATC Health Care Int’l Corp. ）申请商标一案;[②] 舒英公司（Suyen Corporation）反对江苏中烟工业有限责任公司（China Tobacco Jiangsu Industrial Co. , Ltd. ）申请商标一案;[③] 2015 年6 月3 日裁定的香港六福集团（Lukfook Holdings Company Limited）诉请取消另一方注册“六福珠宝”商标一案;[④] 2015 年6 月30 日裁定的普利司通公司（Bridgestone Corporation）

① VISA International Service Association V. Beijing Qian Dai Fu Information & Technology Company Limited, IPOPHL, Order No. 2013 - 83 (D), http: //onlineservices. ipophil. gov. ph/ipcaselibrary/main. html，最后访问日期：2017 年7 月18 日。

② Guangzhou Baiyunshan Qixing Pharmaceutical Co. , Ltd. V. ATC Health Care Int’l Corp. , IPOPHL, Order No. 2013 - 87 (D), http: //onlineservices. ipophil. gov. ph/ipcaselibrary/main. html，最后访问日期：2017 年7 月18 日。

③ Suyen Corporation V. China Tobacco Jiangsu Industrial Co. , Ltd. IPOPHL, Decision No. 2014 - 198, http: //onlineservices. ipophil. gov. ph/ipcaselibrary/main. html，最后访问日期：2017 年7 月18 日。

④ Lukfook Holdings Company Limited V. Samuel G. Bantay, Decision No. 2015 - 111, http: //onlineservices. ipophil. gov. ph/ipcaselibrary/main. html，最后访问日期：2017 年7 月18 日。

反对杭州永利百合实业有限公司（Hangzhou Unibear Industrial Co.，Ltd.）注册商标一案①以及2016年8月22日裁定的广州市华南橡胶轮胎有限公司（Guangzhou City South China Tire & Rubber Co. Ltd.）反对约翰保罗（John Paulo C. Go,）注册商标一案。②

在普利司通公司（以下简称“普利司通”）反对杭州永利百合实业有限公司（以下简称“永利百合”）注册商标一案中，前者反对后者在商标分类第12类中寻求注册以“STONE”为后缀的商标。永利百合试图在菲律宾第12类商标中注册“R－STONE”这一商标，普利司通则坚称在轮胎的设计、制造和技术方面是“BRIDGESTONE”商标的首次使用者，而“STONE”是公司专用标志“BRIDGESTONE”中的重要组成部分，并且实际上“BRIDGESTONE”商标已经被世界上的大部分国家宣布为驰名商标（Well-Known Mark）。普利司通进一步指出，永利百合申请的商标中含有“STONE”，前缀字母“R”在“R－STONE”和“BRIDGESTONE”两个商标中均有出现。菲律宾的法律事务局（the Bureau of Legal Affairs，BLA）认为，普利司通持续使用“STONE”这一单词，尽管该词在英语词汇属常用词汇，但并非用以描述轮胎，因此认同普利司通的上述主张，并指出尽管两个商标的前缀字母不同，但这种差别无法消除在市场推广时令公众产生误解的可能性，尤其是在两个商标均用于轮胎商品之时。因而该案的结果是，永利百合败诉，普利司通胜诉。③

在广州市华南橡胶轮胎有限公司反对约翰保罗公司一案中，情况则相对简单。前者于2016年1月27日提交反对申请，但由于没有在规定期限内提

---

① Bridgestone Corporation V. Hangzhou Unibear Industrial Co.，Ltd.，IPOPHL，Decision No. 2015－152，http：//onlineservices. ipophil. gov. ph/ipcaselibrary/main. html，最后访问日期：2017年7月18日。

② Guangzhou City South China Tire & Rubber Co. Ltd.，V. John Paulo C. Go，IPOPHL，Order No. 2016－154（D），http：//onlineservices. ipophil. gov. ph/ipcaselibrary/main. html，最后访问日期：2017年7月18日。

③ Federis，“Bridgestone's Trademark Rights Are Set in ‘Stone’（April 20，2015），” http：//www. federislaw. com. ph/bridgestone－trademark－rights－philippines，最后访问日期：2017年3月17日。

交已证实的异议申请书（Verified Notice of Opposition），使得案件失效。作为反对方，华南橡胶轮胎有限公司没有在规定期限内提交证明材料，致使其无法在菲律宾继续使用“WANLI”这一商标。①

在上述案例中，中国企业在菲律宾既可能涉嫌侵犯知识产权，也可能是维权者。但无论处在哪一种身份之下，漫长的审理过程都极不利于中国企业在菲律宾的发展。以六福集团一案为例，六福集团于2012年6月28日提起诉讼，但一直到2015年6月3日才获得最终裁定，整个审理过程历时3年之久；相对而言，菲律宾知识产权办公室对广州白云山奇星药业有限公司和广州市华南橡胶轮胎有限公司反对商标注册的裁决仅耗时一年，但却是由于上述两家企业未在规定期限内提交相关的证明材料。中国企业理应重视知识产权纠纷的低效问题，但由于大部分中国企业对菲律宾的相关行政体系和行政流程不甚了解，对菲律宾知识产权保护制度中存在的漏洞也没有清晰的认知，缺乏更具前瞻性的措施来规避知识产权风险，大大提高了发生知识产权纠纷的可能性。

首先，企业有可能遭遇恶意注册行为。菲律宾当地的公司可能会抢注外国公司的商标，而后以高价出售给外国公司，中国企业在菲律宾也曾遭遇过类似的情况。由于包括菲律宾在内的东南亚各国基本采取申请在先的原则，就意味着首先注册商标的所有人就是该商标的合法所有人，这一原则之下，恶意抢注者实际上受到法律的保护。理论上说，开拓菲律宾市场的中国企业能够通过证据证明自己是该商标的首先使用人并以此夺回商标的所有权，但这要求企业本身对商标保护高度重视，注意及时留存使用证据，同时具备足够的实力进行维权行动、能在规定的期限内向商标局提交各种指定文件。但是，很多中小型企业并不具备上述两点条件，因此对他们而言，一旦商标被抢注，不仅有可能造成巨大的损失，更有可能直接导致他们的海外投资走向失败。

① Federis，“Opposition Dismissed for Not Filing Original Documents（May 18，2015），” http：//www.federislaw.com.ph/trademark－opposition－dismissed，最后访问日期：2017年3月17日。

其次，企业可能遭遇无法要求赔偿的专利侵权行为。菲律宾知识产权法典第 80 条规定，“在侵权人知道或有理由应该知道该专利存在前，不能要求其对所实施的侵权行为造成的损害进行赔偿。如果向公众提供的专利产品或是其包装或容器上，或是在专利产品或专利方法广告资料已标有‘菲律宾专利’字样及其专利号，则法律推定侵权人已经知道专利存在”。[①] 换言之，如果进入菲律宾的中国企业在菲律宾申请了专利，但并没有在产品上明确标明“菲律宾专利”字样及其专利号，很可能被认定为“侵权人不知道该专利的存在”，从而无法要求侵权人进行赔偿，使企业白白蒙受损失。在专利保护方面还有可能存在的问题是，由于此类案件在菲律宾不太常见，因此法官不熟悉专利侵权案件的情况很有可能出现，这个时候裁决须依赖于指定专家的意见，裁决的公正性和透明性可能受到很大的影响。

三　中国企业在菲律宾的知识产权纠纷产生成因分析

目前菲律宾当局已经采取了诸多行动来强化知识产权系统、保护产权持有者，也投入了大量资源来加强对假冒产品和盗版产品的打击力度。一方面，侵权行为一经查处将会严重影响企业在当地的声誉，甚至会影响国家的声誉；另一方面，如果企业的知识产权受到侵犯，会直接影响到企业的核心竞争力和市场占有率。因此，分析中国企业卷入菲律宾知识产权纠纷的原因，有助于提出切实有效的解决方案。

第一，在菲中国企业的知识产权保护能力受到主观因素和客观因素的限制，无法很好地保护自己的知识产权。由于“走出去”的中国企业大多是规模较小的私营企业，这些企业往往会由于各种原因忽视知识产权的保护。对大多数的小规模私营企业来说，它们一方面缺乏知识产权保护的意识，另一方面也缺乏知识产权保护的资金。这些企业在知识产权保护上的

① The Intellectual Property Code of the Philippines (Republic Act. No. 8293, as amended), Section31, 2015 Edition, https://drive.google.com/file/d/0B2or2OrWYpIfN3BnNVNILUFjUmM/view?ts=58057027，最后访问日期：2017 年 7 月 18 日。

处境十分尴尬，虽然不像华为等专利大户那样有庞多而繁杂的知识产权事务，需要特设知识产权部来处理，但其商标和核心技术一旦被侵犯，又会面临被迫退出市场甚至是破产的危险。在“走出去”的过程中对当地知识产权情况了解甚少，又缺乏专业人士保驾护航，将会直接导致它们对商标和专利的申请不及时，在遭遇侵权行为时也无法做出适当的反应，甚至在面对诉讼时被过高的经济成本和时间成本限制而放弃维护自己的合法权利。

在这一点上，一些国有企业也面临严峻的考验。广州白云山奇星药业有限公司于2011年通过复审高新技术企业名单，同年“奇星”商标继“广州老字号”后又被国家商务部评定为第二批“中华老字号”；2010年还获得了“首批广州市进出口知识产权优势企业”称号。在广东省内知识产权保护领域小有名气的奇星药业在进军菲律宾市场也面临着“QIXING”商标因为已经有人抢先注册而无法顺利使用的问题。这样的现象表明，无论是中小型企业还是大型企业，无论在国内的知识产权保护状况如何，进军国际市场前都要做好充分的准备工作，避免投入过多精力应对知识产权纠纷，阻碍企业开拓海外市场的步伐。

第二，政府对企业的引领作用尚未得到充分发挥。在中国的网站上最容易获得的与菲律宾知识产权保护相关的资料主要有以下内容：其一，《菲律宾知识产权法典》的中文译本和英文原版；其二，菲律宾国内的知识产权保护动态，包括执法行动、法律修订与机构调整；其三，对东南亚国家的知识产权保护法律的研究。如果政府的知识产权保护部门能够及时对这些资料进行汇总和整理，同时利用好IPOPHL、WIPO等网站上的相关信息，及时跟进菲律宾知识产权保护的行政调整，对中国企业在菲律宾遭遇的知识产权纠纷案例进行汇编、分析和发布，将能够为企业提供一个更为简单明了的指引，也有利于这些企业在菲律宾的知识产权保护。

此外，有关部门也可以充分发挥引导作用，以缓解下述问题所带来的压力：其一，虽然国内的很多网站都对国内外的知识产权案件进行了报道和汇总，例如人民网知识产权专栏①，但是由于世界各地的知识产权立法不同，相应的问题也会不同，因此这种粗糙的整理实际上不利于企业针对自身情况采取预防性措施；其二，此类信息属于可以共享的信息，能够通过无偿或有偿的方式提供给每一个试图打开菲律宾市场的企业，但目前的情况是每一个企业都需要依靠自身的力量去获取并消化这样的信息，不仅在分析上欠缺专业性，还增大了企业的成本；其三，企业在菲律宾所遭遇的知识产权保护问题及应对措施不能及时向有关部门反馈，变相造成了许多有用经验的流失，致使同样的问题可能会多次发生。

第三，菲律宾的国情和中国企业在菲律宾较高的知识产权申请量增大了此类知识产权保护问题发生的可能性。这里提及的两个“情况”是客观事实：一方面，一个国家的知识产权保护水平与其经济发展水平息息相关，处在这种中间阶段的国家往往需要不断模仿既有的先进成果来推动经济和技术的发展，过高的知识产权保护水平会大大增加发展成本。菲律宾等“海上丝绸之路”沿线国家的经济发展恰好处于模仿到创新的中间阶段，能够在知识产权保护上投入的力量始终有限，法律和行政保护尚不成熟，社会保护的广泛程度也逊于欧盟、美国等发达国家。另一方面，根据 IPOPHL 发布的统计数据，2015 年中国在菲律宾的专利申请量为 66，占总量的 1.78%；商标申请量为 915，占总量的 3.34%；实用新型申请量为 4，占总量的 0.48%；工业设计申请量为 21，占总量的 1.90%，中国在菲律宾的各项知识产权申请量均位列前十。② 中国在菲律宾较高的申请量也意味着知识产权纠纷发生概率较高，保护知识产权的需求也较高。同时也应注意，任何法律都有其漏洞，菲律宾的知识产权法律也并非万无一失。随着科技的不断发展和商品结构的不断改变，新的商品交易方式也层出不穷。当科技的迅猛发展和法律固有的滞后性相碰撞时，也对企业和国家的知识产权保护发起了新的挑战、提出了新的要求。

---

① 《知识产权》，http://ip.people.com.cn/，最后访问日期：2017 年 3 月 18 日。

② IPOPHL, Statistic, http://www.ipophil.gov.ph/transparency/statistics，最后访问日期：2017 年 1 月 17 日。

四　政策建议

如果企业的自我保护意识和政府的引领意识没有得到足够的强化，无法发挥应有的功能，那么中国企业在菲律宾的知识产权保护将仍然面临巨大的风险。因此，应该注重政府、企业、社会的相互作用与合力，首先对菲律宾知识产权保护的现状进行研究，进而建立开放、专业的专门化服务平台和长效的信息反馈和分析机制。

（一）加强现状研究

国内对菲律宾知识产权保护的研究缺乏针对性和系统性，较为系统的研究又常常以学术论文和学术报告的形式展现，不利于更加广泛的大众传播。因此，在这一部分应该格外关注两个重点：一是注重针对菲律宾的系统研究；二是注重学术成果对实际工作的指导。

目前对菲律宾知识产权保护的研究还需要完成大量的信息搜集工作，包括对重要的法律文本及其修正案进行及时翻译、整理，并翻译菲律宾知识产权办公室提供的行政工作指南和知识产权执法与诉讼手册等文件，及时对包括费用调整在内的动态消息进行更新[①]，从案例库中筛选出有代表性的案例进行分析和总结。总的说来，这种信息搜集工作要格外注重信息的时效性和全面性。渠道上，不仅可以通过网络进行查询，亦可以利用中国－东盟合作机制、亚太地区版权问题研讨会等平台，或者直接通过中菲两国相关机构之间的交流与合作获得更加具体和实用的消息。根据观察，菲律宾十分乐意与其他国家进行知识产权保护的合作，2015 年，菲律宾与日本专利局签署知识产权保护合作备忘录，“双方将就专利审查员能力建设方案、专利审查员新兴技术交流、考察访问、知识产权商业化、促进大学交流等方面展开合

① Federis, “IPOPHL Revised Fee Structure of 2017,” http://www.federislaw.com.ph/ipophl－revised－fee－structure－2017/，最后访问日期：2017 年 3 月 18 日。

作，共同加强知识产权保护工作”。[①]

在保证信息及时全面的同时，也要注意研究成果的指导作用。在这一方面可以仿效欧盟2016年发布的《知识产权实况资料：菲律宾》一文，在16页的篇幅中阐述了欧盟企业在菲律宾的贸易情况和工业部门情况、中小企业保护知识产权的必要性及菲律宾的知识产权保护现状、如何在菲律宾进行各类知识产权的申请工作及相关注意事项，最后还列举了可供利用的网络链接。[②] 整篇文章可谓言简意赅、通俗易懂，能使试图进入菲律宾市场的企业直截了当地明白知识产权保护的重要性、知识产权保护的流程以及应当如何规避风险，这也正是研究成果转化为实际指导性文件的典例。

研究成果指导实践的另一种方式是对相关案例进行汇编、分析。本文搜集的中国企业在菲律宾遭遇的知识产权纠纷，来源于IPOPHL案例库的案例基本上只体现了大型企业的知识产权困境，而小型企业的境况尚需通过调研等方式进一步了解。除了研究中国企业的案例之外，也可以依据企业规模与类型对他国在菲企业的知识产权纠纷进行汇编，不仅能够起到警示作用，也能够在企业遇到类似纠纷时作为参考。

另外，尝试与华为等大型企业建立合作关系不仅有利于提高信息搜集的效率，也有利于降低信息搜集的成本。这些企业投身国际市场多年，有自身的知识产权保护部门，在国际知识产权保护方面有着很丰富的实践经验，能够与学术研究形成互补，更好地指导企业的知识产权保护工作。

（二）建立专业化信息服务平台

其实在中国国内已经有很多涉及知识产权服务的平台，例如国家知识产权局、中国知识产权大数据与智慧服务系统、中国保护知识产权网。同时各

---

① 《菲律宾、日本签订知识产权保护合作协议》，和讯网，http：//news.hexun.com/2015－05－28/176269856.html，最后访问日期：2017年3月18日。

② South－East Asia IPR SME Helpdesk, *IP Factsheet*: *Philippines*, 2016, http：//www.southeastasia－iprhelpdesk.eu/sites/default/files/publications/Philippines_ factsheet.pdf，最后访问日期：2017年3月18日。

省市也开设了相应的服务平台，例如各省的知识产权局网站及知识产权公共信息综合服务平台。除此之外还有政府部门通过网站发布海外维权指引信息。服务平台众多既是政府重视知识产权保护的体现，但也是信息平台缺乏专业化和精细化管理的体现。实际上，企业只需要知道目标国家的知识产权保护制度和相关行政流程，只需要知道如何在“走出去”的过程中应当对哪些问题保持警惕，了解在遭遇知识产权纠纷时应当向何处求助。服务平台众多、信息杂乱而各有偏重的状况，反而混淆了企业的视听，产生相反的效果。

因此，我国有必要对既有的平台进行调整，将国内保护与国际保护分开、将不同国家分开，实现知识产权的定向保护。在这一点上，欧盟的做法同样值得我们借鉴。欧盟针对中小企业建设了一个知识产权保护的帮助平台，使这些企业能够免费从上面获取知识产权保护的相关信息。[①] 这些信息按照国别进行分类，能够查阅各国的知识产权资料、贸易资料以及案例，也能够通过各种渠道提出自身的困惑并获得解答。网站指引清晰、分类明确，能够帮助用户及时获取最为有用的信息；欧盟的平台还为企业提供免费的咨询服务，这样的服务是一种解决问题的渠道，也是一种信息收集渠道。若前两点能够更加有效地为企业提供知识产权保护服务，则创设快捷高效的问题处理机制能够在增加服务的质量和效率的同时降低服务的成本。我们也可仿效这种形式，建设一个更加专业化的知识产权保护平台。

这是因为快捷高效的问题处理机制不仅能够帮助企业解决迫在眉睫的知识产权保护难题，而且能够将这一问题作为一种经验收入信息系统，如果这样的机制能够建立起来，整个信息系统的实用性将大大提高。同时，这种机制还能够把政府、企业和相关的法律机构联系起来，实现社会资源的有效整合，为企业提供更加安全放心的保障措施。

除了由政府主导平台建设之外，也可以充分利用各社会团体的力量来整

---

① IPR SME Helpdesk, http://www.ipr-hub.eu/，最后访问日期：2017年3月18日。

合资源、提供服务。以“深圳市知识产权联合会”为例，这个在华为集团、腾讯公司、深圳市商标协会、国家知识产权局专利局深圳代办处等53家单位共同见证下成立的社团组织，“是全国首个全面整合全市商标、专利、版权知识产权各专业领域行业资源的大知识产权范畴的枢纽型社团组织，是深圳市知识产权公共服务平台”。[①] 该平台汇总了国内的相关法规与案例并实时更新行业资讯，同时还向会员提供各项业务指南，具有很强的实用性。但是，政府部门要想使该平台发挥出更大的作用，还需要进一步更新完善法规案例、尝试为企业提供专业的咨询服务，同时应紧跟“一带一路”倡议的发展，促使服务向国际化发展。

总的说来，专业的知识产权平台应当由政府主导建立还是应该由市场自然选择仍然是一个需要进一步考虑的问题，但无论如何都不能缺少政府的支持、企业的参与和社会的配合，只有整合起三者的力量，才能更好地保护中国企业在海外的知识产权，更好地完善我国的知识产权保护体系。

① 深圳市知识产权联合会，http：//www.szipa.org.cn/a－41.html，最后访问日期：2017年7月11日。

附　　录

B.13
2017～2018年菲律宾大事记

〔菲〕陈思仔　刘裔彬*

2017年菲律宾大事记

1月

1月6日　菲律宾总统杜特尔特登上访菲的俄罗斯海军反潜驱逐舰。

1月12～13日　日本首相安倍晋三（Shinzo Abe）访问菲律宾。

1月17日　菲律宾总统杜特尔特会见中国外交部副部长刘振民。

1月27日　菲律宾总统杜特尔特就中国春节向“中国朋友与华裔菲律宾人”发表贺词。

1月30日　菲律宾总统杜特尔特以废除菲律宾与美国的军事协议作威胁，公开告诫美国不要在菲建设军事设施。

*〔菲〕陈思仔，中山大学国际关系学院研究助理；刘裔彬，中山大学国际关系学院研究助理。

2月

2 月 1 日　菲律宾反政府组织“新人民军”宣布终止对菲律宾政府军单方面停火。

2 月 27 日　德国总理默克尔谴责菲律宾反政府武装阿布沙耶夫（Abu Sayyaf）杀害德国人质的野蛮行径。

3月

3 月 8 日　菲律宾众议院批准通过旨在对情节严重的毒品犯罪分子恢复死刑处罚的法案。

3 月 17 日　菲律宾总统杜特尔特会见中国国务院副总理汪洋。

3 月 19 ~ 20 日　菲律宾总统杜特尔特访问缅甸。

4月

4 月 5 日　菲律宾政府与反政府组织“新人民军”在荷兰共同签署临时停火协议。

4 月 10 ~ 12 日　菲律宾总统杜特尔特访问沙特阿拉伯王国。

4 月 12 ~ 14 日　菲律宾总统杜特尔特访问巴林。

4 月 14 ~ 16 日　菲律宾总统杜特尔特访问卡塔尔。

4 月 18 日　菲律宾名为“大建特建”的大规模基础设施投资计划正式出台。

4 月 26 日 ~ 29 日　第 30 届东盟峰会在菲律宾马尼拉举行。

5月

5 月 1 日　菲律宾总统杜特尔特登上访菲的中国海军远航访问编队长春舰。

5 月 15 日　菲律宾总统杜特尔特赴中国北京出席“一带一路”国际合作高峰论坛。

5月19日 中国——菲律宾南海问题双边磋商机制第一次会议在中国贵阳举行。

5月23～26日 菲律宾总统杜特尔特访问俄罗斯。

5月27日 菲律宾政府宣布取消与反政府组织“新人民军”第五轮和平谈判。

5月30日 菲律宾总统杜特尔特宣布在菲律宾棉兰老岛等地实施为期60天的戒严。

6月

6月11日 菲律宾军方和美国驻菲律宾大使馆双方首次承认，美军特种部队参与了菲律宾马拉维反恐作战。

6月28日 中国向菲律宾援助的首批反恐武器装备正式移交菲律宾军方。

6月29～30日 菲律宾外交部长阿兰·皮特·卡亚塔诺（Alan Peter Cayetano）访问中国。

7月

7月3日 亚洲开发银行（ADB）宣布将向菲律宾提供1亿美元贷款。

7月22日 菲律宾国会参众两院举行联席会议，通过将对棉兰老岛的戒严令延长至2017年12月31日的决议。

7月24日 菲律宾总统杜特尔发表年度国情咨文。

7月25日 菲律宾总统杜特尔特会见中国外交部长王毅。

7月28日 美国向菲律宾捐赠的两架Cessna 208B侦察机正式移交菲律宾空军。

8月

8月2～8日 第50届东盟外长会议在菲律宾马尼拉举行。

8月4日 菲律宾总统杜特尔特签署实施菲律宾国立高等院校免费入学

的法案。

8 月 7 日 菲律宾总统杜特尔特会见美国国务卿蒂勒森（Rex Tillerson）。

9月

9 月 6 日 美国就菲律宾马拉维的重建向菲律宾提供 7.3 亿比索的援助。

9 月 13 日 中国就菲律宾马拉维战事中受伤士兵向菲律宾提供 6500 万比索的援助。

9 月 20 日 菲律宾总统杜特尔特会见美国驻菲大使金成（Sung Kim）。

9 月 21 日 菲律宾多地发生民众抗议活动，抗议总统杜特尔特并要求结束“禁毒战”。

10月

10 月 4 日 菲律宾总统杜特尔特签署行政命令，将成立总统办公室下属的反腐败委员会。

10 月 5 日 中国向菲律宾援助的第二批反恐武器装备正式移交菲律宾军方。

10 月 23 日 菲律宾国防部长德尔芬·洛伦扎纳宣布马拉维战事结束。

10 月 25 日 菲律宾总统杜特尔特会见中国国务委员兼国防部长常万全。

10 月 25 日 菲律宾总统杜特尔特会见阿里巴巴董事局主席马云。

10 月 25 日 俄罗斯向菲律宾援助的反恐武器、弹药与车辆正式移交菲律宾军方。

10 月 29 ~ 31 日 菲律宾总统杜特尔特访问日本。

11月

11 月 10 ~ 11 日 2017 年亚太经合组织（APEC）领导人非正式会议在越南岘港举行，菲律宾总统杜特尔特出席会议。

11 月 10 日　菲律宾总统杜特尔特与俄罗斯总统普京举行双边会晤。

11 月 11 日　菲律宾总统杜特尔特与中国国家主席习近平举行双边会晤。

11 月 13～14 日　第 31 届东盟峰会及东亚合作领导人系列会议在菲律宾马尼拉举行。

11 月 13 日　菲律宾总统杜特尔特与美国总统特朗普举行双边会晤。

11 月 15～16 日　中国国务院总理李克强对菲律宾进行正式访问。

11 月 23 日　菲律宾总统杜特尔特宣布终结与反政府军“新人民军”的和平谈判。

12月

12 月 5 日　菲律宾总统杜特尔特宣布将反政府军“新人民军”认定为恐怖组织。

12 月 8 日　菲律宾正式设立国内首座二战“慰安妇”铜像。

12 月 13 日　菲律宾国会参众两院举行联席会议，通过将对棉兰老岛的戒严令延长至 2018 年 12 月 31 日的决议。

12 月 20 日　菲律宾武装部队举行庆祝建军 82 周年阅兵仪式，总统杜特尔特出席。

2018年菲律宾大事记

1月

1 月 10 日　约 350 万菲律宾民众参与年度“黑色拿撒勒”游行（Traslacion）。

1 月 17 日　菲律宾众议院开启讨论宪法修改、政体转变的议程，修宪核心问题是联邦制政体与总统任期。

1 月 24～27 日　菲律宾总统杜特尔特访问印度，出席东盟－印度纪念峰会（AICS）。

2月

2 月 13 日　中国—菲律宾南海问题双边磋商机制第二次会议在菲律宾马尼拉举行。

2 月 22 日　菲律宾总统杜特尔特公开表示在其任期内绝不允许菲律宾军队参与美国主导的海外战争。

2 月 22 日　菲律宾文官长萨尔瓦多·梅地亚尔蒂（Salvador Medialdea）召见美国驻菲大使金成（Sung Kim）。

3月

3 月 2 日　欧盟宣布为菲律宾发展提供一笔约为 2.6 亿欧元的援助。

3 月 13 日　菲律宾向美国购置的六架扫描鹰无人机（ScanEagle）正式在马尼拉交付，菲律宾空军首次拥有武器级无人机。

3 月 15 日　菲律宾贸工部和中国驻菲大使馆在马尼拉联合举办中国国际进口博览会推介会。

3 月 15 日　菲律宾常驻联合国代表特奥多罗·洛钦（Teodoro Lopez Locsin Jr.）向联合国秘书长办公室递送了菲律宾正式退出国际刑事法院的书面通知。

3 月 20 日　菲律宾在中国债券市场开始发行首支价值 14.6 亿元人民币的三年期熊猫债。

4月

4 月 9 ~ 10 日　菲律宾总统杜特尔特赴中国海南出席博鳌亚洲论坛 2018 年年会。

4 月 11 ~ 12 日　菲律宾总统杜特尔特访问中国香港，首次以总统身份、代表菲律宾人民就 2010 年马尼拉人质事件正式道歉。

4 月 25 日　科威特政府宣布驱逐菲律宾驻科大使，并召回科威特驻菲大使。

4月26日 菲律宾旅游胜地长滩岛（Boracay）将开启为期六个月的封闭整治以恢复生态。

4月27～28日 第32届东盟峰会在新加坡举行，菲律宾总统杜特尔特出席会议。

5月

5月3～6日 亚洲开发银行理事会第51届年会在菲律宾马尼拉举行，菲律宾总统杜特尔特出席会议并致辞。

5月11日 科威特外交大臣萨巴赫·哈立德·哈马德·萨巴赫（Sabah Al－Khalid Al－Hamad Al－Sabah）与菲律宾外交部长阿兰·皮特·卡亚塔诺（Alan Peter Cayetano）举行会谈，签署旨在加强保护在科务工的菲籍劳工的相关协议。

5月11日 菲律宾最高法院首席大法官玛丽亚·塞雷诺（Maria Lourdes Sereno）经投票遭最高法院弹劾。

5月15日 菲律宾政府宣布解除部分菲籍劳工不得赴科威特工作的禁令。

6月

6月3～5日 菲律宾总统杜特尔特访问韩国。

6月27～28日 第12届中国－东盟社会发展与减贫论坛在菲律宾首都马尼拉举行。

7月

7月2日 菲律宾塔纳万市市长安东尼奥·哈利利（Antonio Halili）被枪杀。

7月3日 菲律宾蒂尼奥将军市市长费迪南德·博特（Ferdinand Bote）被枪杀。

7月3日 菲律宾总统杜特尔特咨询委员会完成联邦宪法草案。

7月9日 菲律宾总统杜特尔特对联邦宪法草案提出修改意见后，批准联邦宪法草案，并转交给国会。

7 月 16 ~ 25 日 菲律宾、澳大利亚两国海军在苏禄海举行联合军演。

7 月 23 日 菲律宾总统杜特尔特发表年度国情咨文。

7 月 23 日 经菲律宾众议院投票，菲律宾前总统阿罗约获选为新一任众议长。

7 月 26 日 菲律宾总统杜特尔特签署《邦萨摩洛基本法》（Bangsamoro Basic Law）。

8月

8 月 6 日 菲律宾总统杜特尔特签署菲律宾身份识别系统（PhilSys）法案。

8 月 9 日 菲律宾海军宣布“长钉 – ER”型近程导弹系统成功试射，是菲律宾海军史上首次成功试射导弹。

8 月 29 日 菲律宾海军军舰“德尔皮拉尔”号（FF – 15）在中国南沙群岛半月礁搁浅。

9月

9 月 2 ~ 5 日 菲律宾总统杜特尔特访问以色列。

9 月 5 日 菲律宾龙达市市长马里亚诺·布兰科（Mariano Blanco）被枪杀。

9 月 5 ~ 8 日 菲律宾总统杜特尔特访问约旦。

9 月 26 ~ 27 日 菲律宾武装部队参谋长卡里托·加维斯（Carlito Galvez Jr.）与美国印太司令部司令戴维森（Philip Davidson）举行会晤并主持菲美“相互防御理事会暨安全接战理事会”（MDB – SEB）会议。

10月

10 月 1 ~ 6 日 菲律宾海军 LD – 501“塔尔拉奇”号军舰抵达俄罗斯符拉迪沃斯托克，是菲律宾海军首次访问俄罗斯港口。

10 月 1 ~ 10 日 菲律宾与美国在菲律宾吕宋岛举办“海上战士合作”

（Kamandag）军事演习。

10月12日 菲律宾总统杜特尔特宣布任命现任菲律宾常驻联合国代表特奥多罗·洛钦为新一任菲律宾外交部长。

10月12日 第73届联合国大会举行全会，选举联合国人权理事会新成员，菲律宾以165票当选。

10月22～28日 中国与东盟联合开展“海上联演－2018”演习，是东盟与中国首次举行的海事联合军演。

10月26日 菲律宾旅游胜地长滩岛解除封闭，重新开放。

10月29日 菲律宾总统杜特尔特会见中国国务委员兼外交部长王毅。

10月30日 菲律宾人民币交易商协会在马尼拉签约成立，是中国境外第一个人民币对当地货币交易的自律性金融组织。

11月

11月13～15日 第33届东盟峰会及东亚合作领导人系列会议在新加坡举行，菲律宾总统杜特尔特出席会议。

11月15日 菲律宾总统杜特尔特与日本首相安倍晋三在新加坡举行双边会晤。

11月17～18日 菲律宾总统杜特尔特赴巴布亚新几内亚出席亚太经合组织第二十六次领导人非正式会议。

11月20～21日 中国国家主席习近平对菲律宾共和国进行国事访问。

11月22日 菲律宾甲米地（Cavite）集装箱驳船码头启用，菲律宾总统杜特尔特为码头揭牌。

11月29日 菲律宾三名警察因在扫毒行动中误杀一名无辜学生被法院裁定罪名成立，是2016年扫毒行动发起以来第一起警员因误杀被判刑的案件。

12月

12月12日 菲律宾国会参众两院召开联席会议，通过了关于延长南部棉兰老岛地区戒严令至2019年12月31日的提议。

12月15日　美国军方正式向菲律宾归还1901年美军从菲律宾掠夺的三口大钟，菲律宾总统杜特尔特出席归还仪式。

12月17日　中国对菲援建的一座戒毒中心在菲律宾萨兰加尼省举行移交与揭牌仪式。

Abstract

This report presents the Philippines' political, economic and social development and attaches importance on the China-Philippines cooperation and communication. The following part is divided into five sections. The first part is the general report which summarizes the dynamics of China's political, economic and social cooperation with the Philippines. The second one reviews the Philippines' domestic politics by looking into its economic policies, governance, and more importantly, the anti-drug war. In the third section, this report focuses on the Philippines' diplomacy. It presents the Philippines' relations with the ASEAN, the USA, the EU, and Japan, illustrating the international supports the Philippines have gained from these countries and organizations. The fourth section elaborates on the current situation of China-Philippines relations. It analyzes the two countries' cooperation and negotiation towards fishery industry, islands dispute, property rights and discursive power. The last section is the Philippines' chronicle of important events. Generally, this report argues that during Rodrigo Duterte's presidency, the Philippines alters its close relationship with the USA and adopts a more practical foreign strategy. Its relationship with China has been improved, as the mutual trust between two sides has been strengthened. Besides, the bilateral trade and cultural communication between China and the Philippines have also been enhanced. Domestically, the Philippines's economic reform was implemented properly. And thus, its social security has been maintained decently and its economy develops. Nonetheless, the threat of terrorism still lingers. Filipino government's negotiation with the communist party collapses. The social conflict triggered by the constitution amendment still exists. Filipino people's attitude of the constitution amendment is the key point of future development of the Philippines.

Keywords: China-Philippines Relations; Rodrigo Duterte; National Development; Foreign Relations

Contents

Abstract: The people of China and the Philippines have a long history of friendly exchanges, and the development of bilateral relations has a solid foundation. After Philippine President Dutter came to power in 2016, he adopted a pragmatic foreign policy to eliminate the erroneous foreign policy of former Philippine President Aquino III who unite the United States to resist China, and strive to develop Sino-Philippine friendly relations. Great changes have taken place in Sino-Philippine relations: strategic mutual trust has been made by steady progress, economic and trade investment has increased substantially, and cultural exchanges are in the ascendant. China's peaceful rise and all-round development will benefit all countries in Southeast Asia, including the Philippines.

Keywords: China; Philippines; Political Diplomacy; Economic and Trade; Humanistic Exchange

Abstract: After the Malawi Crisis from May to October, 2017, the domestic society of the Philippines generally tended to be stable. The post-crisis reconstruction work has been gradually carried out and the social development in all aspects can be continued. At the end of 2018, Duterte has been halfway through

deteriorating as many kinds of crime derived from it. And thus, Philippines was a country with the highest crime rate in the world. After Duterte won the presidential election in 2016 upon his anti-drug policy in Davao, he launched a nation-wide drug war. For better sweeping drugs out of Philippines, Duterte seeks for supports from neighboring countries like China, Indonesia and Malaysia, countering against the pressure from the USA, the EU and the UN. Nonetheless, Duterte government's policy cannot eradicate drugs in Philippines in the long run, as it relies on threatening and killing, rather than effective policies of public health, medication and justice.

Keywords: Anti-drug Policy; Drugs in Philippines; Rodrigo Duterte Government

B. 5 The Policies of Duterte Administration towards ASEAN

Jiang Jian, *Li Ce* / 080

Abstract: The policies of Duterte administration towards ASEAN is quite different from that of the previous Aquino Ⅲ administration. Through analyzing and summarizing of the Duterte administration's words and deeds which have involved in ASEAN, we can find these policies towards ASEAN constitute key links of its foreign policy, and also present the characteristics of initiative, pragmatic and strategic. These not only are the continuation of the Duterte administration's domestic policies or the reflection of its diplomatic strategy, but also implicate the historical logic of Philippine policies towards ASEAN. In future, the policies will continue to be influenced by the internal and external factors.

Keywords: The Philippines; Duterte; ASEAN

B. 6 The Dynamics of the Philippines-U. S. Relations *Chen Qi'an* / 096

Abstract: After the presidential inauguration, the Philippine President

Rodrigo Duterte had the result of the South China Sea arbitration, which granted him an advantage internationally. Although his controversial anti-drug campaigns concerning violations of human rights led him to a deadlock with the Barack Obama administration, President Duterte still kept the alliance with the U. S. After Donald J. Trump took office by his "anti-establishment" politics, he has regarded China as the primary challenger to the U. S. since the end of 2017. Additionally, both Presidents Trump and Duterte have similarity in decision-making style, these would allow the U. S. to lay aside human right issues in the Philippines. All these factors mentioned previously would be helpful for the Philippines to improve its security cooperation with the U. S.

Keywords: Philippines-U. S. Relations; Philippines-China Relations; Philippine Drug War

Abstract: Before Duterte's governance, the EU-Philippines Relations kept developing steadily. But after Duterte launched his drug war, Philippines's relations with the EU has been worsened. Duterte even insulted the EU publicly and claimed that the EU was intervening in Philippines' domestic affairs via development aid. Nonetheless, the EU's trade with Philippines still are still booming during Duterte's presidency. Further, the EU is still providing loans and grants for Philippines' development. Moreover, as for the cultural activities, the EU and its member states' institutions are still promoting European culture by organizing various social activities in Philippines, improving European countries' images, despite Duterte' humiliation.

Keywords: The EU-Philippines Relations; Development Assistance; Duterte; The EU's Cultural Diplomacy

Abstract: In contrast to Benigno Acquino Ⅲ government's close relations with the U. S. , Rodrigo Duterte's government has reversed the balance-of-power diplomacy and conducted Philippines' foreign policy more independently. Nonetheless, Japan and Philippines have strengthened their governmental interactions, forged closer economic ties and activelycooperated in security and defense affairs. In sum, Japan-Philippines relations has been further solidified and continued to maintain a positive momentum of development since President Duterte took office.

Keywords: Japan-Philippines Relations; Independent Foreign Policy; Free and Open Indo-Pacific Strategy

Abstract: Marine fishery disputes between China and the Philippines originally arose in the process of fishery resources exploitation. However, with the continuous expansion of the South China Sea issue, fishery disputes gradually combined with sovereignty disputes and maritime rights and interests, and became a security issue. After President Duterte came to power, Sino-Philippine relations eased. Fisheries issues were also noticed because of their important role in the Philippine domestic economy. Sino-Philippine relations gradually returned to rationality. Fisheries disputes between the two countries also embarked on the process of "desecuritization" . Based on the theory of securitization, this paper analyzes the process of "securitization" and "desecuritization" of fishery disputes between China and the Philippines, and explores specific ways to alleviate the security dilemma between China and the Philippines, aiming at further refining the security relationship between China and the Philippines.

Keywords: Fisheries Disputes; Maritime Safety; the South China Sea; Sino-Philippine Relation

Abstract: This article summarizes the national image of China in the Philippine mainstream media by analyzing reports on China from *Manila Times*, *Philippine Star* and *Philippine Daily Inquirer* during the period of two years after Duterte came to power (July 1, 2016 to July 31, 2018), China was presented as an indispensable economic partner, a responsible regional power, a covetous neighbor, and an ambitious military power, The reasons behind those images can be divided into the following points: the existence of territorial disputes between China-Philippine, the stimulation of nationalist sentiment, the gap between the military economic forces, the influence of the United States, etc..

Keywords: China; National Image; Philippines; *Manila Times*; *Philippine Star*; *Philippine Daily Inquirer*

Abstract: The Philippines and China are separated by the sea, there are differences over the ownership of islands and reefs between the two countries. These differences not only hindered cooperation between the two countries, but also strained their relations. In June 2016, President Rodrigo Duterte came to power, he changed the foreign policy, and has taken various initiatives to improve relations between the Philippines and China. In 2017 −2018, the dispute between the two country tended to ease. However, because of the intervention of great powers, historical factors, different ideas and other factors, it remains to be seen whether the relations between China and the Philippines can continue to develop in a healthy and stable manner, remains unclear.

Keywords: South China Sea Issue; Island Dispute; China-Philippines Relationship

B.12 The Risk Study of Intellectual Property Protection of Chinese Enterprises Facing in Philippines

Abstract: Although Philippines has built a comparatively well-established legal and executive protection system to increase its intellectual property protection level, Philippines-based Chinese companies still under the threat of mala fide registration and infringement of patent. Because most of these companies know little about the intellectual property protection in Philippines and lack of professional guiding, it's difficult for them to apply for trademarks and patents in time and deal with complicated intellectual property litigation. In order to avoid the risk, we should continue in-depth studies of Philippine intellectual property protection as well as establish an open information platform to serve the Chinese companies more professionally in the field of intellectual property protection.

Keywords: Intellectual Property Protection; Philippines; Chinese Companies

皮书起源

“皮书”起源于十七、十八世纪的英国，主要指官方或社会组织正式发表的重要文件或报告,多以“白皮书”命名。在中国,“皮书”这一概念被社会广泛接受，并被成功运作、发展成为一种全新的出版形态，则源于中国社会科学院社会科学文献出版社。

皮书定义

皮书是对中国与世界发展状况和热点问题进行年度监测，以专业的角度、专家的视野和实证研究方法，针对某一领域或区域现状与发展态势展开分析和预测，具备原创性、实证性、专业性、连续性、前沿性、时效性等特点的公开出版物，由一系列权威研究报告组成。

皮书作者

皮书系列的作者以中国社会科学院、著名高校、地方社会科学院的研究人员为主，多为国内一流研究机构的权威专家学者，他们的看法和观点代表了学界对中国与世界的现实和未来最高水平的解读与分析。

皮书荣誉

皮书系列已成为社会科学文献出版社的著名图书品牌和中国社会科学院的知名学术品牌。2016 年，皮书系列正式列入“十三五”国家重点出版规划项目；2013~2018 年，重点皮书列入中国社会科学院承担的国家哲学社会科学创新工程项目;2018 年,59 种院外皮书使用“中国社会科学院创新工程学术出版项目”标识。

S 基本子库
SUB DATABASE

中国社会发展数据库（下设 12 个子库）

全面整合国内外中国社会发展研究成果，汇聚独家统计数据、深度分析报告，涉及社会、人口、政治、教育、法律等 12 个领域，为了解中国社会发展动态、跟踪社会核心热点、分析社会发展趋势提供一站式资源搜索和数据分析与挖掘服务。

中国经济发展数据库（下设 12 个子库）

基于“皮书系列”中涉及中国经济发展的研究资料构建，内容涵盖宏观经济、农业经济、工业经济、产业经济等 12 个重点经济领域，为实时掌控经济运行态势、把握经济发展规律、洞察经济形势、进行经济决策提供参考和依据。

中国行业发展数据库（下设 17 个子库）

以中国国民经济行业分类为依据，覆盖金融业、旅游、医疗卫生、交通运输、能源矿产等 100 多个行业，跟踪分析国民经济相关行业市场运行状况和政策导向，汇集行业发展前沿资讯，为投资、从业及各种经济决策提供理论基础和实践指导。

中国区域发展数据库（下设 6 个子库）

对中国特定区域内的经济、社会、文化等领域现状与发展情况进行深度分析和预测，研究层级至县及县以下行政区，涉及地区、区域经济体、城市、农村等不同维度。为地方经济社会宏观态势研究、发展经验研究、案例分析提供数据服务。

中国文化传媒数据库（下设 18 个子库）

汇聚文化传媒领域专家观点、热点资讯，梳理国内外中国文化发展相关学术研究成果、一手统计数据，涵盖文化产业、新闻传播、电影娱乐、文学艺术、群众文化等 18 个重点研究领域。为文化传媒研究提供相关数据、研究报告和综合分析服务。

世界经济与国际关系数据库（下设 6 个子库）

立足“皮书系列”世界经济、国际关系相关学术资源，整合世界经济、国际政治、世界文化与科技、全球性问题、国际组织与国际法、区域研究 6 大领域研究成果，为世界经济与国际关系研究提供全方位数据分析，为决策和形势研判提供参考。

法律声明